VISIBILITÀ, DIMENSIONE PUBBLICA E *CIVIC AGENCY* ATTRAVERSO E NEI MEDIA DIGITALI

— Colección Comunicación e Información Digital —

VISIBILITÀ, DIMENSIONE PUBBLICA E *CIVIC AGENCY* ATTRAVERSO E NEI MEDIA DIGITALI

Editoras

Veronica Neri
Begoña Pérez Calle

Autores
(por orden de aparición)

Veronica Neri
Giovanni Scarafile
Silvia Dadà
Francesco Del Bianco
Marco Menon
Giacomo Samek Lodovici
Francesca Marin
Roberto Gronda
Roberta Pizzi
Angelo Corallo
Roberto Greco
Clara Renna
Cristina De Blasi

VISIBILITÀ, DIMENSIONE PUBBLICA E CIVIC AGENCY
ATTRAVERSO E NEI MEDIA DIGITALI

Ediciones Egregius
www.egregius.es

Diseño de cubierta y maquetación: Francisco Anaya Benítez

N.º 24 de la colección Comunicación e Información Digital
1ª edición, 2020

ISBN 978-84-18167-23-2

Colección:

COMUNICACIÓN E INFORMACIÓN DIGITAL

Editoras científicas

Carmen Marta-Lazo y Begoña Pérez Calle

Editor técnico

Francisco Anaya Benítez

Edita:

Grupo de Investigación
en Comunicación
e Información Digital (GICID)
Universidad Zaragoza

ÍNDICE

INDICE

INTRODUZIONE. VISIBILITÀ E *CIVIC AGENCY* ATTRAVERSO E NEI MEDIA

Nel contesto mediale contemporaneo, con la diffusione della rete, la visibilità ha assunto un ruolo sempre più preponderante. Tale aspetto si osserva anche nella sfera pubblica odierna, nel rapporto tra soggetti (in quanto cittadini) e pubblici poteri, in un rinnovato quadro relazionale. Da un lato la cittadinanza, nell'esprimere le proprie opinioni e partecipare alle attività pubbliche, mira a (e può) far sentire sempre più la propria voce; dall'altro lato, i pubblici poteri cercano di mostrare il proprio operato, passato, presente e futuro, per rendersi realmente "del popolo" e cioè "di tutti" – come del resto l'etimologia stessa del sostantivo *publicus* implica.

Con i media digitali dunque si sono aperti nuovi spazi di visibilità in cui individui e istituzioni si informano e sono informati, ma in cui è altresì possibile valorizzare o screditare certe posizioni o azioni attraverso strategie comunicative che ci sfuggono sempre più di mano. La visibilità di chi comunica *attraverso* tali media, se può mostrare con maggiore trasparenza e immediatezza l'immagine istituzionale, di contro, può promuoverne una immagine falsata, non aderente alla realtà oggettuale. La sfera pubblica sembra dunque un palcoscenico in cui privato e pubblico si intrecciano fino a perdere i loro confini. I media digitali portano tale palcoscenico in spazi altri rispetto ai media *mainstream*, spazi che partono dal quotidiano ed in cui i pubblici possono partecipare più facilmente e in tempo reale. Anche in questo ambito, dunque, si risponde a ciò che sembra essere divenuta quasi una esigenza sociale, l'esistenza di una "società dello spettacolo" *à la* Debord. E in un siffatto contesto il cittadino ha davanti maggiori possibilità di partecipare attivamente alle attività promosse dai pubblici poteri. Anche la *civic agency* assume dunque una visibilità ben più ampia. Si tratta però di una *agency* e di una visibilità mutevoli, fluide e frammentate che possono produrre immagini alterate delle istituzioni e della cittadinanza stesse. Risulta dirimente dunque aprire una riflessione etica che indaghi a fondo questi nuovi processi, per la costruzione di una relazione consapevole e virtuosa tra visibilità percepita e visibilità rappresentata, tra *civic agency* e comunicazione mediale, nell'ambito di un rinnovato e sempre più complesso rapporto tra pubblico e privato.

Il presente volume si articola in tre sezioni: la prima, di inquadramento più generale, relativo alla dimensione della visibilità e della partecipazione in chiave etico-comunicativa, la seconda, di impostazione più pubblico-politica e, infine, la terza, relativa all'ambito scientifico e tecnologico che si conclude con una riflessione sul ruolo giocato dalle emozioni in questo rinnovato paradigma partecipativo centrato sul vedere/essere visti.

Il saggio di apertura, di **Veronica Neri,** si incentra sulla relazione tra *civic agency* e nuovi media, indagando le nuove possibilità di partecipazione alla "cosa pubblica" che la rete ha reso possibili, e, al contempo, l'interesse (e la necessità) da parte dei pubblici poteri di rendersi più visibili. Solitamente ci si interroga se la rete incentivi (e come) la partecipazione civica grazie a un aumento di visibilità dell'ente pubblico e delle questioni che ruotano intorno ad esso. La domanda alla quale si prova qui a dare una risposta è complementare alla precedente, ovvero come la partecipazione *online* possa creare una immagine (e di che tipo) di una organizzazione pubblica. Emergono due ulteri micro-questioni: la prima, riguarda quali immagini le istituzioni vogliono offrire di sé e come utilizzano gli strumenti partecipativi della rete a tale fine; quale identità dell'istituzione si viene cioè a profilare. La seconda si chiede se l'*agency* dei cittadini incrementi necessariamente una "buona" visibilità o se si può pervenire a forme di generazione e degenerazione dell'immagine delle istituzioni. Alla luce di quanto osservato si può parlare sempre di partecipazione (buona o cattiva) o si tratta spesso di una "partecipazione visibile" e non effettiva? Dopo aver appuntato l'attenzione sui concetti di partecipazione e di visibilità l'autrice mostra l'importanza di una inter-visibilità "etica" delle organizzazioni pubbliche, onde evitare di sfociare in una opinione pubblica falsata o alterata, se non nella post-verità. La visibilità promossa dalla partecipazione non sempre è etica.

L'immagine istituzionale assume forme prismatiche che né l'ente né i cittadini "attivi" possono più controllare pienamente. La visibilità volontariamente costruita si interseca alla visibilità filtrata dalla rete, creando una identità dell'ente mutevole e complessa. Si mostra come emerga l'inadeguatezza antropologica di prevedere e calcolare le implicanze di certe nostre azioni attraverso le tecnologie. Ma la responsabilità di chi partecipa e dei pubblici poteri nel monitorare la "propria" immagine può arginare il rischio di cadere nel mito di Narciso e nell'idealizzazione di una tecnologia come mera estensione del sè.

Tale aspetto si lega necessariamente ai paradigmi della rappresentazione e all' emergere di una nuova identità mediale. **Giovanni Scarafile** parte dall'idea che la rappresentazione fotografica sia uno strumento per leggere la realtà più precisamente dell'occhio umano. Tale attribuzione di veridicità raggiunge certamente il suo acme sul finire dell'Ottocento con la scoperta dei raggi X, che avrebbero consentito di vedere altresì ciò che si cela al di sotto del primo "strato" di visibilità. Tuttavia, in parallelo a tali invenzioni l'autore osserva come la riduzione di un oggetto dalla forma tridimensionale a quella bidimensionale possa indurre, di contro, a esagerare, sminuire, se non a falsare, gli effetti visibili in relazione alla sua interpretazione. Il regime della rappresentazione oggettiva si mantiene più o meno costante nell'ambito della cultura analogica. Con l'avvento della digitalizzazione, tuttavia, alcuni aspetti caratterizanti il pasatto si trasformano, rendendo necessario un aggiornamento dei paradigmi di lettura, visione e interpretazione delle immagini. Una simile differenza di statuto richiama la liquidità dell'immagine nel contesto della digitalizzazione, in cui non esiste più un luogo deputato alle immagini, ma viviamo nelle immagini e, soprattutto, assistiamo al fenomeno di una rappresentazione che rappresenta sé stessa. All'interno di una cultura digitale, dunque, le trasformazioni giungono a riguardare fondamentalmente le modalità della nostra rappresentazione della realtà. L'autore fa emergere alcuni interessanti interrogativi che accompagnano tali trasformazioni e che impogono una riflessione di oridne etico. In primo luogo, si chiede che cosa ne sia della oggettività che accompagnava il riferimento alle immagini analogiche; quali le implicazioni sul soggetto della rappresentazione e, più in generale, in che modo deve essere pensata l'identità mediale. E, ancora, si chiede quale idea dell'umano può affiorare nelle trasformazioni del concetto di rappresentazione nell'età della digitalizzazione.

Emerge, dunque, forte l'importanza di una indagine sulla relazione tra visibilità e responsabilità ai tempi dei social media. Tale questione è indagata da **Silvia Dadà** in relazione ad un ambito specifico, quello della filosofia di Levinas, attraverso la quale introduce il concetto di fenomenologia del profilo. Il fatto di essere visti nel proprio agire è ciò che determina un accrescimento della propria responsabilità. L'autrice evidenzia come, in un'epoca come la nostra, in cui la parola *visibilità* è entrata nel linguaggio quotidiano e costituisce un valore centrale nella strutturazione della propria identità, ci si aspetterebbe che il rapporto tra responsabilità e visibilità rimanga sempre direttamente proporzionale. In realtà ciò non accade, poiché la visibilità, sebbene potenzialmente senza soluzione di continuità, frappone tra l'immagine e l'agente un mezzo che permette un distacco e infine una deresponsabilizzazione. Non a caso si parla di "effetto Gige" in senso opposto, proprio per identificare quei fenomeni di deresponsabilizzazione legati a internet, quali profili *fake*, *haters*, *troll*. L'autrice si sofferma dunque sull'idea di responsabilità per capire come essa debba essere ridefinita, al fine di evitare il corto circuito che si crea nel rapporto con la realtà digitale, in specie dei media. In particolare, appare dirimente il legame tra responsabilità e l'idea di imputabilità. Alla luce di ciò, tra i vari modi in cui la responsabilità può essere intesa, quello proposto da Levinas può risultare estremamente attuale. Per Levinas, infatti, la responsabilità, intesa come risposta al volto dell'altro che mi parla, non implica un legame diretto con la propria azione, quanto con il rapporto all'altro uomo che mi chiama e esige che io mi rivolga a lui. Nella relazione con l'altro ogni atto, anche non commesso direttamente da me, è a me ricondotto e io rispondo di esso. La responsabilità levinasiana, si costruisce attraverso una fenomenologia del volto, più simile allo sguardo e all'espressione. Il legame con la visione rimane dunque forte, anche se essa non può ridursi a uno sguardo oggettivo sulle cose. È quindi necessario, se si vuole ripensare la responsabilità all'epoca dei social, espandere questa fenomenologia del volto in direzione di una fenomenologia del "profilo".

La seconda sezione indaga più nel dettaglio la relazione tra spazi privati, pubblici e politici.

Giacomo Samek Lodovici esplora la possibile distinzione tra la sfera visibile-pubblica della vita e la sfera privata. Attraverso una analisi filosofica sostiene che l'ambito privato incide notevolmente su quello intersoggettivo e pubblico. Dopo una prima distinzione tra questi due ambiti dell'agire, emerge quanto essa non sia così rigida come talvolta viene intesa. Infatti, ciò che viene, ad esempio deciso di tralasciare nella propria vita privata può andare a compromette il bene che potrei fare nella sfera pubblica. Inoltre, la nostra condotta privata può avere effetti fisici su noi stessi e, di seguito, sul nostro agire intersoggettivo e pubblico. Soprattutto, ogni azione umana produce delle propensioni corrispondenti, perlomeno i vizi o le virtù, che poi incidono nell'ambito sociale-pubblico. Anche per Mill, del resto, non è possibile, propriamente, delimitare una differenza netta tra le azioni che riguardano solo il sé e quelle che incidono (prima o poi) anche sugli altri. Infine, il contributo si conclude con alcuni cenni esemplificativi del discorso svolto relativamente alle tecnologie digitali.

Tale saggio richiama una ulteriore riflessione che pertiene più propriamente la filosofia pratica, cioè morale e politica. **Marco Menon** si interroga se i media digitali incorporino valori (*embedded values*), quali siano questi valori e come si relazionino con i valori che animano la partecipazione dei singoli alla vita comune. L'autore presenta una breve storia della tesi secondo cui gli artefatti possono incorporare orientamenti o valori morali e politici, prendendo in considerazione autori come Jacques Ellul, Langdon Winner e James Moor. In seguito, ricostruisce sinteticamente i principali approcci all'analisi critica degli *embedded values* nei sistemi informatici, la *disclosive computer ethics* elaborata da Brey e il *Value-sensitive design* introdotto da Nissenbaum e Friedman. La tesi che l'autore intende sostenere è che la suddetta filosofia deve dotarsi degli strumenti elaborati dalla *disclosive computer ethics* per affrontare la questione posta dalla crescente tendenza ad utilizzare i social media come piattaforma su cui instaurare il confronto politico e sociale. Si vuole estendere il campo della *disclosive computer ethics* e parlare di una *disclosive social media ethics.* Se i social media incorporano valori, è necessario verificare se e in che modo questi valori siano compatibili con le forme positive e costruttive di comunicazione umana, se contribuiscono a rafforzarne o a indebolirne la pratica. Un'attività siffatta non risulta, sin dal principio, condizionata dalla logica strutturale e valoriale che anima gli ambienti digitali in cui viene praticata? La filosofia deve assumersi l'impegno di verificare se in questi nuovi spazi le possibilità di comunicazione si deformino o fioriscano, con particolare attenzione alle forme di *civic agency* praticate nei e per mezzo dei *digital media.*

Francesco Del Bianco propone una riflessione, invece, sul complesso rapporto tra politica, società civile e social network degli ultimi dieci anni nell'Europa mediterranea. Le forme del con-vivere della modernità europea non si fondano su un rapporto *immediato* fra individui e potere, quanto, piuttosto, sulla *mediazione* costituita dalla "società civile". L'ascesa dei "servizi di rete sociale", oltre ad ampliare il confine del nostro mondo fino a dissolverlo, ha però snaturato questo schema. La tecnologia sembra aver offerto la possibilità a ciascun individuo di partecipare alla vita pubblica e, di converso, al potere, di instaurare con ciascun soggetto un rapporto individuale. Spagna ed Italia sono divenute nell'ultimo decennio un laboratorio privilegiato per questa narrazione postmoderna che, grazie ai mezzi del web 2.0, persegue la liquidazione di ogni mediazione fra individui e potere. L'autore tratta, in questo senso, il fenomeno degli "*indignados*" e il crollo del IV governo Berlusconi. *Podemos, Ciudadanos,* il *Movimento Cinque Stelle* e il rinnovato *Partito Democratico* di Matteo Renzi, poi, costituiscono esempi molto diversi di come questa agenda abbia riscosso successo grazie all'uso delle risorse virtuali. Il successo elettorale della Lega di Matteo Salvini mostra poi una strategia di asservimento degli strumenti virtuali per una "restaurazione" dei confini identitari propri del Novecento italiano, incentivando una sorta di ciò che l'autore definisce "disciplinamento sociale" che si lega sempre di più all'agenda politica più conservatrice d'Europa.

La terza sezione, infine, si incentra sulla relazione tra visivo e partecipazione nell'ambito della comunicazione scientifica.

Si pensi, ad esempio, alla progressiva digitalizzazione della salute indagata da **Francesca Marin**, che evidenzia le potenzialità, i limiti e le implicanze etiche derivanti dall'utilizzo di dispositivi digitali da parte delle organizzazioni sanitarie e di coloro che vi operano al loro interno, ma, anche, da parte di chi ricerca informazioni di carattere medico o sulla salute più in generale. Da un lato, infatti, tramite il digitale, i sistemi sanitari possono aumentare la loro visibilità, raccogliere dati e divulgare programmi di prevenzione e percorsi terapeutici. I professionisti della salute possono altresì dialogare a distanza con i pazienti per gestire al meglio il percorso di cura stabilito. Dall'altro lato, i cittadini possono accedere con facilità all'informazione sanitaria, utilizzando, ad esempio, i *mobile devices*. Dinnanzi al fenomeno della salute digitale (*e-health*), aumentano le attività di cura e di prevenzione mediante strumenti digitali (*e-care*) e, al contempo, si sviluppa l'immagine dell'*e-patient*. L'autrice individua in particolare due aspetti che favoriscono la progressiva digitalizzazione della salute, il radicale cambiamento del rapporto medico-paziente e il quadro epidemiologico su scala globale. Il soggetto sente di poter assumere un ruolo sempre più attivo nel percorso di cura e di maggiore responsabilizzazione nei confronti della propria salute. Ma tale processo di *e-health* e l'emergere dell'*e-patient* secondo l'autrice implicano conseguenze etiche non secondarie, quali, ad esempio, la possibile riduzione della salute a un bene consumistico e l'idea del corpo e del sé come entità quantificabile.

Sempre nell'ambito della relazione tra *agency* e scienza, la visibilità è stata messa in relazione con lo statuto ontologico di alcuni "oggetti sociali" (EO) da **Roberto Gronda**. Tra questi, ad esempio, le malattie, le varie materie su cui si esercitano le attività di *technical decision-making*, entità quali il riscaldamento globale, ecc. Tratto distintivo di questi oggetti è ciò che l'autore definisce la compenetrazione (*entanglement*) di una componente scientifica con un piano culturale o valoriale alla luce della quale sussiste un legame intrinseco tra EO e il pubblico che li costituisce. Un legame che l'autore definisce attraverso una via media fra le opzioni riduzioniste – secondo cui gli EO possono essere descritti in modo completamente soddisfacente nel linguaggio scientifico – e quelle culturaliste o costruttiviste – che ritengono che negli EO non vi sia altro che relazioni di potere e scelte sociali. La natura degli EO viene compresa soltanto alla luce del concetto di visibilità, poiché essi si formano nel momento in cui dei soggetti riconoscono una qualche forma di interesse per un qualche tipo di fenomeno naturale che, in virtù di ciò, si costituisce come oggetto di maggiore complessità ontologica. Il concetto di visibilità svolge, dunque, un duplice ruolo: da un lato, ha valore costitutivo; dall'altro ha un valore normativo, perché è soltanto attraverso il riconoscimento del ruolo della visibilità nella costituzione dell'EO che un'azione che si rivolga a quell'oggetto come propria materia può risultare pienamente razionale ed efficace.

L'aspetto scientifico è poi declinato in chiave tecnologica da **Roberta Pizzi**. L'autrice indaga l'*universal design* come strumento di inclusione partecipata. Mezzo fondamentale della comunicazione visiva, il design mira a cogliere la natura profonda delle cose, di ogni oggetto, e di tradurla in una forma-struttura, lavorando sul suo carattere funzionale, tecnico-economico, tecnico-costruttivo, ma anche, e soprattutto, simbolico-culturale. L'oggetto/strumento è dunque considerato non solo per le sue qualità funzionali, ma in specie per il contenuto comunicativo, di "narrazione" o "evocazione" di cui si fa carico. In risposta alla trasversalità dell'impiego delle ICT, l'universal design permette dunque l'accessibilità e la fruizione dei contenuti da parte di tutti gli individui, superando il concetto del c.d. "utente medio". In questa sede l'autrice si propone di illustrare alcune soluzioni tramite le quali l'*universal design* può implementare il livello di partecipazione di soggetti in condizioni di svantaggio.

Infine, il concetto di visibilità non può che mettersi in relazione con il tema dell'emozione, ciò che muove verso la visibilità e, non di meno, verso la *civic agency*. A tal riguardo **Roberto Greco** indaga, infine, la relazione tra comunicazione e manipolazione. In particolare, egli appunta la propria attenzione sulle strategie di "disinformazione di massa" attraverso social media, e l'epistemologia dell'emotività. Relativamente alla disinformazione di massa è possibile constatare come, secondo regole definite, si miri scientemente a creare disinformazione, con un fine volutamente antitetico all'etica della comunicazione propriamente detta. Gli individui optano per i social media in grado di soddisfare (replicandoli) i bisogni umani di riconoscimento, affiliazione e comunità e evitando quel dispedio di energie emotive e cognitiive che una comunicazione interpersonale in presenza richiedono. L'autore riflette su alcune strategie di comunicazione, proprie del *neuromarketing*, che rendono tali "dis-informazioni" *virali*, tra cui l'immagine. Se, tuttavia, il neuromarketing asseconda i bisogni (in)espressi dal consumatore, la disinformazione gioca esclusivamente sulla tendenza alla semplificazione cognitivo-emotiva utilizzando un vero e proprio vocabolario emotivo. Il contributo dunque evidenzia l'ambiguità della realtà mediata dai social network, uno spazio che non permette una sospensione del giudizio e, in quanto tale, non etico.

VERONICA NERI

CIVIC AGENCY E NUOVI MEDIA. CONTRO UN'ETICA DEL NARCISISMO, PER UNA VISIBILITÀ RESPONSABILE

Prof.ssa Veronica Neri
Università di Pisa, Italia

RESUMEN

Con questo intervento si intende indagare la relazione tra *civic agency* e l'essere visibili ai tempi della rete. Attraverso una prima analisi dei concetti di partecipazione e visibilità, dunque, si riflette sulle possibili immagini di una organizzazione pubblica che possono scaturire dalla rete. In particolare, emergono due ulteriori micro-questioni: la prima riguarda quali immagini (e, dunque, quali identità) le istituzioni pubbliche vogliono offrire di sé e come utilizzano gli strumenti partecipativi della rete a tale fine; nella seconda, invece, si indaga se l'agency dei cittadini incrementi necessariamente una "buona" visibilità dell'ente pubblico o se si può pervenire a forme di (de)generazione dell'immagine delle istituzioni stesse. Si perviene alla conclusione che non sempre si può parlare di buona partecipazione, ma, talvolta, si trascende in una partecipazione eminentemente fondata sul "visibile", che sfocia nel narcisismo. E, invece, sembra opportuno promuovere una visibilità etica, realmente "trasparente", che risponda alla reale identità dell'ente pubblico, per evitare una opinione pubblica falsata o alterata, se non la post-verità, poiché a immagini distorte possono corrispondere scelte e azioni errate, a (s)favore del singolo e/o della comunità.

PALABRAS CLAVE

Civic agency, Etica, Narcisismo, Partecipazione, Responsabilità, Visibilità.

1. INTRODUZIONE

Con i nuovi mezzi di comunicazione digitali, nell'ambito di un percorso che ha preso avvio già a partire dagli anni Ottanta del secolo scorso, le pratiche di partecipazione civica hanno assunto una molteplicità di nuove forme e sfumature rispetto al passato. I media digitali hanno scardinato la tradizionale relazione tra cittadini e Istituzioni fondata su una ricezione passiva delle informazioni, peraltro veicolate con un linguaggio non facile da comprendere da parte di un pubblico vasto e variegato (Vittadini, 2018). Di conseguenza, oggi, sono radicalmente cambiate anche le modalità (strategiche, stilistiche, segniche e, ovviamente, mediali) con le quali i cittadini si informano della "cosa pubblica" e, da essa, sono informati. Queste nuove modalità di contatto hanno certamente offerto maggiori possibilità di espressione e di ascolto reciproci. Se sono aumentati (e sotto certi aspetti progrediti), gli strumenti di comunicazione, e, quindi, di azione a favore dei cittadini e delle istituzioni, si è altresì instaurato un canale più diretto tra gli attori in gioco, che garantisce una maggiore trasparenza e una più ampia possibilità di veicolazione, ricezione e, infine, comprensione dei messaggi.

In questo rinnovato contesto comunicativo la rete, per la sua stessa struttura "a nodi", ha ampliato necessariamente le possibilità di partecipazione "orizzontale" alla "cosa pubblica". Si tratta dell'instaurarsi di un processo (apparentemente) più democratico di accesso alle informazioni e di veicolazione delle stesse, attraverso il quale chiunque abbia la possibilità di una connessione può prendere parte attivamente, e in prima persona, alla vita pubblica, adempiendo al proprio ruolo di *cīvis*. Si apre un nuovo spazio, un *habitus à la* Bourdieu, e la necessità di utilizzare questo spazio per mettere in relazione cittadini e istituzioni, per la formazione di una rinnovata opinione pubblica (Bourdieu, 2003). È una opinione pubblica intesa non più solo come quel modo di pensare e giudicare sulla base di determinati valori della maggioranza dei cittadini, ma, soprattutto, come la sommatoria di una molteplicità di posizioni, tutte (paradossalmente) pariteticamente autorevoli poiché sullo stesso livello nell'ambito di uno spazio comunicativo (apparentemente) senza gerarchie[2].

Con lo sviluppo dei mass media e del digitale emerge poi un ulteriore aspetto dirimente da indagare, relativo all'opinione pubblica: capire cioè le modalità utilizzate dai pubblici per relazionarsi con i flussi informativi e le conseguenze etiche e sociali derivanti da tale rinnovata relazione. Si tratta di modalità talvolta passive, ma, soprattutto, nel panorama mediale odierno, attive e "partecipative", che mirano alla condivisione, puntando più che sull'aspetto razionale, sull'emotività e sulla forza dell'immagine. Si profila una maggiore libertà di azione che può divenire consapevolmente o inconsapevolmente fonte di promozione di forme inclusive e di miglioramento sociale, ma anche di forme degenerative di partecipazione democratica agli aspetti della vita, nelle sue molteplici declinazioni. Tali processi, direttamente o indirettamente, forgiano una immagine dell'ente e dell'opinione pubblica nei confronti dell'ente stesso e degli altri pubblici. Sono processi sui quali le democrazie del vecchio continente stanno già riflettendo, tanto che la Commissione europea ha appuntato la propria attenzione per promuovere una comunicazione virtuosa e autenticamente trasparente con i propri cittadini (Parito, 2019, p. 31)[3]. Ma, in particolare, è l'aspetto visivo dei media digitali, sempre più in concorrenza con il *mainstream* televisivo, che assume una centralità nuova. Si sono dischiusi spazi altri di visibilità, in cui pubblici poteri e cittadini possono mostrarsi, far emergere la propria opinione, valorizzare o screditare la cosa pubblica o l'operato della comunità su beni o aspetti della vita pubblica attraverso questi stessi canali, in un circuito comunicativo potenzialmente senza soluzione di continuità. Necessariamente è aumentato l'interesse, non solo da parte dei

---

[2] Si supera in un certo senso, dunque, la teoria classica dell'opinione pubblica habermassiana. Cfr. Habermas (1962).

[3] Emblematico quanto emerso nell'ambito della *Dichiarazione di Bratislava* firmata dai 27 capi di Stato o di governo nel vertice informale del 16 settembre 2016: "Dobbiamo migliorare la comunicazione reciproca, fra gli Stati membri, con le istituzioni dell'Ue, ma soprattutto con i nostri cittadini. Dovremmo infondere maggiore chiarezza alle nostre decisioni. Utilizzare un linguaggio chiaro e onesto". Parito (2019), p. 30, ripreso da: https://www.consilium.europa.eu/media/21238/160916-bratislava-declaration-and-roadmap-it.pdf, p. 3.

singoli individui, ma anche da parte dei pubblici poteri, di rendersi più visibili, per il proprio operato e per il ruolo rivestito, partecipando dunque all'emergere (e al forgiare) di una propria visibilità.

Sono sorte, come sottolinea Castells "potenti espressioni di identità collettiva" (Castells, 2001, p.1), che mirano a preservare l'immaginario sociale e culturale di riferimento. Nascono al riguardo movimenti attivi che si avvicinano alle competenze della *res publica*, fino, talvolta, a volersi sostituire ad essa. Le reti interattive diventano protagoniste indiscusse di tali processi. Strumenti per rafforzare l'identità collettiva, ma anche quella del singolo in una comunicazione sempre più soggettiva, che, come ben afferma Lievrouw, è divenuta "[P]ersonal, sketptical, perishable, idiosyncratic, collaborative, and almost inconceivably diversified" (Lievrouw, 2011, p. 214).

Alla luce di quanto premesso, si osserva che solitamente ci si interroga se realmente la rete incentivi (e in che modo) i processi di partecipazione civica grazie ad un aumento di visibilità dell'ente pubblico e, quindi, delle questioni che ruotano intorno ad esso. La domanda che qui ci poniamo è complementare alla precedente, ovvero se e in quale modo la partecipazione *online* possa creare o rafforzare una immagine dell'ente o di una organizzazione e, soprattutto, quale tipologia di immagine ne può emergere, anche indipendentemente dall'istituzione stessa.

Una possibile risposta a tale domanda sarà articolata attraverso due ulteriori questioni: la prima riguarda quali immagini le istituzioni vogliono offrire di sé, su ciò che vogliono/possono rendere pienamente visibile e ciò che, invece, si preferisce mantenere nell'opacità, e come utilizzano gli strumenti partecipativi della rete a tale fine; quale identità dell'istituzione pubblica si viene, dunque, a profilare su base volontaria; per quanto concerne la seconda questione ci si chiede se l'*agency* dei cittadini incrementi necessariamente una "buona" visibilità dell'ente pubblico o se si può pervenire a forme di generazione e degenerazione dell'immagine delle istituzioni. E, come, dunque, appare l'ente al "pubblico" di riferimento dalla fusione di queste due spinte talvolta contrarie, talaltra sulla medesima rotta o, anche, complementari.

Ne discende un ulteriore interrogativo al quale verrà dedicata una riflessione conclusiva: realmente si attua sempre una partecipazione (buona o cattiva) o si tratta sempre più spesso di una "partecipazione visibile" e non effettiva, che risponde al paradigma narcisista del "voler apparire" dell'individuo moderno?

2. PARTECIPAZIONE E VISIBILITÀ, DUE CONCETTI IN MUTAMENTO

Occorre, dunque, *in primis*, interrogarsi sui possibili significati dei concetti di partecipazione e di visibilità, per approdare poi a riflettere sull'importanza di una (inter)visibilità "etica" delle organizzazioni pubbliche che tenga conto della molteplicità di media attraverso i quali essa si palesa. Una visibilità che, come già sosteneva Foucault prima dell'avvento della rete, consenta di avere la percezione di ciò che è realmente visibile e di ciò che non lo è, nella realtà oggettuale e "virtualmente" (Catucci, 2019, pp. 15-28).

Relativamente al concetto di partecipazione non si può non richiamare in primo luogo l'etimologia del sostantivo stesso. Dal latino tardo *participatio*, il termine identificava il prendere parte a una forma di attività, con la propria presenza o semplicemente manifestando interesse o contribuendo allo svolgimento dell'attività stessa.

La partecipazione civica, intesa nella sua declinazione di *civic agency*, è un concetto ben più recente e articolato. Letteralmente "impegno civico" indica la possibilità da parte dei cittadini di essere attivatori di processi di sviluppo e di innovazione sociale, per rafforzare la democrazia intesa nel suo senso etimologico[4]. Rappresenta una forma di attivismo che si sta rivelando sempre meno occasionale e sempre più organizzata e sostanziale nella *governance* italiana e europea. Si lega al profilo classico della democrazia partecipativa, fondata su una visione in cui le responsabilità assegnate "attivano forme regolate di ascolto che, anche con spazi di agibilità propri della democrazia diretta, concorrono a rendere più ampia e trasparente la materia attorno a cui esercitare opzioni".

---

[4] È un aspetto che peraltro Dahlgren associa al solo concetto di cittadinanza. Si è cittadini soltanto se si agisce e si partecipa al benessere sociale e civico. Dahlgren (2009), p. 58.

Si tratta di forme che debbono implicare necessariamente funzioni comunicative[5]. Ma, con l'avvento della tecnologia digitale, si tende sempre più verso processi di tecnocrazia, in cui i saperi tecnici tendono a prevalere e a controllare le decisioni proposte dal basso così come quelle provenienti dall'alto. Non si assiste necessariamente, dunque, ad uno sviluppo democratico autentico, quanto ad uno processo che richiama soprattutto la sfera della visibilità. E ad una maggiore visibilità non corrisponde necessariamente la medesima possibilità, per tutti, di accedere a ciò che è visibile e comprenderlo con consapevolezza (Bartoletti e Faccioli, 2013). Occorrono certamente, senza però risultare sufficienti, cultura civica e competenze digitali, basate su risorse culturali, sociali e relazionali.

Si delinea un quadro che non risponde al crescente bisogno di stabilità dei cittadini. Si manifesta un clima di relativa sfiducia nelle istituzioni, e, al contempo, il crescere di tendenze populiste che governano il quadro politico non solo europeo, spesso arginate o promosse da forme di associazionismo; si tratta di movimenti che partono dal basso, dalla necessità di valorizzare beni, servizi e diritti comuni, ma, anche, di salvaguardarli, proteggerli dall'incuria e dall'abbandono. Dahlgren, a tal proposito, distingue tra *civic engagement* e *political engagement*, processi in relazione reciproca più che in contrapposizione (Dahlgren, 2009).

Che cosa possiamo dunque intendere per *civic engagement*? Una idea di partecipazione che racchiude al proprio interno "le tante forme di impegno sociale decise e messe in atto dai cittadini su problemi che hanno rilevanza per la collettività, da quelli più legati alla vita quotidiana, alla partecipazione alla vita politica, anche solo attraverso il voto, fino a dimensioni più complesse che investono adesioni a valori e idee, nella prospettiva di accrescere gli spazi della democrazia" (Faccioli, 2013, p.175). Implica dunque, *à la* Dahlgren, "forms of voluntary activity aimed

[5] La quale si differenzia dalla c.d. "democrazia rappresentativa" e dalla c.d. "democrazia diretta": la prima, "delegata con le regole elettorali"; la seconda, "fondata su strumenti (come quelli referendari) che agiscono senza mediazione sulla vitalità di norme e istituti". Rolando (2014),pp. 32-33).

toward solving problems in the community and helping others" (Dahlgren, 2009, p. 58; Canel and Luoma-aho, 2018, p. 180).

Ma la partecipazione assume un senso se è realmente esercitata, quando cioè non rimane solo nell'alveo delle potenziali opportunità. Può così garantire un rafforzamento della democrazia. Ciò attraverso la responsabilizzazione degli attori in gioco e la riduzione dei meccanismi di delega. Come scrive Bonaretti si tratta di "risorse intangibili" per promuovere "valori tangibili" (Bonaretti, 2005, p. 18; D'Ambrosi e Giardina, 2006, p. 13).

Diviene dirimente, dunque, tenere conto del ruolo della cittadinanza, intesa, ancora sulla scia di Dahlgren, sulla base di cittadini che agiscono per il benessere del proprio spazio sociale e politico. Si è cittadini solo se si è parte attiva di un sistema, se si milita in un certo qual modo al benessere della collettività. Si amplia dunque il tradizionale concetto di cittadinanza, per aprirsi ad una entità a più dimensioni. Come osservano Coleman e Blumler (2009) la cittadinanza può collaborare a stabilire nuovi rapporti con lo Stato in termini di diritti e doveri; può assumere un ruolo politico, quando cioè sostiene la dimensione della partecipazione, anche nella misura di influenza dei cittadini su altri cittadini e sulle politiche pubbliche (Ducci, 2017, p. 42); e, infine, può essere realmente attiva in processi di mobilitazione, per rafforzare il senso di appartenenza alla comunità, condividendo medesimi valori e obiettivi. Il concetto di cittadinanza, dunque, può variare in seno al contesto sociopolitico, allo spazio e al tempo. Coleman e Blumler (2009), al riguardo, suggeriscono una ulteriore specifica al concetto di cittadinanza attraverso la distinzione tra *incumbent* e *critical democracy*; il riferimento va all'*incumbent democracy* nel caso di una cittadinanza in cui i cittadini si muovono per la valorizzazione delle istituzioni pubbliche secondo modelli già dati; mentre, secondo la matrice della *critical democracy*, i cittadini sono volti maggiormente alla novità, al cambiamento e alla valorizzazione dei beni comuni agendo autonomamente e stimolando, di conseguenza, i processi di partecipazione (*Ibidem*). Il rischio è semmai quello di delegare eccessivamente al cittadino servizi che l'amministrazione non riesce a garantire, perdendone il controllo. Ciò nel quadro di una prospettiva che parte dall'alto e procede verso il basso (*top-down*), ovvero quando le istituzioni coinvolgono i cittadini per una *governance* mista pubblico-privato; o *bottom-up*, quando, di contro, sono i cittadini stessi a promuovere forme di azione, sottolineando le inadempienze delle istituzioni. Il motore è chiaramente la crescente sfiducia dei cittadini nei confronti dei pubblici poteri. Si tratta cioè di una svolta verso la c.d. "amministrazione condivisa", sperimentata in Europa nonché in altri contesti nazionali e internazionali, che mira a svolgere servizi utili per la collettività a vantaggio della comunità nel suo complesso (Faccioli, 2016, pp. 13-36).

La partecipazione si inscrive dunque nell'ambito di un sistema reticolare, sempre più orizzontale e il web, in tal senso, anche attraverso i social, rappresenta lo strumento *princeps* in cui tale "orizzontalità" è potenzialmente applicabile. Un sistema da intendersi *à la* Morin quale "un'unità globale organizzata di interrelazioni fra elementi, azioni o individui" (Morin 2001, p. 115). Ma tali relazioni tendono a considerarsi "vive" solo se visibili in una società che vive "in pubblico". Ed ecco che occorre introdurre il secondo concetto fondamentale nell'ambito della *civic agency* contemporanea che necessariamente coinvolge la rete, la visibilità.

Il riferimento in questo caso va alle due accezioni delineate da Dahlgren che collimano con i due "regimi di visibilità" teorizzati più recentemente da Brighenti (Brighenti, 2010, pp. 71 ss.). Riprendendo alcune idee di Goffman e di Mead vengono teorizzate due forme di visibilità differenti, ma complementari (Goffman, 1967, Mead, 1934). La prima forma di visibilità si sostanzia in rete in quanto, semplicemente, si è "in pubblico". Questa forma si verifica quando si osserva e si è osservati. Ciascuno può trovarsi di fronte e/o dentro una sorta di palcoscenico, con il ruolo quando di attore, quando di spettatore, o, anche, di supervisore. Si è così attori principali di processi di costruzione di senso, di una sorta di *agenda setting* di questioni da problematizzare e di valori da diffondere. E, in questo contesto, non si può non richiamare Foucault e i regimi di visibilità di cui si fa latore, in cui si evidenzia lo stretto legame tra vedere e potere, dallo spettacolo che impone una ricezione passiva fino alla visibilità intesa come una collaborazione tra soggetti collegata al controllo e alla supervisione (Brighenti, 2010; Catucci, 2009). Alla stessa stregua del resto del *Panopticon* di Bentham.

Sia la visibilità sotto forma di spettacolo che quella più legata alla supervisione destano alcune riflessioni. Se lo spettacolo come strumento di partecipazione è fondamentale, poiché è un evento scisso dalla quotidianità, ma vissuto in un momento di *divertissement*, aprendo ad un momento di aggregazione, al contempo può coinvolgere senza stimolare senso critico. Così la c.d. visibilità del controllo, da un lato, sviluppa una certa preoccupazione, dall'altra, però offre sicurezza e fiducia. La visibilità dunque tanto più è spettacolare tanto più richiama un esercizio di controllo.

La seconda forma di visibilità è per Dahlgren, invece, "il regno pubblico della visibilità sociale, dell'interazione, in cui lo sguardo e il riconoscimento dell'altro generalizzato o significativo diviene centrale per la costruzione del sé, dell'identità. Chiamerei questo "intervisibility"" (Dahlgren, 2013, p. 27). Tale processo, prosegue lo studioso svedese, è proprio dei legami deboli, in cui si è visibili anche tra estranei instaurando una relazione fragile, ma che consente di dare quella fiducia minima necessaria per cooperare (Riva, 2014). Si tratta del resto della traduzione sinestesica dell'ascolto nel visivo (e nei paradigmi estetici del visivo). Del resto, come scrive Ambrosoli, l'ascolto è "un modo serio e efficace per far emergere in modo utile e pratico situazioni critiche e opportunità", rappresenta

> [...] l'esigenza di chi cerca di elaborare una proposta realistica di governo, di entrare in contatto con il territorio nella sua analisi più concreta, con bisogni e proposte che vengono da chi è più in contatto con i problemi e dunque sa individuare soluzioni compatibili, perché ha fatto tutte le tare necessarie per distinguere velleità da obiettivi raggiungibili. (Ambrosoli, 2013, p. 35)

L' "intervisibility" è dunque il campo in cui lo sguardo dell'altro costituisce un elemento fondamentale nella costruzione della propria identità e del modo di comprendersi e accettarsi. Sembra rappresentare una forma di visibilità che incide profondamente sui processi relazionali e sul senso di appartenenza come cittadino all'istituzione, incentivando all'agire per la propria crescita e salvaguardia come singolo e in quanto parte di una collettività.

Il nostro sé prende forma in relazione all'altro nel corso dell'interazione o, anche, attraverso la "presentazione del sé", come singolo o come istituzione pubblica.

Vi è poi da aggiungere che in rete la visibilità non conosce oblio; vi è una sorta di meccanismo di tracciabilità costante della visibilità, sia grazie all'indicizzazione, sia al controllo dei nostri movimenti tramite algoritmi. Certo è che un eccesso di visibilità porta ad una saturazione, ad una *image overload* – sebbene si tratti pur sempre di immagini deterritorializzate – che omogeneizza le immagini e diviene, suo malgrado, un ostacolo alla visibilità stessa.

Ciò che dunque assume valore non è tanto la visibilità del singolo elemento, quanto l'insieme di elementi che costituiscono una immagine a più ampio spettro. Ma ecco che si instaura un circuito di giochi di visibilità per apparire sempre più in prima linea e rimanere nella memoria il più a lungo possibile. Nel contesto pubblico tale aspetto è certamente positivo, serve però fare attenzione – e in questo caso il controllo e la sorveglianza sono necessari – alla qualità (nel senso di verità) delle informazioni che possono apparire e che costituiscono l'immagine degli enti pubblici non soltanto *hic et nunc*, ma, in generale, nel corso del tempo.

3. IMMAGINE E RETE. VERSO UNA FORMA DI VISIBILITÀ RESPONSABILE

Reciprocità e inter-relazionalità sono concetti chiave per una efficace partecipazione civica e una buona visibilità dell'organizzazione pubblica *online*. Si attua così una visibilità che mette in campo, pur nell'ambito di regole condivise[6], l'intersoggettività, il proprio modo di vedere in relazione agli altri interlocutori in uno scambio di posizioni idealmente senza soluzione di continuità. Il concetto di visibilità inteso nel senso di "rendere visibile" e "essere visibili", richiama la cultura odierna dell'essere sempre "presenti" (anche se virtualmente), e l'immagine di sé *online*

---

[6] Il riferimento non può non andare alla c.d. *netiquette* e alla regolamentazione statale in merito. Fabris (2014), p. 68.

rappresenta lo strumento più diretto e veloce per mostrare il proprio punto di vista in qualsiasi momento. Si tratta di una immagine "liquida", che varia velocemente nel tempo e nello spazio, talvolta enfatizzando gli aspetti più virtuosi di una istituzione, talaltra trasformandosi in una sorta di specchio deformato e, non sempre, con consapevolezza.

Se dunque tali possibilità "visive" rappresentano certamente un arricchimento e una opportunità, si può correre il rischio che tale visibilità assuma sempre più il senso della somiglianza e dell'apparenza piuttosto che dell'effettività, una sorta di copia sbiadita o eccessivamente caricata della realtà oggettuale. Il termine immagine del resto, sia nella sua derivazione greca (dal lemma *èikon*, dalla radice indoeuropea **weik-*) che in quella latina (*imago-inis*), rimanda al concetto di "copia", ma anche a quello di somiglianza. *Imago* fa riferimento al senso di pura apparenza, di percezione, ma anche di emulazione (dall'aggettivo *aemulus*, "che emula", e dal sostantivo *imitor*, "imitare") (Neri, 2013, pp. 12-13). La visibilità fondata sull'immagine dunque richiama la vista, e, al contempo, la conoscenza che deriva dalla visione. Tale conoscenza, necessariamente polisemica, per lo statuto stesso dell'immagine, potrebbe però *online* essere oltremodo arbitraria e allontanarsi dalla "verità effettuale" (Machiavelli, 2005, p. XV) per la facilità di de-contestualizzazione dei segni e la fluidità propria del digitale. *Online* di conseguenza non emerge tanto l'immagine di un ente pubblico complementare a quella percepita nella realtà oggettuale, quanto piuttosto se ne delineano di altre, risultanti di tutti quei dati immessi in rete che riguardano l'ente stesso. Ma tali immagini "altre" favoriscono una buona partecipazione? Certamente agevolano la partecipazione perché "rendono visibili", invitando a modificare o migliorare l'immagine stessa primigenia. Emerge un nuovo *medium* che non è l'immagine fisica dell'organizzazione, bensì quella astratta e virtuale, capace di superare i limiti della memoria, ponte tra il visibile e l'invisibile, tra la ripresentazione del reale e l'immaginario sociale al quale facciamo riferimento e tramite il quale interpretiamo l'immagine. Il visibile appare in quest'ottica sempre presente nell'invisibile e viceversa, il non visibile fa parte del visibile. Per Merleau-Ponty, non a caso, l'invisibile non si contrappone al visibile, poiché ne rappresenta semmai l'equivalente nascosto, segreto, così come il visibile ha una propria struttura interna invisibile (Merleau-Ponty, 1999, p. 230). In rete questi due aspetti convivono perfettamente. E non si può non tenerli entrambi sempre presenti.

L'organizzazione crea profili, pubblica informazioni su piattaforme istituzionali e mette a disposizione servizi interattivi tramite i quali i cittadini agiscono ed esprimono la propria opinione. Ciò rappresenta quello che l'ente pubblico vuole rendere visibile, l'immagine che ha scelto di veicolare. E i social media, a tal fine, costituiscono uno strumento dirimente di diffusione di tale immagine. Sono il luogo in cui le organizzazioni si raccontano con narrazioni orchestrate a tavolino e frutto delle relazioni *via social network* con i cittadini (Di Costanzo, 2017). Ma tali spazi costituiscono anche il luogo in cui si creano nuove immagini degli enti, emergenti dalle "conversazioni" tra cittadini al di fuori della piattaforma messa a disposizione dalle pubbliche amministrazioni; la relazione tra ciò che è privato e ciò che è pubblico, tra ciò che è soggetto a forme di controllo e ciò che non lo è, tra ciò che è pubblicato per spettacolarizzare o solo per informare, rimane in uno spazio sospeso in cui tutte le voci contribuiscono ad una immagine "altra" o, meglio, a più immagini, difficilmente identificabili in modo certo e univoco (e, talvolta, anche contrastanti tra di loro).

Nasce dunque un'altra immagine dell'organizzazione, in parallelo, fondata sulle opinioni di chi partecipa *online*, propagando una ulteriore immagine dell'istituzione. Una immagine che deriva dalla percezione soggettiva del singolo nei confronti di tutte le informazioni che può trarre sull'ente pubblico e dall'ente e dalle azioni promosse dall'ente pubblico stesso, in relazione alla partecipazione attiva della comunità di cittadini *online* e della sua intersezione con quella *offline* (Bruni, 2008). Se tale nuovo modello comunicativo, che prevede una interazione continua, che apre dunque a uno spazio comune di reale condivisione – la rete in tal senso sembra rappresentare lo spazio della piena attuazione della comunicazione intesa in senso etimologico (Fabris, 2014, p. 40) – allo stesso tempo l'istituzione non può controllare, né certamente censurare tutte le comunicazioni dei cittadini, anche quelle meno lusinghiere. Si può offrire la possibilità di una comunità che condivide informazioni, anche preziose e in tempo reale, come, per esempio, per avvertire su imminenti disastri ambientali come i terremoti, comunicare numeri di emergenza, come ricevere assistenza, ecc.

Da questo punto di vista i cittadini sono sempre più in dialogo con le istituzioni in modo interattivo. E tali processi sono fortemente incentivati dai pubblici poteri. Si pensi, ad esempio, ai codici nazionali che mirano a incentivare e a rendere continuativo l'utilizzo delle nuove tecnologie, come, nel caso italiano, al Codice dell'amministrazione digitale del 2005 (d.lgs. 7 marzo 2005, n. 82)[7] e al c.d. decreto Crescita 2.0 del 2012[8], che dichiara la necessità di un dialogo tra istituzioni e cittadini attraverso il web per l'espletamento dei servizi pubblici (Ducci, 2017, pp. 92 ss.). I cittadini assumono il ruolo di collaboratori, agenti in prima persona in grado di coinvolgere e guidare ampie fasce di utenti del web sociale. Un attivismo che si concretizza nella ricerca delle informazioni di interesse generale, nella pubblicazione, condivisione dei contenuti, ecc., venendosi a creare continue contaminazioni tra flussi comunicativi *top down* e *bottom up*, tra spazi istituzionali e privati (Benenati, Lovari e Masini, 2013, pp. 74 ss.).

Si tratta di flussi non solo informativi, ma che modificano la visibilità e l'identità dell'ente pubblico, grazie proprio al ruolo giocato dalla partecipazione civica.

Nell'ambito di questo circuito complesso e che tende a sfuggire sempre più al controllo dell'istituzione la partecipazione civica si sviluppa in seno ad una visibilità talvolta già alterata dell'istituzione stessa oppure si attua non per migliorare l'operato del pubblico, ma per emergere in quanto cittadini attivi. Un gioco di specchi che ricorda la caverna platonica. E, invece, occorre promuovere una visibilità "trasparente", per evitare di sfociare in una opinione pubblica falsata o alterata, in pericolose polarizzazioni se non nella post-verità, una minaccia alla coesione e alla credibilità delle nostre società e delle istituzioni (Pariser, 2011). L'immagine dell'ente pubblico non deve rischiare di trasformarsi in una

---

7 https://docs.italia.it/italia/piano-triennale-ict/codice-amministrazione-digitale-docs/it/v2017-12-13/.

8 https://www.altalex.com/documents/news/2012/12/06/decreto-crescita-2-0-strumenti-per-l-amministrazione-digitale-e-aperta.

sorta di "idolo", ma, semmai, avvicinarsi all' "idea" primigenia. Il ruolo istituzionale deve mantenersi saldo quanto più possibile, cercando di non fluidificarsi al punto da perdere le proprie caratteristiche costitutive di garante di diritti e doveri.

Solo in questo modo sarà possibile una "visibilità etica", che miri a una partecipazione pienamente democratica, che trascenda la c.d. "sfera pubblica effimera" e la "sfera pubblica messa in scena" *à la* Habermas, in cui le istanze dei cittadini assumono le sembianze di uno spettacolo (Habermas, 1996, pp. 424-443). Tali immagini distorte dell'istituzione possono indurre sfiducia nell'istituzione stessa e favorire comportamenti disfunzionale. La visibilità promossa dalla partecipazione civica non sempre risulta etica. Nel gioco di specchi e di sempre maggiore interrelazione tra pubblico e privato, l'immagine istituzionale assume forme prismatiche che né l'ente né i cittadini "attivi" possono più controllare pienamente. La visibilità volontariamente costruita si interseca alla visibilità promossa (in)volontoriamente dalla rete, creando una identità dell'ente mutevole e complessa. La tensione etica è sempre forte e il rischio di creare una immagine-ombra come nella caverna platonica è sempre alle porte (Platone, VII, 514 b – 520 a.).

4. CONCLUSIONI. CONTRO IL NARCISISMO

Alla luce di quanto delineato emerge l'importanza del ruolo assunto dalla visibilità e dall'immagine per una buona partecipazione civica. A tal proposito non si può non richiamare Wittgenstein quando afferma che "L'immagine c'è, e non contesto la sua correttezza. Ma che cos'è la sua applicazione? [...]" (Wittgenstein, 2009, p. 147, n. 423). L'intrecciarsi di immagini mediali delle organizzazioni, veicolate su più media, può condurre il cittadino ad una sorta di spaesamento, a rendere "cieca" l'immagine stessa, senza cioè più una direzione e un senso definiti. Sia l'oscurità che l'ipervisibilità dell'istituzione attraverso culture partecipative "ad immagine" *online* rischiano dunque di indebolire il ruolo pubblico rafforzando quello privato, del singolo individuo o del singolo come parte di una collettività. La rete si configura sempre più come l'anello fatato di Angelica, che ingenera uno spettacolo, ma che, al contempo, se rende invisibile chiunque agisca indossandolo, rende concrete e visibili le conseguenze che derivano da questo agire (Ariosto, 1983; Santoro, 1983). Come scrive Jenkins

> una cultura partecipativa è una cultura con barriere relativamente basse per l'espressione artistica e l'impegno civico, che dà un forte sostegno alle attività di produzione e condivisione delle creazioni e prevede una qualche forma di mentorship informale, secondo la quale i partecipanti più esperti condividono conoscenza con i principianti. (Ferri, Jenkins e Marinelli, 2010, p. 57)

Ma l'allentamento di tali barriere può porre gli individui di fronte ad un minor controllo del proprio e altrui agire e della relativa visibilità (intersoggettiva) di tale agire.
Ciò che richiama l'inadeguatezza antropologica di prevedere e calcolare le implicanze di certe nostre azioni e comunicazioni attraverso le tecnologie. Ma la responsabilità dei soggetti partecipanti e dei pubblici poteri nell'agire nello spazio virtuale e oggettuale e, poi, nel monitorare l'immagine e la visibilità delle organizzazioni, può arginare il rischio di cadere, come sottolineava McLuhan, nel mito di Narciso e nell'idealizzazione di una tecnologia come mera estensione del sé. Una responsabilità che, se si richiama l'etimologia latina del termine (dal predicato verbale *respondeo*, composto dal suffisso *re-* e dal verbo *spondeo*), implica un impegno, ma, al contempo, anche un rispondere sulla base di istanze o di azioni dopo una attenta ponderazione, cercando di anticipare razionalmente rischi e benefici derivanti da una determinata scelta (Calonghi, 1989, p. 2387, Miano, 2010, pp. 7-8).
Come scrive Dahlgren l'intervisibilità e la visibilità (anche ad immagine) della sfera pubblica costituiscono vantaggi concreti della partecipazione, ma affinché siano caratteristiche eticamente valide occorre un "occhio monitorante". Tale entità monitorante è da intendersi non come una sorta di Grande Fratello orwelliano, ma come l'impegno da parte di tutti i partecipanti alla comunità di cittadini attivi ad agire eticamente. Sebbene l'immagine che emerge può sfuggire di mano anche ai più esperti il rischio di una immagine alterata può quantomeno ridursi. E per non cadere in un narcisismo radicale occorre lavorare su una cultura civica digitale salda, fondata sulla trasparenza e la correttezza, sui principi di sussidiarietà, che consenta ai cittadini di partecipare attivamente alla

sfera pubblica, non illudendosi però che "tutto è possibile". Al crescere della visibilità nei media delle istituzioni, dei cittadini attivi e delle politiche di partecipazione, occorre anche una più elevata assunzione di responsabilità per la salvaguardia del bene pubblico e, quindi, del *modus vivendi* della comunità. Le forma di partecipazione civica *online* "ad immagine" dovrebbero valutarsi secondo prospettive di tipo morale, discutendo su che cosa sia giusto e sbagliato in un palcoscenico in cui tutto è visibile a tutti.

Nel gioco di specchi tra pubblico e privato, l'immagine istituzionale assume forme prismatiche in cui la visibilità pianificata e "costruita" dall'istituzione si unisce alla visibilità priva di pianificazione emergente dalla rete. Ciò, se fa perdere fiducia nell'istituzione stessa, perché l'immagine emergente appare mutevole, migliora la fiducia nella *civic agency*, nella possibilità di ciascuno di intervenire per offrire un contributo adeguato. Si indebolisce il ruolo pubblico, mentre si rafforza il ruolo del privato nel pubblico.

La partecipazione orizzontale potenzialmente aperta dalla rete può avere dunque un carattere etico se la responsabilità del singolo, inteso come cittadino, ma anche come azienda *provider* che amministra i motori di ricerca della rete, esercita una responsabilità per sé, per gli "altri" e per l'organizzazione stessa.

Da questo punto di vista certamente se non si dovrebbero favorire né corroborare i meccanismi di *learning machine* per aumentare indiscriminatamente la visibilità, allo stesso tempo diventa complesso immaginare e prevedere gli effetti che tali meccanismi aprono. Il dislivello prometeico teorizzato da Anders (Anders, 2003, p. 42), che si estrinseca nell'inadeguatezza umana di prevedere e calcolare le implicanze di certe nostre azioni (e, dunque, anche comunicazioni) pone numerose questioni etiche anche in termini di visibilità e partecipazione per il tramite di questa stessa visibilità. Si aggiunge, in questi ultimi anni, una evoluzione della rete verso il c.d. "internet delle cose" che si interseca con l'aumento delle possibilità partecipative dei cittadini e della visibilità dei cittadini attivi e dell'organizzazione stessa, procedendo autonomamente dalle nostre volontà. Non siamo in grado di governare ogni processo di visibilità innescato dalla rete. Un processo già intuito da Anders oltre mezzo secolo fa a proposito delle prime tecnologie di massa, "radio e televisioni sono realtà; realtà che ci plasmano" (Anders, 2003, p. 42) e che, oggi, si è articolato ulteriormente. Nel mondo della rete, possiamo aggiungere infatti, tale possibilità plasmante è ancora più evidente e potenzialmente pericolosa, perché arriva direttamente al soggetto in modo personalizzato tramite l'immagine e invita alla visibilità del sé e del proprio operato. Se dunque visibilità e partecipazione sono certamente aspetti positivi della sfera pubblica contemporanea, dovremmo probabilmente cercare di dare una visibilità rispettosa e veritiera dei pubblici poteri e del suo operato, sia attraverso i pubblici poteri stessi, sia attraverso i dati immessi dai cittadini attraverso processi di *civic engagement*. Il rischio di trasformare gli enti e i cittadini attivi in tanti Narciso è altrimenti concreto. Come sottolineava McLuhan noi siamo totalmente indifesi di fronte al potere delle nuove tecnologie che ci appaiano sempre più come estensioni di noi stessi (Nencioni, 2010, pp. 17-18). Infatti, sostiene:

> [G]li esseri umani sono soggetti all'immediato fascino di ogni estensione di sé, riprodotta in un materiale diverso da quello stesso di cui sono fatti (McLuhan, 1968, p. 151)

La partecipazione che può attuarsi dunque in un tale contesto intermediale deve non scadere nella mera visibilità fine a sé stessa. Un castello di carta che può crollare da un momento all'altro senza lasciare benefici, ma, semmai, detriti potenzialmente tossici. "Solo un pubblico responsabile può richiamare i media alla loro responsabilità", intendendo per pubblico, in un contesto in cui i ruoli possono divenire interscambiabili, non solo i cittadini, ma certamente anche le stesse istituzioni (Colombo, 2013, p. 82).

E forse anche i medesimi media, strumento, pubblico e soggetto agente esso stesso. Come ricorda Sunstein a proposito degli studi di Sen, la libertà di espressione garantisce maggiormente società in cui le istituzioni sono realmente – e, dunque, responsabilmente - al servizio degli individui. Si può così favorire "un sistema di comunicazione che promuov[a] l'esposizione a una vasta gamma di argomenti e opinioni. E dimostra così di tenere in gran conto la verità". E, in questo percorso, i social media possono costituire anche un punto di forza (Sunstein, 2017, pp. 322-324).

REFERENCIAS BIBLIOGRÁFICAS

Anders, G. (2003). L'uomo è antiquato (1956). (L. Dallapiccola trad.). Torino: Bollati Boringhieri.

Ariosto, L. (2016). Orlando Furioso (1516). Firenze: Olschki.

Bartoletti, R. e Faccioli, F. (a cura di) (2013). Comunicazione e civic engagement. Milano: Franco Angeli.

Benenati, S., Lovari, A. e Masini, M. (a cura di) (2013). Tecnologie digitali per la comunicazione pubblica. Catania: Bonanno Editore.

Bonaretti, L. (2005). Governo locale e innovazione organizzativa: le amministrazioni in trasformazione. RU - Risorse umane nella PA, (2), 1-24.

Bourdieu, P. (2003). Per una teoria della pratica. Con tre studi di etnologia cabila [1972]. Milano: Raffaello Cortina.

Brighenti, A. M. (2010). Visibility in Social Theory and Social Research. Basingstoke: Palgrave Macmillan.

Bruni, E. (2008). La comunicazione istituzionale per immagini. Roma: Carocci.

Canel, M.J., and Luoma-aho, V. (2018). Public Sector Communication: Closing Gaps Between Citizens and Public Organizations. Wiley-Blackwell: New York.

Castells, M. (2003). Il potere delle identità. Milano: Università Bocconi Editore.

Catucci, S. (2019). Potere e visibilità. Studi su Michel Foucault. Macerata: Quodlibet.

Coleman, S., and Brumler, J.G. (2009), The Internet and Democratic Citizenship: Theory, Practice and Policy. Cambridge: Cambridge University Press.

Colombo, F. (2013). Pratiche civiche tra vecchia e nuova politica, in R. Bartoletti. In F. Faccioli (a cura di), Comunicazione e civic engagement (pp. 57-85). Milano: Franco Angeli.

Dahlgren, P. (2009). Media and Political Engagement. Citizens, Communication and Democracy. New York: Cambridge University Press.

Dahlgren, P. (2011). The Political Web: Media, Participation and Alternative Democracy. Basingstoke: Palgrave Macmillan

D'Ambrosi, L. e Giardina, M.V. (2006). Amministrazione pubblica e partecipazione. Roma: Carocci.

Di Costanzo, F. (2017). PA social. Viaggio nell'Italia della nuova comunicazione tra lavoro, servizi e innovazione. Milano: Franco Angeli.

Ducci, G. (2017). Relazionalità consapevole. Milano: Franco Angeli.

Fabris, A. (2014). Etica della comunicazione. Roma: Carocci.

Fabris, A. (2014). Etica delle nuove tecnologie. Brescia: La Scuola.

Fabris, A. (2019). Etica per le tecnologie dell'informazione e della comunicazione. Roma: Carocci.

Faccioli, F. (2016). Comunicazione pubblica e media digitali: la prospettiva del public engagement. Problemi dell'informazione, XLI, (1), 13-36.

Faccioli, F. (2013). Comunicazione, sfere pubbliche e processi di civic engagement. In R. Bartoletti e F. Faccioli (a cura di), Comunicazione e civic engagement (pp. 174-200). Milano: Franco Angeli.

Ferri, P., Jenkins, H. e Marinelli, A. (2010). Culture partecipative e competenze digitali. Media education per il XXI secolo. Milano: Guerini Associati.

Goffman, E. (1967). Interaction Ritual. Essays on Face-to-Face Behavior, Doubleday. New York: Garden City.

Habermas, J. (1996). Fatti e norme. Contributi a una teoria discorsiva del diritto e della democrazia. (L. Ceppa trad.). Milano: Guerini e Associati.

Habermas, J. (2006). Storia e critica dell'opinione pubblica (1962). (A. Illuminati, F. Masini, W. Perretta trad.). Roma-Bari: Laterza.

Lievrouw, L.A. (2011). Alternative and Activism New Media. Cambridge: Polity Press, Cambridge.

Machiavelli, N. (2005). Il Principe (1532). (G. Inglese trad.). Torino: Einaudi.

McLuhan, M. (1968). Gli strumenti del comunicare (1964). (E. Capriolo trad.). Milano: Il Saggiatore.

Mead, G.H. (1934). Mind, Self, and Society. Chicago: University of Chicago Press.

Merleau-Ponty, M. (1999). Il visibile e l'invisibile. (trad. A. Bonomi). Milano: Bompiani.

Miano, F. (2010). Responsabilità. Napoli: Guida edizioni.

Nencioni, A. (2010). La teoria dei mass media nel pensiero di Anders. Civitavecchia (Roma): Prospettivaeditrice.

Neri, V. (2013). L'immagine nel web. Etica e ontologia. Roma: Carocci.

Pariser, E. (2011). Filter Bubble. What Internet is Hiding from You. London: Penguin Books.

Parito, M.E. (2019). Comunicare con i cittadini. Le politiche delle istituzioni europee tra crisi ricorrenti e problemi irrisolti. Problemi dell'informazione, (1), 29-58.

Platone (2007). La Repubblica. (M. Vegetti trad.). Milano: Rizzoli.

Riva, G. (2014). Nativi digitali. Crescere e apprendere nel mondo dei nuovi media. Bologna: il Mulino.

Santoro, M. (1983). L'anello di Angelica: nuovi saggi ariosteschi. Napoli: Federico & Ardia.

Sunstein, C.R. (2017). #republic. La democrazia nell'epoca dei social media. Bologna: il Mulino.

Vittadini, V. (2018). Social Media Studies. Milano: Franco Angeli.

Wittgenstein, L. (2009). Ricerche filosofiche. (M. Trinchero trad.). Torino: Einaudi.

LET NATURE SPEAK FOR ITSELF: PARADIGMI DELLA RAPPRESENTAZIONE E IDENTITÁ MEDIALE

PROF. GIOVANNI SCARAFILE
Università di Pisa

RESUMEN

"Let Nature Speak for Itself" è il leitmotiv che dalla metà dell'Ottocento accompagna l'affermazione della rappresentazione fotografica, ritenuta in grado di vedere la realtà meglio dell'occhio umano.
Oggi siamo nella situazione in cui occorre prendere atto della trasformazione in atto, aggiornando i paradigmi di lettura, visione, interpretazione delle immagini. All'interno di una cultura digitale, dunque, le trasformazioni giungono a riguardare fondamentalmente le modalità della nostra rappresentazione della realtà. Alcuni interrogativi accompagnano tali trasformazioni. In primo luogo, che cosa ne è della oggettività che accompagnava il riferimento alle immagini analogiche? Quali sono le implicazioni sul soggetto della rappresentazione e, più in generale, in che modo deve essere pensata l'identità mediale, ovvero l'identità di coloro che partecipano al contesto digitale?

PALABRAS CLAVE

Rappresentazione, Virtualizzazione, Vigilanza, Digitalizzazione, Oggettività.

«O mente insensata, trai da noi tutto ciò che ti regge e poi ci metti da parte con disprezzo? Questo rigetto sarà per te un errore!»
Democrito (DK 68 B 125 - (Democritus & Lur'e, 2007, p. 178)

1.INTRODUZIONE: RAPPRESENTAZIONE ED OGGETTIVITÀ

In un breve testo di Borges, pubblicato nel 1946 ed intitolato *Del rigor en la ciencia*, tratto da *Viajesè de varones prudentes* (1658) di Suárez Miranda[9], si racconta di un impero in cui l'arte della rappresentazione cartografica aveva raggiunto un tale livello di perfezione che la mappa dell'impero aveva uguagliato in grandezza lo stesso impero, fino a coincidere con esso.

Ogni volta che leggo questo brano di Borges rimango colpito dalla pluralità dei rimandi in esso contenuti. Parlare delle mappe è, prima di tutto, un modo per rinviare alla logica della rappresentazione che, evidentemente, per essere efficace, deve rimanere entro determinati limiti, più che eccederli come forse ci si potrebbe aspettare. In termini generali, la rappresentazione è un rispecchiamento della realtà, realizzato per il tramite dei sensi e, tra di essi, prima di tutto dalla vista. Parlare di rappresentazione, dunque, significa fare riferimento al ruolo che la visione ha ai fini della conoscenza. La tradizione filosofica, com'è noto, si è incaricata di indagare tale binomio. Generalmente, il riconoscimento attribuito al ruolo della visione e dell'apparato sensoriale non ha mai eccepito rispetto alla loro subordinazione ad altre dimensioni del pensare, considerate per così dire più nobili. All'interno di tale concezione, si era ritenuto che, in confronto all'attività costitutiva della coscienza, la rappresentazione avesse il ruolo di fornire i materiali *grezzi*, che poi altre funzioni della mente si sarebbero incaricate di organizzare in qualche modo, per consentirci di conoscere il mondo.

Le parole di Democrito, poste in esergo a questo scritto, sono tratte da un dialogo immaginario tra i sensi e la mente, laddove i primi fanno

9 *Viajes de varones prudentes* (1658) di Suárez Mirando è, in realtà, uno *pseudobiblion* dello stesso Borges. Il brano *Del rigor en la ciencia,* che si rifà alle idee sul regresso infinito di Josiah Royce, elabora un concetto contenuto in *Sylvie and Bruno Concluded* di Lewis Carroll.

presente che nel momento in cui la loro valenza sia ridimensionata, lo stesso funzionamento della mente risulterebbe seriamente invalidato.

D'altro canto, non si può trascurare che proprio nelle parti iniziali della *Metafisica,* Aristotele aveva riconosciuto proprio agli occhi una funzione di primo piano, in ragione della loro *immediatezza.*

Con il brano *Del rigor en la ciencia*, parlando delle mappe, Borges si colloca così in una tradizione di pensiero, provando a suggerire una riflessione che è nostro compito tentare di esplicitare.

Il fulcro implicito del ragionamento di Borges è il rapporto che lega la rappresentazione e l'oggettività. Le mappe devono essere affidabili e possono esserlo se l'attività che le produce – la rappresentazione, appunto - è obiettiva. La nozione di rappresentazione porta con sé un'opzione preferenziale a favore della rappresentazione attendibile, ritenuta degna di credito. È un passaggio tanto semplice quanto incardinato nella nostra mentalità, che in larga parte deve riconoscere un debito di riconoscenza al mondo greco: "I greci – osservava Arnheim - non dimenticarono mai che la visione diretta è la fonte prima e finale della saggezza. Affinarono le tecniche del ragionamento, ma ritennero pure che, secondo la parola di Aristotele, «l'anima non pensa mai senza un'immagine»" (Arnheim, 2009, pp. 16–17).

Mi propongo in questo scritto di riflettere sui caratteri e i mutamenti della rappresentazione nell'età della digitalizzazione in atto. Proverò a cogliere se in tali trasformazioni rimanga costante quel presupposto rapporto tra rappresentazione ed oggettività o se esso vada incontro ad una metamorfosi.

Questo mio intento riposa su due presupposti:

1) Il primo presupposto è riferito proprio alla rappresentazione. Essa, infatti, non è una caratteristica qualsiasi dell'umano, ma qualcosa che gli è connessa in modo peculiare. La relazione tra rappresentazione ed umano può essere intesa al modo di una metonimia. Si tratta, com'è noto, di un tropo, consistente nella sostituzione di un termine con un altro che ha con il primo una particolare vicinanza. Nella sostituzione si attua un trasferimento di significato, reso possibile in ragione di una relazione qualitativa tra i due termini. Uno dei casi in cui tale relazione

qualitativa può darsi è la biunivocità del concreto e dell'astratto. È proprio in tal senso che la rappresentazione costituisce *in concreto* un caso specifico dell'umano *in abstracto.* Cogliere le trasformazioni al livello della rappresentazione, dunque, significa cogliere dall'interno la trasformazione dell'umano *tout court.*

2) Il secondo presupposto si riferisce alle caratteristiche di ciò che generalmente indichiamo con mutamento. Posto che non esistono epoche *statiche* e che, dunque, ogni epoca è fatta di mutamenti, va anche detto che i mutamenti non si equivalgono. Ciò di cui oggi siamo testimoni - e in cui siamo implicati - rappresenta una forma specifica di mutamento, contrassegnato dalla pervasività di tre fattori: la estensione nello spazio-tempo; la concomitanza di settori diversi in cui gli effetti del mutamento stesso si avvertono; la diffusività ed inaggirabilità delle sue conseguenze. La rilevanza di tali fattori mi porta a dire che non stiamo tanto assistendo ad un'epoca di cambiamenti, ma piuttosto ad un cambiamento di epoca. Occorrerà dunque per lo meno richiamare le caratteristiche principali di una tale trasformazione con cui, inevitabilmente, dobbiamo confrontarci.

2. LA RAPPRESENTAZIONE FOTOGRAFICA

Pur non intendendo diffondermi in una storia della nozione di rappresentazione, è comunque vero che si danno di essa alcuni momenti particolarmente rilevanti ai fini dei successivi sviluppi in cui oggi siamo coinvolti. Uno di questi momenti può essere fatto coincidere con le implicazioni della scoperta dell'apparecchio fotografico. L'estrema familiarità dell'uso delle fotografie che oggi abbiamo può talvolta portarci a trascurare il contesto completamente diverso in cui la scoperta dell'immagine fotografica avvenne. Ci sono alcuni momenti legati a tale scoperta che vorrei richiamare.

Il primo risale al 1872, quando Eadweard Muybridge realizzò *The Horse in Motion.* Si tratta di un esperimento teso a rappresentare oggettivamente il movimento effettivo della corsa di un cavallo, attraverso una serie di scatti fotografici, realizzati in modo automatico da fotocamere, collocate lungo il tracciato percorso dal cavallo. La sequenza di quelle immagini crea l'illusione del movimento del cavallo, ma tale illusione non è il risultato più rilevante dell'esperimento. Vedendo ogni singola immagine fotografica di *The Horse in Motion* e confrontandola con le raffigurazioni pittoriche della corsa dei cavalli (si pensi, solo per fare un esempio, al dipinto di Jean Louis Théodore Géricault, *Le derby d'Epsom* del 1821) una differenza viene subito a galla. La corsa del cavallo raffigurata nel dipinto è del tutto innaturale rispetto a quella che emerge nelle fotografie di Muybridge. La memoria dei movimenti del cavallo cui i pittori avevano fatto ricorso nel dipingere i quadri si rivela insufficiente rispetto alla *presa sulla realtà* operata da un apparecchio fotografico. La fotografia dunque risulta più oggettiva non solo rispetto ai dipinti, ma addirittura rispetto alla nostra stessa capacità di vedere. La sottolineatura di una tale *quasi definitiva* oggettività è agli inizi accompagnata dalla scoperta che essa si realizza senza alcuna *interferenza* da parte dell'uomo. Sembra, dunque, che l'oggettività ottenuta tramite la rappresentazione fotografica sia stata resa possibile proprio in virtù dell'espunzione di ogni pregiudizio di tipo soggettivo (*subjective bias*). In tal senso, Wilder scriveva:

> la completa passività, lo smorzamento o elisione delle decisioni soggettive da parte degli scienziati nella illustrazione di un'osservazione, è diventato così desiderabile a coloro che lottano per l'obiettività da continuare ad essere una metafora attiva, anche di fronte a prove significative in senso contrario (Wilder, 2009, p. 19).

L'esperimento di Muybridge rappresentava il momento culminante di una lunga rincorsa che farà coincidere la rappresentazione fotografica con l'oggettività. All'interno di tale rincorsa, va segnalato come nel 1850, lo scienziato svizzero Louis Aggasiz, nel fondare il museo di Zoologia Comparata di Harvard, avesse dato incarico di fotografare alcuni schiavi. La sua idea era che, proprio in ragione della obiettività della rappresentazione fotografica, fosse possibile risalire alla *razza* cui lo schiavo apparteneva semplicemente guardandone una fotografia. Anche in queste immagini[10], noi possiamo prendere atto di una sottrazione di

10 Si veda: (Rogers, 2010).

soggettività non soltanto dell'*operator*[11], ma perfino da parte di chi è riprodotto. Non a caso, Rogers ha osservato in proposito: "Queste persone [...] ritratte nelle fotografie – Delia, Jack, Renty, Drana, Jem, Alfred, and Fassena – sono il cuore stesso della storia [...] e tuttavia, allo stesso tempo, essi sono stranamente assenti da essa" (Rogers, 2010).

In questa fase della storia della rappresentazione, condotta tramite l'uso dell'apparecchio fotografico, dunque, si assiste ad una vera e propria *ebbrezza della oggettività*. La natura non ha più bisogno di mediatori: let Nature speak for itself! Le immagini fotografiche sembrano depositarie di un potere speciale che sfugge all'occhio umano. In fondo, proprio in questi termini la scoperta di Louis Daguerre era stata annunciata alla Académie des Sciences di Parigi nel 1839. Si tratta, fu detto, di "una retina artificiale [...] a disposizione dei medici" (Wilder, 2009, pp. 7–9).

Il punto culminante di tale processo si ha con l'introduzione della fotografia da parte di Charcot nell'Ospedale Salpêtrière di Parigi. L'intento del celebre neurologo francese è di provare a rappresentare oggettivamente le diverse fasi delle manifestazioni dell'isteria nelle oltre quattromila pazienti ricoverate nel nosocomio. Va ricordato come alla fine dell'Ottocento, l'eziologia dell'isteria era ancora erroneamente ricondotta al malfunzionamento dell'apparato genitale femminile. Proprio all'interno delle sperimentazioni che avranno luogo nell'ospedale Salpêtrière, Charcot sarà in grado di mostrare una differente eziologia di tipo psicogeno. La cura dell'isteria è stata resa possibile anche mediante il ricorso alla rappresentazione fotografica nel cui uso possono essere segnalati dei momenti di contraddizione dell'istanza della rappresentazione oggettiva. Consultando l'archivio, si nota come vi siano moltissime foto dedicate a cogliere i sintomi di una malattia proteiforme. Tuttavia, è altrettanto vero che alcune di queste fotografie sembrano improntate ad un *pattern* completamente diverso. È stato Didi-Huberman a segnalarlo (Didi-Huberman & Charcot, 2003). Si tratta di un gruppo di foto di Augustine, la più celebre paziente ricoverata

[11] Faccio qui riferimento alla celebre tripartizione di Barthes tra operator, spectator e spectrum, introdotta in: (Barthes, 2010, pp. 27–28).

nell'ospedale parigino[12]. Proprio Augustine viene fotografata secondo dei criteri che lasciano emergere un'istanza più di tipo estetico che di tipo oggettivo. *Comprendere* quelle foto richiede senz'altro un aggiornamento delle nostre categorie interpretative, dato che la consueta concezione indiziale non è sufficiente ed anzi richiede di essere completata da una interpretazione che sappia accogliere le istanze della pragmatica, che consentono una maggiore lettura dei contesti. Ciò che consta ai fini di questo scritto, tuttavia, non è tanto l'aggiornamento delle categorie interpretative[13] utili per comprendere il più fedelmente possibile una immagine.

Grazie alle sperimentazioni di Charcot, l'isteria dopo molti secoli di equivoci verrà finalmente compresa nelle sue cause. Tuttavia, il momento più alto e significativo nell'uso della fotografia *oggettiva* è destinato ad essere quello in cui si registra l'implosione di ogni ideale della rappresentazione *sine manu facta.*

Ciò su cui ci interessa maggiormente soffermarci è il venir meno dell'ingenua coincidenza tra rappresentazione fotografica ed oggettività. Tale derubricazione, tuttavia, non riesce ad abrogare il valore dell'oggettività che invece continua ad essere dirimente in almeno due direzioni:

1) La prima direzione è indicata dalle conseguenze sulla stessa nozione di oggettività. Nonostante l'incrinatura, essa non viene dichiarata decaduta. Infatti, se si rinunciasse alla nozione di oggettività come rispecchiamento avalutativo dei fatti, non avremmo più antidoti per distinguere il vero dal falso. La rinuncia alla oggettività, come ha scritto Fabris "finirebbe per trasformarsi in un alibi per eventuali comportamenti deontologicamente e moralmente scorretti"(Fabris, 2014, p. 115). D'altro canto, è pur vero che se si uscisse indenni dalla *vicenda Augustine,* allora dimostreremmo di non aver saputo tesaurizzare un insegnamento della storia della rappresentazione. Il dato su cui mi soffermerei è che non viene meno il valore della oggettività, ma piuttosto scompare quella

---

12 Segnalo come alle vicende che resero celebre Augustine la regista Alice Winocour abbia dedicato nel 2012 il film *Augustine.*

13 Alla vicenda di Augustine, ho dedicato il primo capitolo di *Etica delle immagini* (Scarafile, 2016).

sottrazione di soggettività che si riteneva essere una caratteristica fondamentale della stessa oggettività. Si può, allora, dire che l'oggettività rimane ma essa deve fare i conti con il ruolo del soggetto;

2) La seconda direzione è riferita alla stessa rappresentazione fotografica. Nonostante quanto avvenuto nel caso delle fotografie di Augustine, noi continuiamo a ritenere *vero* ciò che vediamo in una foto. Sopravvive, dunque, in noi la cosiddetta *tesi di esistenza,* ovvero la naturale credenza secondo cui ciò che è riprodotto in una foto è davvero avvenuto. In un'epoca di manipolazioni digitali, la sopravvivenza di una tale credenza è sorprendente e lo è a tal punto che, pur di esplicitarla, occorre fare riferimento alla *pulsione scopica,* un caso particolare di pulsione in grado di spiegare il *bisogno di credere a partire dalla immediatezza del vedere* come soddisfacimento di una istanza primaria. Nonostante tutti i dubbi che si possono teoricamente avanzare quando vediamo una fotografia, esiste in noi una ineliminabile tendenza a credere che ciò che stiamo vedendo sia oggettivamente vero.

3. EPOCA DI TRASFORMAZIONI O TRASFORMAZIONI DI EPOCA?

Nel paragrafo precedente, ho recuperato alcuni esempi desunti dalla storia della fotografia. Tale tentativo è consistito nel mostrare come gradualmente all'inizio e poi sempre più velocemente venisse affermandosi una combinazione virtuosa tra rappresentazione fotografica ed oggettività. Il risultato di tale connubio era la espunzione del ruolo del soggetto, concepito come una entità in grado di influire negativamente sulla permanenza dell'oggettività stessa. Quella stessa storia della fotografia, in realtà, mostra diversi episodi in cui una tale fede ingenua nel valore di una oggettività priva di soggettività è stata revocata in dubbio.

L'operazione compiuta nel primo paragrafo, dunque, consisteva nello *scavo,* nel portare in luce ciò che sfuggiva ad uno sguardo immediato.

In questo secondo paragrafo, mi propongo di riflettere su alcune caratteristiche delle trasformazioni cui stiamo oggi assistendo. L'operazione soggiacente a tali riflessioni non è, come nel paragrafo precedente, lo scavo. In quel caso, il recupero di informazioni del passato era giustificato perché eravamo in cerca di matrici per il presente. Nel caso di questo secondo paragrafo, non sarà necessario tornare indietro nel tempo, perché ciò che cerchiamo è già intorno a noi. Questa prossimità, a primo acchito, potrebbe sembrare una agevolazione. Non è esattamente così, dal momento che è proprio il fatto di essere immersi in quella prossimità che non ci consente di scorgerne chiaramente i connotati.

Si tratta, allora, di acquisire delle particolari lenti che ci permettano di vedere la nostra stessa realtà con una angolatura diversa. A tal proposito, vorrei riferirmi ad un volume apparso nel 2007, scritto da Edward Castronova, *Exodus to the Virtual World* (Castronova, 2007). L'autore, che assisteva al diffondersi su una scala mai vista fino ad allora dei giochi basati sui mondi virtuali (World of Warcraft, Second Life, ecc.), fece una sorta di profezia.

Fino ad allora l'attività di questi giocatori era intesa come appartenente esclusivamente all'ambito ludico e, come tale, essa veniva interpretata, interessando soltanto una ristretta cerchia di persone. Castronova, invece, intuì che ciò che accadeva in quell'ambito ristretto era qualcosa che avrebbe avuto un impatto impressionante su settori molto più estesi. E così, nel suo libro, *predisse* che quei milioni di persone allora impegnate nei giochi basati sui mondi virtuali costituivano la punta avanzata della più grande migrazione della storia che nel giro di pochi anni avrebbe portato l'intero genere umano a trasferire la sua residenza dal mondo reale al mondo virtuale. Una migrazione dell'umano, a questo si riferiva Castronova.

Nel nuovo mondo, costruito intorno al divertimento, infatti, gli uomini avrebbero potuto vivere secondo un nuovo ordine e secondo regole politiche, economiche completamente diverse.

A più di dieci anni di distanza da quelle previsioni, possiamo dire se esse sono corrette?

Se noi guardiamo il nostro rapporto con le immagini, la situazione attuale è ben descritta dalle parole di Veronica Neri, quando osserva: "non esiste più un luogo deputato alle immagini, ma viviamo nelle immagini" (Neri, 2013). Le immagini, cioè, hanno dismesso la loro funzione rappresentativa perché in un certo senso non esiste più il ricorso alla rappresentazione come momento specifico per l'acquisizione di informazioni. Oggi, invece si assiste al fenomeno di una "rappresentazione che rappresenta se stessa'" (Neri, 2013).

Due fenomeni, tra i molti disponibili, possono aiutarci a configurare le caratteristiche del contesto in cui viviamo: 1) il cosiddetto deepfake; 2) La post-truth.

1) Il *deepfake* indica le pratiche manipolative per cui, tramite il ricorso all'intelligenza artificiale, si possono creare dei video *artefatti* in cui si fanno compiere a *personaggi target* azioni mai effettivamente compiute da quegli stessi personaggi. Il livello di manipolazione è così elevato - ed il risultato grafico così raffinato - che è pressoché impossibile distinguere se il filmato sia vero o falso.

2) Il secondo fenomeno è dato dalla cosiddetta post-verità, un fenomeno per cui i fatti oggettivi passano in secondo piano rispetto alle credenze personali. All'interno di tale fenomeno va segnalato l'impatto di due componenti. La prima ha a che vedere proprio con la ricerca della nostra identità. Quando si accede ai contenuti digitali si va spesso in cerca di conferme alle proprie idee. Agiscono in tal senso gli algoritmi dei motori di ricerca, ma anche la logica di funzionamento dei social network per cui i contenuti a cui siamo esposti sono coerenti con i nostri gusti e preferenze così come risultano dalla profilazione a cui siamo sottoposti. Il risultato è che nella nostra vita digitale viviamo come rinchiusi in bolle che ci confermano nelle nostre idee fondamentali e in cui è praticamente impossibile che si produca alcuna esposizione ad elementi diversi rispetto a quelli costituenti la propria identità. Si tratta delle cosiddette *bolle di filtraggio* (Pariser, 2011). Come tutti sanno, finora l'evoluzione umana ha avuto sempre da guadagnare dal confronto con il diverso. Non sfugge come nel nuovo scenario il minore impatto di tale possibilità rischi di ritorcersi contro l'umano stesso. Al tempo stesso, si tratta di non demonizzare l'effetto della digitalizzazione che rappresenta una possibilità di notevole potenziamento dell'umano. La dimensione della *post-truth* semmai dovrebbe interrogarci sull'eclissi del capitale sociale di cui essa sembra essere espressione. In fondo, se si preferisce non fidarsi più degli esperti, non si può escludere che dietro tale disinvestimento

della fiducia vi sia un abuso della credibilità dei non addetti ai lavori (*laypeople*) da parte delle cosiddette *elite*.

I video *deepfake*, la post-verità, i software come "My Text in your handwriting"[14], che consente di riproporre la scrittura di chiunque semplicemente partendo da un esempio rappresentano singoli segnali di un fenomeno talmente diffuso da risultare *invisibile*.

Quanto precede può essere spiegato come il combinato disposto di due elementi: la virtualizzazione e la digitalizzazione.

La virtualizzazione è stata descritta da Lévy come "un cambiamento di identità, uno spostamento del centro di gravità ontologico dell'oggetto in questione: anziché definirsi fondamentalmente attraverso la sua attualità, l'entità trova ora la sua consistenza attuale in un campo problematico". La realizzazione delle nostre istanze identitarie non richiede più l'esclusiva abitazione di territori spaziali. Spazio e tempo diventano, per così dire, categorie relative, dato che "Ubiquità, simultaneità, distribuzione frantumata o in larga misura parallela: la virtualizzazione mette a dura prova la narrazione tradizionale" (Lévy, 2005, p. 11).

Questa situazione si accompagna alla digitalizzazione, ovvero l'operazione che tramite la conversione in un codice numerico di tipo binario di tutto ciò che noi utilizziamo per vivere ha creato un mondo virtuale. In tale mondo, le tradizionali concezioni di spazio e tempo non hanno più alcun significato. Si può entrare nel mondo virtuale del tutto indipendentemente dallo spazio e dal tempo e soprattutto si può avere accesso ai contenuti digitalizzati senza pressoché alcun filtro. Ha scritto, in proposito, Flusser:

> Il mondo nel quale gli uomini sono collocati, non può più essere contato o raccontato: si è dissolto in elementi puntuali (in fotoni, quanti, elementi elettromagnetici). È diventato inafferrabile, irrappresentabile, inconcettualizzabile. Un ammasso calcolabile. E la sua stessa coscienza, i suoi pensieri, i desideri e i valori si sono dissolti in elementi puntuali (in bit informazionali). Un ammasso calcolabile (Flusser, 2004, p. 43).

[14] http://visual.cs.ucl.ac.uk/pubs/handwriting/, visitato il 23 dicembre 2019.

Oggi sarebbe impensabile definire la nostra identità al di fuori di un riferimento ai media. Sono quest'ultimi a permetterci di accedere al regno dei contenuti digitalizzati, consegnandoci l'illusione della coincidenza tra accesso e padronanza. Accedere al dominio dei contenuti digitalizzati è piuttosto semplice. Ma tale facilità di accesso non significa che quegli stessi contenuti possano essere utilizzati con cognizione di causa, come erroneamente si tende a credere.

Per indicare il continuo ed ininterrotto transito dell'uomo contemporaneo dal mondo reale a quello virtuale e viceversa si è fatto riferimento all'effetto Moebius. A differenza delle superficie ordinarie che hanno due facce, distinte e distinguibili, nel caso del nastro di Moebius si assiste ad una particolarità: la superficie ha un'unica faccia per cui, dopo aver percorso un giro, ci si trova nella parte opposta.

Il nastro di Moebius diviene una metafora per riferirsi al tipo di *abitazione* consentita dai media digitali. Noi passiamo da un ambiente virtuale all'ambiente reale come se non si trattasse di due zone differenti, ma di un'unica zona.

Ci chiedevamo, all'inizio di questo paragrafo, in che termini *vedere* il presente. Abbiamo così fatto riferimento a diversi concetti che nella loro combinazione lasciano intravedere come la profezia di Castronova, riferita alla più grande migrazione dell'umano, sia corretta.

3. LA VIGILANZA, OLTRE L'ATTEGGIAMENTO NATURALE

Rimane ora da interrogarsi sulla sopravvivenza della oggettività nello scenario che abbiamo descritto. È evidente, infatti, come nel passaggio dal paradigma analogico a quello digitale non soltanto scompaia, ma venga completamente rimodellandosi la questione dell'oggettività, intesa come affidabilità della rappresentazione. È mutato il sistema di riferimento in cui un tempo la rappresentazione aveva luogo, è mutato il capitale sociale, è mutata la concezione del tempo e dello spazio, è mutata l'identità. Di fronte ad un cambiamento di scenario così radicale e al venir meno dei tradizionali valori e sistemi di riferimento sarebbe facile rinunciare a qualsiasi prensione categoriale nei confronti dell'esistente, ritenendo che il *governo* dei processi sia divenuto una vera e propria chimera. Non c'è dubbio che molti segnali vadano esattamente in quella direzione. Una tale rinuncia, dunque, rappresenta una tentazione sempre fungente.

Una opzione meno rinunciataria è data dalla deontologia che, tuttavia, per fungere in modo efficace, deve prevedere una piuttosto stabile nozione di realtà. A ben vedere, però, la realtà che abbiamo descritto è divenuta profondamente instabile. Essa, piuttosto, in ragione di quella interscambiabilità tra reale e virtuale risulta fluida, dai contorni indefiniti[15].

Oggigiorno, il rischio della immanenza fusionale, di confondersi con ciò in cui viviamo, è più vivo che mai, dal momento che a dismisura sono aumentate le possibilità di vivere in superficie e di lasciarsi ipnotizzare dagli strumenti che ci circondano. Più aumenta il ricorso a tali strumenti, più dovrebbe aumentare la consapevolezza ed il bisogno di non farsi assorbire dallo stordimento attivistico. Non si tratta di fuggire dal mondo, ma di ritrovare le tracce dell'umano nei nuovi sentieri che ci stanno dinnanzi. Soprattutto, si tratta di vivere questo tempo non rifuggendo dall'impegno e resistendo alla tentazione di ogni scoraggiamento. In altri termini, aumentano a dismisura le possibilità di ritrovarsi prigionieri della *attitudine naturale* cui aveva fatto riferimento Husserl (Husserl, 2002).

Abbiamo bisogno di una nuova presenza a se stessi, che ci renda non succubi dello scenario in cui siamo chiamati ad agire. Essere sempre e nuovamente presenti a se stessi è il risultato della vigilanza.

E così, nel cercare una via d'uscita dai rischi del presente, possiamo improntare le nostre azioni alla cifra della vigilanza, traendo ispirazione dalle parole scritte da Edith Stein ne *La struttura della persona umana*: "Non solo io sono, non solo vivo, ma sono consapevole del mio essere e del mio vivere" (Stein, 2013, p. 124).

[15] Si pensi alle profonde implicazioni dell'utilizzo dei Big Data, dei metadati e del *data mining* (Ziccardi, 2015) nei confronti del tradizionale principio di responsabilità individuale, fondato sulla identificabilità delle conseguenze delle azioni da parte dell'individuo agente.

REFERENCÌAS BIBLIOGRAFICAS

Arnheim, R. (2009). *Il pensiero visivo: La percezione visiva come attività conoscitiva.* Torino: Einaudi.

Barthes, R. (2010). *Camera lucida: Reflections on photography* (Pbk. ed). New York: Hill and Wang.

Castronova, E. (2007). *Exodus to the virtual world: How online fun is changing reality* (1st ed). New York: Palgrave Macmillan.

Democritus, & Lur'e, S. I.(2007). *Democrito: Raccolta dei frammenti* (1. ed. Bompiani). Milano: Bompiani.

Didi-Huberman, G., & Charcot, J.M. (2003). *Invention of hysteria: Charcot and the photographic iconography of the Salpêtrière.* Cambridge, Mass: MIT Press.

Fabris, A. (2014). *Etica della comunicazione.* Roma: Carocci.

Flusser, V. (2004). *La cultura dei media.* Milano: Bruno Mondadori.

Husserl, E. (2002). *Idee per una fenomenologia pura e per una filosofia fenomenologica. 2-3, 2-3.* Torino: Einaudi.

Lévy, P. (2005). *Il virtuale.* Milano: R. Cortina.

Neri, V. (2013). *L'immagine nel web: Etica e ontologia* (1a ed). Roma: Carocci.

Pariser, E. (2011). *Filter Bubble. What Internet is Hiding from You.* London: Penguin Books.

Rogers, M. (2010). *Delia's tears: Race, science, and photography in nineteenth-century America.* New Haven [Conn.]: Yale University Press.

Scarafile, G. (2016). *Etica delle immagini.* Brescia: Morcelliana.

Stein, E. (2013). *La struttura della persona umana: Corso di antropologia filosofica.* Roma: Città Nuova : OCD.

Wilder, K. E. (2009). *Photography and science.* London: Reaktion.

Ziccardi, G. (2015). *Internet, controllo e libertà: Trasparenza, sorveglianza e segreto nell'era tecnologica* (1. ed). Milano: R. Cortina.

LEVINAS E LA FENOMENOLOGIA DEL PROFILO. RESPONSABILITÀ AI TEMPI DEI SOCIAL

Dott.ssa Silvia Dadà
Università di Pisa e Firenze

RESUMEN

Con questo intervento intendiamo analizzare il rapporto tra visibilità e responsabilità e come esso si modifica ai tempi dei social network. Per farlo partiremo da esempio tratto dalla storia della filosofia, per poi concentrarci su i vari modelli di responsabilità esistenti. In particolare, sarà quello delineato da Emmanuel Levinas e alla base della sua intera proposta filosofica a risultare utile al nostro scopo. Si cercherà infine proprio tramite gli strumenti offerti da Levinas, di proporre una fenomenologia del profilo che possa contribuire alla ridefinizione del rapporto tra queste due istanze nell'epoca delle nuove tecnologie.

PALABRAS CLAVE

Levinas, Gige, Responsabilità, Visibilità, Causalità, Socialnetwork.

1. VISIBILITÀ E RESPONSABILITÀ. L'ESEMPIO DI GIGE

Sin dall'antichità il concetto di visibilità e quello di responsabilità sono stati strettamente legati in un rapporto direttamente proporzionale: a maggiore visibilità, a maggior esposizione della propria persona e del proprio agire, corrispondeva una maggiore responsabilità per i propri comportamenti. È lo stesso atto moralmente buono che in alcune tradizioni viene legato alla sua visibilità, sostenendo che nessuno agirebbe in modo positivo se non fosse visto. Un esempio assai celebre è quello dell'anello di Gige, un mito che troviamo descritto sia nelle *Storie* di Erodoto, ma la cui versione più conosciuta è quella proposto da Platone, all'interno del secondo libro della *Repubblica*, nel famoso dialogo tra Socrate e Glaucone. Come è noto, tale dialogo si concentra sull'idea di giustizia e sulla ideazione di uno stato che ne sia l'espressione. Glaucone, interessato e partecipe a questo processo, incalza Socrate riguardo alla natura della giustizia e sul fatto che essa non sia un bene da perseguire per sé stessa, ma per i vantaggi che da essa scaturiscono. Secondo Glaucone, infatti, "la vita del disonesto è migliore di quella dell'onesto" (*Resp.* 358 c8). Se si potesse infatti lasciare assicurare a entrambi l'impunità, entrambi percorrerebbero la strada dell'ingiustizia. Per sostenere questa tesi egli ricorre proprio all'esempio di Gige, che citiamo qui brevemente:

> Costui [Gige] era pastore al soldo dell'allora sovrano di Lidia, quando per una violenta tempesta e per un sommovimento del suolo si squarciò la terra e si aprì una voragine proprio nei pressi del luogo in cui pascolava il gregge. (*Resp.* 359 D 4-7)

All'interno della voragine trova un cadavere nudo, di grande statura, con un anello d'oro alla mano. Gige quindi decide di prenderlo e di andarsene via. Una volta tornato nella comunità dei pastori, ruotando per caso il castone dell'anello si rese conto che quel gesto lo rendeva invisibile. Ci racconta Glaucone:

> [...] come girava il castone all'interno scompariva alla vista, come lo girava all'esterno riappariva. Appena ebbe la certezza di questa eccezionale proprietà si diede subito da fare per essere accolto nella delegazione che doveva recarsi dal re, e, come giunse alla sua corte ne sedusse la moglie e col suo aiuto tramarono ai danni del sovrano, riuscì ad ucciderlo e in tal modo a impossessarsi del potere. (*Resp.* 360 A7- 360 B3)

Molte le riprese successive di questo mito, si pensi all'anello di Angelica dell'*Orlando furioso*, e, in modo meno fedele, anche l'anello del *Signore degli anelli*. Un mito denso di significati e che varrebbe la pena di approfondire: racconta infatti con molta chiarezza i rapporti tra potere e moralità e tra *nomos* e *physis*[16], simile a quelle che in età moderna sarebbero state proposte in filosofia politica. Ciò che più ci interessa qui ora è l'associazione tra visibilità e modo di agire, o meglio, tra visibilità e responsabilità: qui Gige, uomo da tutti conosciuto come onesto, nell'invisibilità si trova a compiere azioni disoneste, eticamente scorrette. Il fatto di essere visto dalla propria comunità di pastori rappresenta per lui un deterrente all'azione negativa. La visibilità è qui sicuramente legata alla paura della punizione, ma è qualcosa di più. Lo sguardo della comunità, e il giudizio, non solo legale, porta a modulare l'azione di Gige in un modo piuttosto che in un altro.

Alla questione sollevata dal mito si potrebbero aggiungere complicazioni ed è la stessa storia della filosofia ad offrircene numerosi esempi. In modo grossolano possiamo infatti dire che l'idea della coscienza come sguardo interiorizzato è una costante che aggiunge al mito di Gige un elemento di maggior tridimensionalità e che permette di cogliere ulteriori sfaccettature della questione della coscienza morale. Tuttavia, ciò che rimane costante indipendentemente dal livello di approfondimento e di interiorizzazione, è il riferimento allo sguardo e alla visibilità: che sia lo sguardo di Dio, al cospetto del quale Adamo ed Eva si trovano ad essere nudi, o lo sguardo del Dio agostiniano che raggiunge l'interiorità umana, che sia lo sguardo dello spettatore imparziale smithiano[17], che

---

[16] Sulla questione si veda l'interessante contributo di Alessandra Fussi (2010).

[17] Riportiamo alcune righe tratte dalla *Teoria dei sentimenti morali* che ci sembrano assai vicine a quelle platoniche per quanto riguarda i loro intenti: "Se fosse possibile per un essere umano arrivare all'età adulta in qualche luogo solitario, senza alcuna comunicazione con la sua specie, egli non riuscirebbe a pensare il proprio carattere, alla appropriatezza o al demerito dei propri sentimenti e della propria condotta, alla bellezza o alla deformità della propria mente, più di quanto riuscirebbe a pensare alla bellezza e alla deformità del proprio viso (Smith, 2001, p. 253); e poco più avanti: "È evidente, tuttavia, che siamo in ansia per la nostra bellezza o deformità solo per l'effetto che hanno sugli altri. se non fossimo in contatto con la società, saremmo del tutto indifferenti sia all'una che all'altra" (*ivi*, p. 255).

sia lo sguardo giudicante del tribunale interiore kantiano[18] o quello interiorizzato del padre rappresentato dal Super io nella seconda topica freudiana, o ancora, il *Panopticon* ideato da Bentham e le cui potenzialità sono state mostrate da Foucault, in tutti i casi si tratta di esempi in cui l'azione e la responsabilità di fronte ad essa è ricondotta alla visibilità, alla possibilità di essere visti. Non che ciò implichi necessariamente, come nel caso di Glaucone, che la "paura" di essere visti costituisca l'unico motore della moralità, quanto piuttosto che la visibilità (che sia interiore o esteriore), si costituisce come elemento proprio del concetto di responsabilità dell'individuo.

Il mito di Gige si trova, a partire dagli anni Novanta, associato a questo fenomeno: sarebbe proprio la dinamica del web, con le sue forme di anonimato e di pseudonimia, a favorire comportamenti eticamente negativi maggiormente aggressivi e a rendere l'utente come un Gige che, nella sua invisibilità, può "sedurre" e "uccidere" per ottenere ciò che vuole. Non è raro infatti che si assista in particolare sui social a fenomeni di diminuzione della inibizione, di aumento dell'aggressività e radicalizzazione delle proprie opinioni quando esse vengono veicolate tramite uno schermo[19]. È in particolare nel lavoro di Martin Lea e Russel Spears che troviamo questo riferimento al mito di Gige per descrivere il ruolo dell'anonimato nella Computer-Media Communication (CMC). I due studiosi hanno infatti proposto il cosiddetto SIDE *model* (Social Identity Denindividuation Effect), il quale mostra come l'anonimato all'interno dei gruppi di comunicazione online favorisca processi di deindividuazione, e quindi l'incremento della personalità sociale e dell'identità di gruppo a discapito di quella individuale[20].

---

18 Sul tema si veda il saggio di Gabriele Tomasi (1999).

19 Si parla di *hate speech* per il carattere discriminatorio e violento di tali comportamenti online rivolti a persone o gruppi. Sul concetto in generale di "hate speech" si veda Weber (2009); sulla sua specifica declinazione in Internet rimandiamo a Bank (2010) e a Iglezakis (2017).

20 Questi processi di deindividuazione all'interno di gruppi non sono qualcosa di completamente nuovo: essi possono infatti essere riscontrati nella massa anche al di fuori dell'ambito della CMC (come testimoniano gli scritti di Gustave Le Bon o Scipio Sighele). SIDE model, infatti, nasce inizialmente in ambito di psicologia sociale e teoria della comunicazione, al fine di proporre una critica a quelle teorie della deindividuazione che proponevano una connessione tra essa e la perdita di coscienza del sé; mostrando l'importanza del contesto per gli effetti dell'anonimato su

Anche al di fuori dell'ambito accademico, l'espressione "Gyges effect" fa la sua apparizione nel dibattito pubblico attraverso la penna di Stephen Marche (2015), in un articolo del *New York Times*, in cui esso viene definito come "the well-noted dishinibition created by communications over the distances of Internet, in which all speech and image are muted and at arm's reach"[21]

I vari riferimenti al fenomeno del "Gyges effect" per descrivere la deresponsabilizzazione propria del web tendono a porre in luce il ruolo che in essa gioca l'anonimato, inteso in questo caso come invisibilità e impossibilità di attribuzione dell'azione[22]. Tale aspetto è acuito, come apprendiamo dal lavoro di Eli Pariser (2011), anche dal fenomeno della cosiddetta "filter bubble", che proponendo contenuti simili a quelli intenzionalmente ricercati dall'utente, favorisce una percezione falsata della realtà per cui il soggetto può sentirsi più libero nell'esprimere opinioni considerate maggioritarie. Accettando quindi l'importanza di tutti questi aspetti, ciò che ci sembra tuttavia necessario mettere maggiormente in luce è proprio l'inversione di tendenza rispetto al passato nel rapporto tra i due elementi, visibilità e responsabilità.

Se infatti, come il mito sottolinea, a maggior visibilità corrisponde maggior responsabilità, tale rapporto si trova capovolto nell'epoca contemporanea, in cui di fronte ad un aumento a livello esponenziale della visibilità si assiste dall'altro lato ad una deresponsabilizzazione sempre più forte. È in effetti nell'epoca delle nuove tecnologie e in particolare attraverso il fenomeno dei social network che la questione della visibilità mostra tutta la sua pervasività. Da un lato, come è anche evidente ad un primo sguardo, la sovraesposizione della propria immagine e della

---

un gruppo (Reicher, 1982). Tali fenomeni assumono un carattere sempre più evidente con l'avvento dei nuovi media, il che permette un utilizzo del modello anche in questo ambito. Per ripercorrere questo processo si veda l'interessante articolo di S.D. Reicher, R. Spears and T. Postmes (1995).

[21] L'anno prima, in Italia, la questione è presentata dall'interessante articolo di Serena Danna (2014).

[22] Jacquelyn Burkell (2006) in modo puntuale, anche attraverso un riferimento a Gige, mostra come il concetto stesso di anonimato sia tutt'altro che omogeneo: esso può essere inteso sia come protezione dell'identità, che come invisibilità che come agire anonimo.

propria vita privata (i "selfie" e le "stories" che affollano i nostri profili Facebook e Instagram, la sempre più diffusa professione del "blogger" o dell'"influencer" che propongono la propria stessa immagine e la propria stessa vita come modello e oggetto di interesse pubblico) rappresenta ormai un elemento fondamentale per la costituzione della propria soggettività. Allo stesso tempo tale visibilità diviene un elemento di sempre maggiore importanza anche per quanto riguarda la sfera politica. Da un lato, infatti, forme sempre più raffinate di geolocalizzazione e l'accumulo sempre più preciso di dati rende gli utenti dei nuovi media sempre più vulnerabili a forme di sorveglianza e controllo[23]; dall'altro lo sviluppo in particolare dei social network permettono una partecipazione politica e la cosiddetta *civic agency*, per cui, come già sottolineava John Thompson, la maggior visibilità offerta al potere e alla informazione su questioni politiche favorisce una "politicizzazione del quotidiano"(Thompson, 1998). È quindi la stessa idea di visibilità a divenire, con l'avvento dei media, un concetto sempre più articolato e composito.

Come spiegare, quindi, questa inversione, questo corto-circuito tra responsabilità e visibilità? È come se l'anello di Gige, al giorno d'oggi, piuttosto che consistere nel dono dell'invisibilità, aumentasse la nostra esposizione e ci facesse diventare quel gigante nella caverna, originario possessore dell'anello.

2. RIPENSARE LA RESPONSABILITÀ

Al fine di comprendere meglio il rapporto qui presentato, tra visibilità e responsabilità, è necessario soffermarsi sul secondo termine in questione, quello di responsabilità, e presentare brevemente le varie accezioni con sui si è presentato nella storia del pensiero.

---

23 Su questo aspetto dell'esercizio di controllo politico tramite la visibilità la metafora foucaultiana del Panopticon così come l'immagine orwelliana del Grande fratello hanno avuto in questo senso una grande fortuna soprattutto per quanto riguarda i nuovi media. Riportiamo come esempi significativi. L'articolo di Spears e Lea (1994); e il saggio di Brighenti (2010), in particolare il cap. 4.

Il termine responsabilità[24] ha trovato un suo sviluppo filosofico solo in epoca piuttosto recente, in cui è diventato una categoria centrale nel dibattito contemporaneo. Come Paul Ricœur (1998), in un saggio dedicato a questo tema, ha puntualmente sottolineato, esso affonda le sue radici sul concetto di "imputazione" e si trova quindi a condividere con lo spazio giuridico il suo terreno di formazione. Esso si collega all'idea di una doppia obbligazione, per cui all'obbligo (infranto) di fare qualcosa segue l'obbligo di pagare la pena per tale infrazione. Tale legame si basa sulla possibilità di attribuire un atto ad un agente specifico, colui che tale azione compie. È nelle pagine della *Metafisica dei costumi di Kant* che tale valore dell'imputazione è espressa in modo più chiaro:

> Si chiama fatto [*Tat*] un'azione che sia sottomessa a leggi di obbligazione, e nella quale dunque il soggetto viene considerato anche secondo la libertà della sua volontà. Colui che agisce è considerato come *autore* [*Urheber*] dell'effetto [*Wirkrung*], e questo effetto, unitamente all'azione stessa, può essere a lui *imputato*, se in precedenza si conosce la legge in forza della quale deriva a quell'effetto e a quell'atto un'obbligazione. *Persona* è quel soggetto le cui azioni sono suscettibili di un'*imputazione.* (Kant, 2013, p. 26)

A questa iniziale comunanza tra il senso giuridico e quello filosofico segue, soprattutto nel Novecento, un progressivo ampliamento dell'idea di responsabilità rispetto all'imputazione. Da un lato, infatti, ad un approccio "retrospettivo"(Ricœur, 1998, p. 51), per cui l'azione considerata era quella già compiuta dal soggetto agente, si affianca e prende spazio in modo sempre più ampio un senso "prospettico"(*Ibidem*) della responsabilità. Non soltanto, infatti, l'azione già avvenuta e quindi punibile rende il soggetto responsabile, ma egli diviene tale anche per le conseguenze, controllabili o meno, di ciò che fa. In questa direzione si sviluppa ad esempio, il "principio responsabilità" di Jonas. In un'epoca

---

[24]L'etimologia principale è da rintracciare nel latino *respondeo*, composto da *re* e il verbo *pondeo*, "prometto". A questa principale origine se ne affiancano altre, quali *rem-ponderare*, che richiama l'elemento della valutazione contenuto nel giudizio responsabile, sia quella di *responsare*, nel senso di "resistere", o, ancora, quello di *respicere*, che mette in luce il legame tra responsabilità e rischio. Le varie correnti filosofiche hanno valorizzato uno o l'altro in modo più evidente. Per una disamina di questi vari elementi che confluiscono nel concetto di responsabilità si veda Turoldo (2009), in particolare il cap. 1.

infatti, in cui la tecnica aveva appena iniziato a mostrare il suo immenso potenziale, spesso distruttivo (si pensi alla bomba atomica), un principio come l'imperativo categorico kantiano che regoli l'agire nel presente sembra insufficiente e deve essere esteso alle generazioni future:

> Un imperativo adeguato al nuovo tipo di agire umano e orientato al nuovo tipo di soggetto agente suonerebbe press'a poco così: "Agisci in modo tale che le conseguenze della tua azione siano compatibili con la permanenza di un'autentica vita umana sulla terra" [...] Il nuovo imperativo evoca un'altra coerenza: non quella dell'atto con se stesso, ma quella dei suoi *effetti* ultimi con la continuità dell'attività umana nell'avvenire. (Jonas, 2002, pp. 16-17)

La catena della responsabilità si estende oltre l'azione presente, in direzione futura, per tutelare l'umanità che viene e permetterne una vita dignitosa sulla terra. È così che ad esempio si riscoprono virtù quali quella della paura, che diviene un valore positivo e regolativo dell'azione.

Jonas propone quindi un senso di responsabilità che, attraverso il paradigma del rapporto madre-figlio, sposta lo sguardo sul futuro e sugli effetti delle proprie azioni e su chi esse ricadranno. In questa prospettiva, come Ricœur sottolinea:

> Sono responsabile dell'altro *che ho in carico*. La responsabilità non si riduce più al giudizio sul rapporto fra l'autore dell'azione e gli effetti che quella provoca nel mondo, ma si estende al rapporto tra l'autore dell'azione e colui che la subisce, al rapporto tra agente e paziente (o ricevente) dell'azione. (Ricœur, 1998, p. 49)

È proprio l'entrata in scena dell'altro nel discorso sulla responsabilità a rappresentare una svolta importante. Non più infatti un rapporto tra un soggetto e un'entità giudicante (interiore o esteriore), quanto piuttosto un rapporto intersoggettivo tra il soggetto e l'altro. Se la responsabilità come imputazione poteva essere declinata come un "rispondere davanti a" (la legge, la propria coscienza), ponendo il fuoco sulla soggettività agente, con la crescente attenzione all'altro si parlerà piuttosto di "rispondere di o per" (qualcuno). Sebbene ci sia quindi una differenza anche piuttosto marcata tra questi due sensi di responsabilità, tuttavia ciò che rimane costante è il riferimento ad un soggetto come agente, il quale produce effetti, da cui segue un'estensione dell'idea stessa di *effetto*, in un tempo e in uno spazio indeterminatamente ampio. Ciò rivela quindi la forte connessione tra l'idea di causalità e quella di responsabilità[25].

Tornando alla nostra questione principale, ci sembra che il centro del problema risieda qui. Nell'epoca dei nuovi media non basta più limitarsi, come Jonas aveva proposto, a riscontrare l'imprevedibilità degli effetti delle nostre azioni e appellarsi a un principio di prudenza e valutazione del rischio. Oltre infatti ad un aumento esponenziale delle potenzialità dei mezzi e quindi a un'effettiva incalcolabilità delle conseguenze, si aggiunge un'autonomia che rende impossibile un'imputabilità vera e propria. Come sottolinea Adriano Fabris, infatti,

> Che ne è della nostra qualifica di soggetti morali se abbiamo per o più a che fare, oggi, con ambienti artificiali, con i quali, certo, interagiamo, ma senza poter spesso controllare, nel suo esplicarsi, l'azione di quei dispositivi che in essi operano? [...] Per rispondere a queste domande [...] dobbiamo capire in che cosa consiste e come si esercita la responsabilità nel caso specifico dell'essere umano. (Fabris, 2019, p. 120)

Con ciò non si intende dire che si debba sostituire una concezione ad un'altra, ma che esse debbano essere conciliate. Non è possibile rinunciare completamente, soprattutto in ambito giuridico, all'idea di imputabilità, così come è fondamentale, soprattutto in un'epoca di emergenza ambientale come la nostra, mantenere uno sguardo prospettico sulla propria azione al fine di tutelare la vita del nostro pianeta. Tuttavia, questi due aspetti sembrano non bastare. Al "rispondere davanti a o di" (qualcosa) e al "rispondere di" (qualcuno), deve necessariamente aggiungersi un "rispondere a" (qualcuno). Questa terza declinazione della risposta, a ben guardare è anche la più comune, quella con cui abitualmente si usa il termine "rispondere", sembra essere di centrale importanza. Soprattutto oggi, soprattutto di fronte a quel corto-circuito di cui si parlava. Essa è al centro della proposta filosofica di Emmanuel Levinas, su cui intendiamo soffermarci adesso per mostrare le potenzialità anche per quanto riguarda il nostro argomento.

---

25 Cosa che del resto è già riscontrabile nell'*Etica Nicomachea*, (III 7 1113b) in cui il soggetto che porta in sé l'origine dei suoi atti è definito *aitios*.

3. RISPONDERE A (L'ALTRO). LA PROPOSTA DI EMMANUEL LEVINAS

Come è noto, il pensiero di Levinas è stato spesso riassunto attraverso l'espressione "etica come filosofia prima"[26]: l'obiettivo polemico principale levinasiano è infatti quella visione preponderante nella tradizione occidentale, per cui la realtà deve essere sottomessa a un principio unificante, detto *totalità*, che sia il *logos*, o la ragione, o la verità, che la comprenda sotto di sé, finendo per eliminare ogni forma di differenza. Tale totalità, a parere di Levinas, con il suo potere violento e assimilatore, finisce per annullare la relazione, intesa come relazione con l'alterità. Contro questo atteggiamento della tradizione filosofica Levinas pone l'accento su questa originarietà dell'etica, intesa come rapporto con l'altro uomo. È infatti soltanto questa l'unica vera e propria relazione: tutte le forme di comprensione esercitate da un soggetto autonomo e conoscente, comprese le teorie dell'empatia o quella dell'*alter ego* husserliano, finiscono perdere l'altro nell'intrappolarlo, nel renderlo simile a sé. Il rapporto con l'alterità è invece rapporto con qualcosa di trascendente: l'altro infatti eccede i limiti del soggetto, per cui non può essere conosciuto, assimilato, compreso. Alla totalità è quindi contrapposta l'idea dell'*infinito*, che Cartesio aveva così ben descritto nella sua Terza meditazione[27]: una relazione non conoscitiva, in cui pensare è propriamente «fare di più o molto di più che pensare» (Levinas, 1990, p.47), poiché l'altro, nella sua trascendenza inafferrabile, può solo essere incontrato. Tale relazione quindi non deve né essere di totale separazione, per cui il Medesimo e l'Altro finirebbero per essere scissi in modo definitivo e quindi senza rapporto, né assimilati l'uno all'altro. Né differenza

---

26 Questa formula, oltre ad apparire in vari luoghi della sua opera, è anche il titolo di un saggio, oggi contenuto in una raccolta omonima curata da Fabio Ciaramelli (Levinas, Peperzak, 1989, pp.47-60).

27 Già nel 1957 Levinas scriverà un articolo sul tema, dal titolo *La filosofia e l'idea di Infinito*, pubblicato nella "Revue de métaphysique et de morale" (oggi in Levinas, 1998, pp.189-204). Esso troverà poi spazio sia nella prima parte di *Totalità e Infinito* (Levinas, 1990, pp.46-50); per poi essere nuovamente riprese e approfondito anche più tardi, sia nello scritto *Dio e la filosofia* (oggi in Levinas, 1983b, pp. 77-101), che nel corso del 1974-75 dal titolo *Dio e l'onto-teologia* (oggi in Levinas, 1996a, pp.171-297), e nella conferenza del 1982 dal titolo di *Trascendenza e Intellegibilità* (Levinas, 1996b, pp.23-26).

totale né indifferenza, quanto piuttosto *non-indifferenza*, etica, all'altro uomo che soffre:

> Nella non-indifferenza riguardo al prossimo in cui la prossimità non è mai sufficientemente prossima, non si cancella la differenza tra me e l'altro e l'indecidibilità del soggetto, come avviene nella situazione in cui la relazione dell'uno con l'altro è intesa nella reciprocità. [...] La non-indifferenza, il dire, la responsabilità, l'approssimarsi, è la liberazione dell'unico responsabile- di me. (Levinas, 1983a, p.174)

Il nome che Levinas dà a tale incontro nella non-indifferenza è proprio quello di responsabilità, tema centrale del suo intero pensiero a partire dal suo importante testo del 1961, *Totalità e Infinito*. L'Io, di fronte al volto dell'altro che lo implora di non ucciderlo, non può che compiere un atto di conversione, ossia uscire dal suo egoismo autoreferenziale e volgersi verso di lui. Egli risponde a questa chiamata ancora prima di udirla, si trova da sempre esposto all'altro, il quale è sia in una posizione di altezza, in quanto mi obbliga, che in una posizione di massima vulnerabilità e indigenza, in quanto è da sempre esposto alla mia violenza. Anche se preso dalla volontà di uccidere l'altro, quindi, l'Io non può che riconoscere questa alterità e l'impossibilità della sua negazione totale. Non si tratta infatti di assumere su di sé la responsabilità, come se di fronte al comandamento il soggetto scegliesse questo suo stato, rivendicando ancora una volta la sua signoria e il suo arbitrio; la chiamata viene prima di qualsiasi volontà dell'Io, senza scelta:

> Senza scelta che può passare per violenza solo a una riflessione abusiva o affrettata e imprudente, poiché essa precede la coppia libertà non-libertà; ma in questo modo essa fa nascere una vocazione che va aldi là del destino limitato- ed egoista- di colui che è solo per sé e che si lava le mani delle colpe e delle disgrazie che non cominciano nella sua libertà o nel suo presente. (ivi, p.145)

Il soggetto è quindi originariamente rivolto all'altro ed è costituito non dalla sua autonomia, ma di questa stessa responsabilità. Non ha quindi senso parlare di soggetto che non sia già da sempre responsabile. Egli è unico in quanto insostituibile nell'infinita responsabilità, nessuno infatti può prendere il suo posto nel suo farsi carico dell'altro uomo. Il soggetto moderno, autocentrato e autocosciente, in cui, come abbiamo visto nel caso di Kant "*Persona* è quel soggetto le cui azioni sono suscettibili di un'*imputazione*", si svuota e sposta il suo centro fuori di sé, nell'altro uomo. Il *principium indviduationis* della soggettività non risiede più nella capacità di considerarsi origine e causa libera del proprio agire: al contrario, esso si rivela nel suo essere responsabile oltre la categoria dell'azione, nella sostituzione all'altro. È proprio in questo che l'Io accoglie in sé l'alterità e ne è costituito, senza che annulli il concetto stesso di identità. Come esprime in modo molto chiaro Augusto Ponzio, "la soggettività è insieme identità e alterità. L'alterità non è né il contrario né il limite dell'alterità. Essa costituisce il contenuto stesso del soggetto esperito come altro, cioè la sua identità [...]" (Ponzio, 1995, p.61). L'io è unico e insostituibile nella sostituzione all'altro, è l'unico che può rispondere alla sua chiamata. La relazione tra Medesimo e l'Altro è una relazione asimmetrica, e questo fa sì che la responsabilità alla quale io sono chiamato non sia reversibile: io sono responsabile per gli altri senza potermi aspettare che gli altri lo siano per me. Se infatti si estendesse la sostituzione e la responsabilità anche agli altri, si finirebbe per predicare il sacrificio umano (Levinas, 1983a, p.159), mentre soltanto l'Io, anzi, soltanto "io" posso rispondere alla chiamata e sacrificare me stesso per l'altro. La responsabilità infinita si espande infatti con la sua assunzione da parte del soggetto e non può essere condivisa, ma soltanto accolta. "Ciascuno di noi è colpevole davanti a tutti e per tutti ed io più degli altri" ci dice Levinas con le parole di Dostoëvskij[28]. Piuttosto che diminuire una volta assunta, la responsabilità accresce in modo infinito, si rivolge al prossimo, ma anche al lontano, agli ultimi e ai più vulnerabili, rappresentati in modo paradigmatico dalle figure dello straniero, della vedova e dell'orfano, la cui voce non può che essere ascoltata.

La soggettività che si va a delineare presenta una forte componente passiva, proprio per questo aspetto di esposizione originaria all'altro precedente alla volontà e alla libertà:

> Il soggetto nella responsabilità si aliena nell'intimo della sua identità di un'alienazione tale che non svuota il Medesimo della sua identità, ma

[28] Levinas utilizza spesso questa frase. Se ne segnala a titolo esemplificativo solo alcuni casi: Levinas (1983a), p.183; Id. (2012), p.115; Id. (2002), pp.139, 141.

> ve lo assoggetta, con una convocazione irrecusabile, si assoggetta come nessuno, in cui nessuno potrebbe sostituirlo. Unicità, al di fuori del concetto [...], non un Io, ma io sotto convocazione. Convocazione all'identità per la risposta della responsabilità nell'impossibilità di farsi sostituire senza carenza. A questo comando, teso senza pausa, non si può che rispondere "eccomi", il cui pronome "io" è all'accusativo [...]. (Levinas, 1983a, p.178)

L'io da soggetto come attore e autocosciente diviene soggetto in senso di "assoggettato", anche grammaticalmente espresso in francese tramite un accusativo: *me voici*, "eccomi", quell'*hinneni* che nella Bibbia è la risposta data a Dio. Riprendendo la nozione dal linguaggio religioso e ampliandone il senso rispetto a quello proposto dalla tradizione ebraica, tale unicità del soggetto declinata sotto forma di responsabilità è definita anche da Levinas come una elezione. Tale elezione infatti non mira tanto a distinguere un gruppo di individui rispetto al tutto complessivo; quanto piuttosto essa distingue la specificità di ogni uomo. L'esigenza levinasiana è quella di estendere il concetto all'umanità intera: ogni uomo, in quanto responsabile per il suo prossimo, prima di ogni volontaria assunzione di questa stessa responsabilità, è eletto, è il punto del mondo privilegiato su cui poggiano le colpe altrui. L'unicità quindi non sta tanto nell'esclusione di qualcuno da questo privilegio, quanto nell'eccezionalità incomparabile di ogni unico è un'esclusività che non esclude, ma distingue il posto occupato da ogni uomo nella responsabilità.

Da quanto detto fin qui appare chiaro che il senso in cui Levinas pensa il concetto di responsabilità è profondamente distante da quello di imputazione, quindi dall'idea di "rispondere davanti a/ di" (qualcosa), ma anche da quello, riscontrato ad esempio in Jonas, di "rispondere di" (qualcuno). Ciò che viene valorizzata è piuttosto l'idea di "rispondere a" (l'Altro), il che pone in secondo piano la categoria dell'azione e la dinamica della causalità. Paul Ricœur, nel suo testo sopra citato, analizza la visione jonasiana e quella levinasiana insieme, sia per il comune riferimento all'altro, che pone al centro della questione l'idea di intersoggettività e introduce l'altro nel legame univoco tra agente e azione; sia per l'estensione dell'idea stessa della responsabilità all'infinito. A parere di Ricœur, sebbene questa valorizzazione dell'intersoggettività e l'ampliamento della responsabilità aprano nuove possibilità filosofiche, esse fanno sorgere alcuni nuovi problemi:

> Tutto accade come se la responsabilità, allungando il suo raggio, diluisse i suoi effetti sino a rendere inafferrabile l'autore o gli autori degli effetti nocivi da temere. Seconda difficoltà: fino a dove può estendersi, nello spazio e nel tempo, una responsabilità suscettibile di essere assunta da autori presuntamente identificabili degli effetti nocivi? (Ricœur, 1998, p.51)

Tale duplice obiezione, come si vede, rimane legata a due aspetti: il riconoscimento dell'autore e degli effetti da esso provenienti. Tuttavia, mentre nel caso di Jonas questi due elementi si trovano effettivamente ancora presenti, la sfida della proposta levinasiana è proprio quella di superare tale visione. Il soggetto è responsabile in quanto risponde *all'*altro e non, paternalisticamente, *dell'*altro. Non si tratta infatti di valutare l'impatto dei propri atti sugli altri individui, mantenendo quindi l'accento sull'azione e considerando l'Io come causa, bensì di considerare la responsabilità come *indipendente dall'agire*: si potrebbe dire che per Levinas non si è responsabili perché si agisce, quanto piuttosto si agisce in quanto si è primariamente responsabili, senza derivare da questa impostazione un soggetto semplicemente inerme, privo di volontà. La responsabilità è considerata non rispetto a un'altra azione, ma in se stessa azione, ma nel particolare senso del rispondere: la risposta infatti è un'azione, ma non trova nell'Io la sua origine, essa presuppone sempre un'apertura che precede il soggetto. A ciò non segue nemmeno, ingenuamente, una deresponsabilizzazione dell'Altro, poiché la responsabilità del soggetto non è infinita in senso cronologico o spaziale, ma nel senso che supera la sua comprensione o il suo controllo, la possibilità del calcolo dei rischi e delle probabilità.

Ricœur attraverso questa critica mostra la necessità di una mediazione tra quella che vede come una visione corta, rappresentata dal diretto legame tra agente e azione (imputabilità), e visione estesa, che comprende anche gli effetti sugli altri (rischio). Ma, come egli stesso coglie in modo molto chiaro, tali visioni finiscono per essere molto più vicine di quanto non sembrino: "Non si potrebbe, forse, anche dire che imputazione e rischio, lungi dall'opporsi polo a polo, si ricoprono e si rafforzano reciprocamente nella misura in cui in una concezione preventiva della responsabilità, ci sono imputabili rischi non coperti?" (ivi, p.55). Ci sembra quindi che tale considerazione sia esatta, ma che non colpisca la proposta levinasiana. Oltre al rischio e all'imputabilità, infatti, nella risposta *all'*altro uomo si apre una nuova modalità di responsabilità che fonda il soggetto in modo decentrato, nella passività e insieme attività dell'ascolto, dell'accoglienza e della esposizione.

4. DAL VOLTO AL PROFILO

Dopo aver cercato di mostrare la specificità della proposta levinasiana è arrivato il momento verificare se essa possa risultare utile per la soluzione della nostra questione iniziale. Sarà questo l'oggetto dell'ultima parte del nostro contributo.

Ritorniamo, innanzitutto, a Gige: l'uomo che può agire senza essere visto decide di abbandonare la strada del bene per perseguire quella dell'utile, compiendo anche crimini e ingiustizie. La visibilità risulta quindi fondamentale nell'accrescimento della responsabilità, sia che si parli di visibilità interna che esterna.

In alcune pagine di *Totalità e Infinito* Levinas riprende con questo senso il mito di Gige: egli mostra come l'agire senza essere visto sia il paradigma dell'agire del soggetto solitario:

> Il mito di Gige è appunto il mito dell'Io, e dell'interiorità che esistono non-riconosciuti. Essi rappresentano l'eventualità di tutti i crimini impuniti- ma questo è il prezzo dell'interiorità, della separazione. (Levinas, 1990, p.59)

E, ancora:

> Ma la posizione di Gige non implica l'impunità di un essere solo al mondo, cioè di un essere per il quale il mondo è spettacolo? E non si può forse vedere in questo proprio la condizione della libertà solitaria e, per ciò stesso, incontestata ed impunita, della certezza? (ivi, p.89)

Il soggetto che fonda su se stesso la certezza e la verità guarda il mondo come se fosse uno spettacolo silenzioso: allo stesso modo di Gige, egli nel suo agire rimane solitario e per questo irresponsabile. Ciò che però permette al soggetto di uscire dalla sua bolla solipsistica non è semplicemente la presenza di una coscienza morale[29], o di un giudizio esteriore, quindi né di un'interiorità né della minaccia di una punizione. Non è lo sguardo giudicante di un'entità accusatrice: si tratta piuttosto di uno sguardo che implora, lo sguardo dell'altro uomo che soffre. La vista, infatti, così come il tatto, hanno sempre mantenuto un forte legame con l'ambito della conoscenza, piuttosto che con quello della relazione. La pura presenza dello sguardo non garantisce l'uscita dalla solitudine: "La vista non è una trascendenza. [...] Essa non apre niente che, al di là del Medesimo, possa essere assolutamente altro, cioè in sé" (Levinas, 1990, p.195). La responsabilità levinasiana, diretta al volto dell'altro, in francese *visage*, in cui l'ambito della visibilità è etimologicamente richiamato, porta con sé un nuovo senso di visibilità. Innanzitutto, si deve distinguere tra uno sguardo che è quello che l'Altro rivolge a me e che mi chiama alla mia responsabilità, e la lo sguardo dell'Altro che mi guarda. Questi due aspetti distinti sono però inscindibili, accadono sempre l'uno con l'altro, poiché il rapporto tra l'Io e l'altro è un rapporto di *faccia-a-faccia.* Né la mia visibilità né quella dell'altro possono essere ricondotte ad alcun tipo di intenzionalità o rappresentazione, e nemmeno ad alcun tipo di giudizio morale inteso come sguardo di accusa. Del resto, non si tratta dell'apparizione plastica di una faccia, con i suoi connotati sensibili, ma di *espressione, linguaggio,* che trascende il piano della sensibilità, poiché non si limita al significato, tematizzabile, ma comprende anche il significante, il *chi* a cui si rivolge.

Come abbiamo cercato di mostrare, il rapporto tra responsabilità e visibilità sembra modificarsi drasticamente in epoca contemporanea relativamente alla comunicazione tramite i nuovi media: è piuttosto la sovraesposizione e l'aumento della visibilità a condurre a all'adozione di comportamenti eticamente negativi e quindi a una deresponsabilizzazione. Ma di quale visibilità si sta parlando? Abbiamo già risposto riguardo al tipo di responsabilità, ossia una responsabilità fortemente compromessa con le categorie di causa-effetto e in generale di azione. Ora ci sembra di poter dire che la visibilità a cui ci si riferisce è un tipo

29 Si ricordi la prima frase con cui si apre *Totalità e Infinito*: "Tutti ammetteranno facilmente che la cosa più importante è sapere che non si è vittime della morale" (Levinas, 1990, p.19).

di visibilità che, allo stesso modo, si lega all'ambito più generale della tematizzazione e che mira da un lato alla comprensione della realtà, dall'altro alla sua semplice spettacolarizzazione. Se da un lato infatti la vista è sempre stato il senso privilegiato della conoscenza, e ciò può riscontrarsi nell'origine etimologica del termine teoria, in una società come quella di oggi, definita "dello spettacolo" (Debord, 1998) o "dell'immagine"[30], essa finisce per limitarsi alla sola apparenza e alla superficie.

In entrambi i casi, come ci dice Levinas, tale visibilità lascia Gige solo nel mondo sia che egli sia invisibile, come racconta il mito, sia che sia sovraesposto, come al giorno d'oggi.

La possibilità di essere visti, possibilità esponenzialmente cresciuta, è infatti una possibilità che non riguarda il proprio volto. Questa assenza di volto non indica l'anonimato, che esso sia inteso come protezione dell'identità, come invisibilità o come agire anonimo, ma di *inespressività*, del venir meno del *faccia-a-faccia* con l'Altro. Non si tratta di un venir meno di contenuti, né un'impossibilità di ricondurre un'azione all'attore, ma l'impossibilità di cogliere, o meglio, di accogliere, una chiamata, una richiesta di aiuto. Il mondo online, può sembrare una considerazione banale, non è un mondo di volti, ma di profili. Già nella differente scelta terminologica si scorge il valore parziale, limitato, del secondo rispetto al primo, in cui l'assenza del rimando alla vista permette mostra la difficoltà di creare un legame con l'altro a partire da esso. Tuttavia, malgrado questa parzialità, è forse necessario sviluppare un senso più acuto di vista, e cogliere l'espressività di tale profilo. Per quanto l'esposizione della propria immagine sia diventata l'elemento fondamentale dei social network, immagine tra l'altro utilizzata sempre più spesso a fini commerciali o pubblicitari (Neri, 2014), anche in essa e forse ancor più in essa possiamo cogliere la richiesta di aiuto dell'Altro. Lo sforzo che viene richiesto è quello di cogliere uno sguardo che sembra assente e che è spesso muto, per farci carico delle sue vulnerabilità.

---

30 Per indicare questo primato dell'immagine sul linguaggio (verbale/scritto) attribuito al nostro tempo si è parlato di *iconic turn* (Boehm, 2009). Per uno sguardo all'evoluzione dello statuto dell'immagine si veda l'utile saggio di Veronica Neri (2013), in particolare il sottoparagrafo 1.2 : *L'affermazione dell'*iconic turn *e lo statuto dell'immagine nella contemporaneità*.

Prendiamo due esempi. Il profilo di una persona, come se ne vedono tanti, affollato di foto di se stessa, alla ricerca di soddisfare un modello estetico diventato pressoché irrealistico. Lo sguardo di questa persona, con sempre meno chili e sempre più foto profilo, possiamo davvero dire che non ci comunica nulla, che non ci ingiunge in qualche modo, che non ci riguarda? Altro esempio. Il profilo di una persona che esprime in modo violento e aggressivo le proprie idee politiche, sino ad espressioni di odio sempre più acute quali augurare la morte a chi la pensa diversamente, è davvero soltanto oggetto di imputazione, giudizio? È, ovviamente, anche quello: nessuno pensa, in modo paternalistico, di dover superare *in toto* l'idea di imputabilità. Ma, insieme, non è forse necessario porre su questa forma di espressione un occhio attento, cercare di leggere la sua richiesta, forse inconsapevole, di aiuto? E farsi carico delle sue colpe. Non per scontarle al posto suo, ma per rispondere alla sua richiesta di aiuto nel sopportarle insieme. Ciò che viene richiesto oggi in particolare è quindi di essere responsabili anche di ciò di cui non si è responsabili (Fabris, 2019).

L'incomunicabilità del profilo, ma in generale del web, più che essere dovuta a forme di impunità, di anonimato, di allontanamento e di incomunicabilità, è forse da ritrovarsi nella mancanza di un pronto "eccomi" del soggetto che con il suo sguardo si sforzi di togliere il velo a quella realtà che, ad un primo impatto vuota e grottesca, nasconde pirandellianamente il grido di dolore che chiede solo di essere ascoltato.

REFERENCIAS BIBLIOGRÁFICAS

Bank, J. (2010). Regulating hate speech online. *International Review of Law, Computers & Technology*, 24, 233-239.

Brighenti, A. (2010). *Visibility in Social Theory and Social Research.* London: Macmillan.

Burkell, J. (2006). Anonimity in Behavioural Research: Not Being Unnamed, But Being Unknown, *The University of Ottawa Law & Technology Journal* 3(2), 189-203.

Danna, S. (2014). Sotto sotto siamo tutti troll. Sentirsi maggioranza, non l'anonimato nutre l'aggressività sui social network, *Il corriere della sera,* risorsa online http://lettura.corriere.it/sotto-sotto-siamo-tutti-troll/.

Debord, G. (1998). *La società dello spettacolo.* Milano: Mondadori.

Fabris, A. (2019). *Etica per le tecnologie dell'informazione e della comunicazione.* Roma: Carocci.

Fussi, A. (2010). *Il discorso di Glaucone nel secondo libro della Repubblica.* In Bacin, S. (Ed.). *Etiche antiche e etiche moderne. Temi di discussione.* (pp. 73-99). Bologna: Il Mulino.

Iglezakis, I. (2017). *The Legal Regulation of Hate Speech on the Internet.* In T. Synodinou, P. Jougleux, C. Markou, T. Prastitou (Eds.). *EU Internet Law*, (pp. 367-383). Cham: Springer.

Jonas, H. (2002). *Il principio responsabilità. Un'etica per la civiltà tecnologica.* Torino: Einaudi.

Kant, I. (2013). *La metafisica dei costumi.* Roma-Bari: Laterza.

Levinas, E. e Peperzak, A., (1989). *Etica come filosofia prima.* Napoli: Guerini e associati.

Levinas, E. (1990). *Totalità e Infinito. Saggio sull'esteriorità.* Milano: Jaca Book.

Levinas, E. (1983a). *Altrimenti che essere o aldilà dell'essenza,* Milano: Jaca Book.

Levinas, E. (1983b). *Di dio che viene all'idea.* Milano: Jaca Book.

Levinas, E. (1996a). *Dio, la morte e il tempo.* Milano: Jaca Book.

Levinas, E. (1996b). *Transcendence et Intelleggibilité.* Geneve: Labor et Fides.

Levinas, E. (1998). *Scoprire l'esistenza con Husserl e Heidegger.* Milano: Cortina.

Levinas, E. (2012). *Etica e Infinito. Dialoghi con Philippe Nemo.* Roma: Castelvecchi.

Marche, S. (2015). The Epidemic of Facelessness, *The New York Times,* articolo del 15 Febbraio.

Neri, V. (2013). *L'immagine nel web. Etica e ontologia.* Roma: Carocci.

Neri, V. (2014). *Etica della comunicazione pubblicitaria.* Brescia: La Scuola.

Pariser, E. (2011). *Filter Bubble. What Internet is Hiding from You.* London: Penguin Books.

Ponzio, A. (1995). *Responsabilità e alterità in Emmanuel Levinas.* Milano: Jaca Book.

Reicher, S.D. (1982). *The determination of collective behaviour.* In Tajfel (Ed.) *Social Identity and Intergroup Relations.* Cambridge: Cambridge University Press.

Reicher, S. D, Spears, R., and Postmes, T. (1995). A Social Identity Model of Deindividuation Phenomena, *European Review of Social Psychology,* 6, 161-198.

Ricoeur, P. (1998). *Il giusto.* Torino : Società editrice internazionale.

Smith, A. (2001). *Teoria dei sentimenti morali.* Milano: Bur.

Spears, R., and Lea, M. (1994). Panacea or Panopticon? The Hidden Powerof Computer Media-Communication, *Communication Research,* 21(4), 427-459.

Tomasi, G. (1999). *La voce e lo sguardo. Metafore e funzioni della coscienza nella dottrina kantiana della virtù.* Pisa: Edizioni ETS.

CAPÍTULO IV

POLITICA E SOCIETÀ CIVILE ITALIANA AI TEMPI DEI *SOCIAL NETWORK*

DR. FRANCESCO DEL BIANCO

RESUMEN

Il principio fenomenologico per cui l'esperienza di ciascuno è confinata entro circoscritti contesti vitali è oggi messo in crisi dall'implementazione tecnologica e virtuale della vita: nel mio intervento, intendo riflettere sulle implicazioni di questa crisi sulla sfera del Politico, riferendomi in particolar modo ai fenomeni che hanno interessato l'Europa mediterranea nell'ultimo decennio. In base alla loro storia, le forme del convivere della modernità europea non contemplano la possibilità di un rapporto immediato fra individui e potere: piuttosto, soltanto all'interno della mediazione costituita dalla "società civile" tale relazione è possibile. L'ascesa dei *social network* ha snaturato questo schema: la tecnologia sembra aver dato sostanza al sogno postmoderno di uno spazio entro cui ciascun individuo è partecipe della vita pubblica in modo personale e dove il potere, non di meno, instaura con ognuno un rapporto individuale. Nell'ultimo decennio, Spagna e Italia sono divenute laboratorio privilegiato di questa narrazione postmoderna che, grazie ai mezzi del web 2.0, persegue la liquidazione di ogni mediazione fra individui e potere. A partire dal 2011, in entrambi i paesi si è aperta una stagione di rinnovamento, con l'ascesa di forze politiche decise a mobilitare una "comunità generalista", estranea ai vecchi inquadramenti sociali. Gli odierni avvenimenti politici lasciano pensare, tuttavia, che almeno in Italia questa fase sia terminata. Il successo elettorale della *Lega* di Matteo Salvini è fondato su una strategia che si qualifica come un tentativo "iper-moderno" di asservire gli strumenti virtuali non a una liquidazione, ma ad una "restaurazione" dei confini identitari propri del Novecento italiano.

PALABRAS CLAVE

Populismo, Postmoderno, Società civile, Social network, Potere.

1. IL MONDO NUOVO

Se volessimo ricavare una "regola aurea" dalla riflessione fenomenologica di Martin Heidegger, potremmo così enunciarla: le esperienze umane sono un che di estremamente fragile circa il loro senso che, non di meno, comprendiamo davvero solo quando esso è venuto meno e le cose hanno ormai cessato di funzionare[31]. Questo vale sia per le più o meno episodiche situazioni che ci riguardano che, a maggior ragione, per la più ampia costellazione d'esperienze che è la nostra vita. Comprendo le condizioni di possibilità della mia quotidianità - del mio *innanzitutto e per lo più* - solo quando essa è ormai passato, andata in rovina. Il disastro della Prima Guerra Mondiale rappresentò per Heidegger il compimento di quest'ambiguo *blackout* verso cui, del resto, gli strascichi del *Kulturkampf* anticattolico di Bismarck lo avevano instradato fin dalla sua giovinezza[32]: il darsi di un'esperienza fondamentale che, nel mettere al buio tutte le significatività e i contenuti del quotidiano, illumina al contempo la più decisiva e originaria struttura della vita[33]. Il conflitto fece del suo mondo un cumulo di rovine ed in esse, non di meno, l'autore radicò il suo pensiero circa l'esistere dell'uomo.

A partire da qui, l'idea fondamentale che anima la filosofia heideggeriana è quella antilluminista per cui la capacità di orientarsi, di scoprirsi a casa nelle varie situazioni, non è per l'uomo un che di a-priori e universale: essa, semmai, è relativa a un limitato circondario di contesti vitali[34]. La nostra vita *è* il nostro mondo: un orizzonte ben angusto su cui manteniamo scarso controllo e a cui, non di meno, appartengono ineluttabili caratteri di provvisorietà, finitudine, accidentalità e solitudine che frustrano il nostro desiderio di libertà. Certamente, poi, ogni mondo è anche un con-mondo, poiché ciascuno condivide il suo con

---

31 La cosa viene più o meno espressa in questi termini già ai tempi delle prime elaborazioni fenomenologiche di Martin Heidegger, come ad esempio nel testo del corso tenuto a Friburgo nel 1919/20 sotto il titolo di: Problemi fondamentali della fenomenologia. Cfr. Heidegger (2017, pp. 96 ss).

32 Cfr. Heidegger (1997, p. 415).

33 Cfr. Heidegger (2017, p. 100).

34 Cfr. Heidegger (1970, § 23).

un certo numero di persone che gli sono toccate in sorte come prossime: ma questa relazione, che può coinvolgere qualcuno solo al prezzo dell'esclusione d'ogni altro, ci rende contigui *ai pochi* piuttosto che *ai molti*.

Il mondo in cui ci aggiriamo è per Heidegger, così, qualcosa di molto simile all'estraniante casa in cui cerca invano di trovarsi a suo agio, all'inizio del grande romanzo di Robert Musil, l'enigmatico Ulrich: un maniero costruito per ben altri scopi, dall'altrui genio arredato, all'interno del quale il protagonista non può sentirsi pienamente padrone e attorno a cui, non di meno, la sorte ha aggregato un vicinato di figure altrettanto smarrite[35].

Ad oggi, tuttavia, lo studioso heideggeriano rischia di incorrere in seri imbarazzi nell'amministrare l'eredità di pensiero che abbiamo qui sommariamente ricordato. Queste idee circa lo stare-al-mondo, infatti, sono oggi messe seriamente in discussione dall'ampliata possibilità d'esperienza predisposta dalle tre rivoluzioni di *Internet*, dei *Social Network* e della diffusione della *Mobile Technology*[36]. Non solo, infatti, il "mondo" che mi trovo ad essere è ad oggi virtualmente condiviso con un numero sempre crescente di persone, ma posso decidere autonomamente,

---

[35] Crf. Musil (2013, pp. 40 ss).

[36] "Al pari di un qualsiasi altro sistema operativo, il networked individualism trasforma alla base la vita quotidiana delle persone. Questa nuova infrastruttura sociale si sarebbe afferma come il prodotto dell'impatto di tre 'rivoluzioni'. Per rima, la rivoluzione dei *social network*, che di fatto ha scalfito il primato della caratteristica di omogeneità nei gruppi primari di riferimento. Le nuove tecnologie di rete, infatti, hanno aperto alla possibilità di confronto con una maggiore diversità a vantaggio di esperienze sociali più differenziate. Secondariamente la rivoluzione di Internet, che ha conferito agli individui un potere comunicativo e una responsabilità nella raccolta e nella selezione delle informazioni mai esistita prima. Infine, la rivoluzione delle tecnologie mobile che – riprendendo una fortunata metafora di Marshall McLuhan (1986) – hanno tradotto le ICT in protesi del corpo umano che consentono ad ognuno lo stato di connessione permanente. L'internet sociale e collaborativo, oggi fruito in massima parte in mobilità, ha senza dubbio già cambiato in modo radicale la vita quotidiana delle persone. Di conseguenza, è cambiato anche il modo in cui gli individui comunicano e praticano la politica, le istituzioni e l'informazione. Per esempio: il soggetto sempre connesso dimostra di preferire forme di adesione leggera ad una molteplicità di gruppi sociali diffusi e differenziati, piuttosto che affidarsi alla tradizionale membership permanente a gruppi stabili e consolidati (Hay, 2007; Lilleker, 2013; Martin, 2012). Infatti, l'uso di Internet, soprattutto in mobilità, consente di gestire un numero più ampio di relazioni basate su legami sociali progressivamente più deboli" (Cepernich, 2017, pp. 21-22).

nonché con certa efficacia, con chi avere a che fare. Allo stesso modo, la serie di contesti vitali che posso attraversare è potenzialmente infinita eppur del tutto soggetta al mio arbitrio: ho accesso ad una galassia di contenuti che le generazioni precedenti avrebbero avuto difficoltà ad immaginare, ma anche ignorare problemi che prima erano inevitabili. E ancora, mi è sufficiente un click per conoscere o esperire tutto ciò che voglio e, allo stesso tempo, con lo stesso gesto posso eclissare dal mio orizzonte ogni cosa sgradita[37]. Non di meno, il senso di alcune aperture emotive fondamentali, quali la noia, la paura, l'angoscia, che per Heidegger erano capaci di rivelare il mondo dell'uomo come una totalità ben angusta e fragile, ad oggi si è del tutto modificato, se non seriamente smarrito, in presenza dei rivoluzionari cambiamenti a cui ci riferiamo.

La stessa vicenda dell'*Uomo senza qualità* di Musil, facendosi *mainstream*, ha perso la sua drammatica problematicità: ciascuno di noi può oggi dubitare della pretesa esaustività di quei caratteri che ci determinano all'interno della nostra più angusta quotidianità, giacché il nostro più proprio ed irrequieto "sé" è pienamente libero di esprimersi nell'esplorazione sfrenata, eppur senza conseguenze, degli *altrimenti* e degli *altrove* che la realtà virtuale, continuamente all'opera nel fare e disfare il mondo, ci offre. Invero, realizzando il "*daily me*" profetizzato a inizio anni Duemila da C. Sunstein[38], la rivoluzione mediale in atto sembra aver finalmente aperto per l'individuo una dimensione di infinità effettiva - relativa alla creazione dell'ente e non già solo all'interpretazione dell'Essere -, la cui assenza e impossibilità era, a ben vedere, il grande dilemma al centro dei drammi novecenteschi.

Che la lezione di Heidegger, o di Musil, e di tutti gli altri autori che hanno dato voce al disagio dell'uomo nel decennio fra le due Guerre, sia oggi completamente inattuale? Di certo non è così: la vita dell'uomo è ancora nient'altro che il suo mondo. Proprio questo mondo, tuttavia, è cambiato: è ora più esteso, più affollato, più complesso, tendenzialmente

37 "Quando il potere di filtrare diventa illimitato, le persone possono decidere, in anticipo e con assoluta accuratezza, ciò che troveranno e non troveranno. Possono creare qualcosa di molto simile a un universo di comunicazione di loro scelta" (Sunstein, 2003, p. 21).

38 Cfr. Sunstein (2003, p. 25).

universale e infinito. Quella che proponiamo, dunque, è una riflessione circa le modificazioni che la rivoluzione mediale in atto impone ad alcune decisive sfere del nostro vivere che, finalmente liberatosi "dell'angoscia di ciò che è terreno"[39], deve forse prepararsi a fare i conti con i problemi annidati in paradiso.

2. I *SOCIAL NETWORK* AL SERVIZIO DI UNA LIQUIDAZIONE DELLA SOCIETÀ CIVILE

La sfera del Politico è tutt'altro che immune a questa "rimozione" che i nuovi media generano circa il senso del "confine" e della "fine" dal nostro orizzonte di vita: anzi, essa ne è semmai interpellata in modo cruciale. Le forme del con-vivere umano proprie della modernità occidentale, che ancora oggi costituiscono il panorama della vita sociopolitica in Europa, non prevedono che gli individui si rapportino al potere *immediatamente*, in quanto tali, in ogni momento. Come ben spiegava Antonio Gramsci, fra l'individuo e il Politico esiste sempre una *mediazione* costituita dalla "società civile": una trama di corpi intermedi che determinano i luoghi e i momenti, e così la realtà, del rapporto fra i due poli (Gramsci, 1972, p. 481). Sindacati ed altre organizzazioni di categoria, chiese, gruppi d'opinione, fondazioni, società d'animazione culturale, onlus, giornali e gruppi editoriali, associazioni sportive, ma anche scuole, università, movimenti civici di varia natura: ciascuno di noi è integrato, per più livelli, in un con-mondo di parti sociali che orienta l'atteggiamento degli individui verso il Politico e che, allo stesso tempo, costituisce il panorama imprescindibile entro cui esso deve radicarsi per avere una presa effettiva sulla realtà. Nella tradizione della modernità occidentale, questa struttura di ancoraggio è il Partito: individuato ancora da Gramsci come il moderno *alter ego* del *Principe* caro a Machiavelli (Gramsci, 1971, pp. 20-21), si tratta di una struttura burocratica complessa che, dialogando con i corpi intermedi e ricercando

---

[39] Con questa espressione schilleriana facciamo riferimento alla polemica che nel 1929 si consumò a Davos fra Heidegger e Cassirer intorno alla questione della possibile liberazione dell'uomo dalla sua finitudine. Cfr. Heidegger (1981, p. 229).

un'egemonia presso essi, cerca *giorno per giorno* di rendersi presente alle singole persone e conquistare la loro fiducia.

Dall'altro capo del filo, del resto, qualora un individuo voglia di per sé prender parola o intentare persino una lotta contro il potere costituito, egli non può fare a meno di passare per l'inquadramento delle sue ragioni entro la più ampia causa di una categoria, di una classe, di una comunità. Per quanto riguarda, invece, gli incontri *immediati* fra il potere e un certo numero di individui è pur previsto che essi possano avvenire, ma soltanto nell'ordine dell'accidentalità quando l'evento ha dimensioni circoscritte o dell'eccezionalità quando è coinvolto un gran numero di persone.

Con l'avvento del web 2.0, dei sempre più complessi servizi di rete sociale, e infine della tecnologia mobile, questo quadro delle cose si è complicato tanto in Italia che nel resto d'Europa: la rete, infatti, è un luogo dove l'incontro di per sé straordinario fra gli individui e il potere è continuamente a portata di mano. Si pensi, al riguardo, alle possibilità fornite ad oggi da *social network* quali Facebook e Twitter che, di fatto, si propongono come l'unica ed invisibile società civile di cui necessitiamo. Ciascuno di noi, grazie a queste piattaforme, non solo può prender visione, se non addirittura partecipare, della costruzione dei programmi proposti dagli agenti politici, ma soprattutto interagire direttamente con le figure pubbliche in un rapporto bilaterale in cui entrambe le parti, pur restando in un terreno pubblico, sono implicate come individualità private.

Non per niente, ad oggi, quando chiediamo a qualcuno *da dove*, *come* e *perché* si sia fatto una certa idea delle cose, ci sentiamo sovente rispondere con una rivendicazione d'autonomia e immediatezza: l'individuo non ritiene di aver formato la sua opinione attraverso un sistema di intermediazioni, ma semmai di aver *visto* e *sentito* in prima persona certi contenuti che lo hanno interpellato, convinto o indignato alla luce del fatto che, in primo luogo, egli li ha scientemente ricercati (Sunstein, 2003, p.50). Di più, la circostanza che fa sì che l'efficacia dei contenuti mediali della rete dipenda dal loro indice di *spreadability*[40], costringe gli agenti politici stessi ad interpellare e mobilitare, uno ad uno, *supporters* sempre più dissimili dal simpatizzante-spettatore dell'età televisiva, ma anche dal militante a tempo pieno di cui si servivano i partiti tradizionali: siamo, semmai, vicini al modello del "*client leader*"[41] o, ancora, dei "*focus group*" già sperimentati dal *Labour Party* dell'età di Tony Blair.

In tal modo, le possibilità implementate del web 2.0 hanno dato imprevista sostanzialità a due tendenze centrifughe del sistema sociopolitico europeo che, prima d'allora, erano state coltivate solo sporadicamente e a bassa intensità. Da una parte, gli individui sono stati incoraggiati dalla forza dei nuovi media ad emanciparsi dal loro inquadramento sociale, nella generale proliferazione di un senso di insofferenza rispetto all'impersonalità dei tradizionali modelli di rappresentanza politica[42]: se posso informarmi e formarmi da solo, e se posso soprattutto prendere la parola dinnanzi al potere in prima persona, perché non dovrei anche partecipare direttamente di tutti gli aspetti della vita pubblica che mi interessano? Dall'altra, gli agenti politici hanno trovato nei *social network* terreno fertile per coltivare le proprie ambizioni di liquidare i limiti del loro potere, drenando dalla rete un sostegno immediato per modellare i tempi e i luoghi del confronto democratico in direzioni e forme più

---

40 "La logica di network (...) prescrive che il grado di visibilità di un contenuto dipenda dalla sua capacità di circolare online e perciò da un complesso di fattori. Prima di tutto, dall'estensione della rete disponibile a coloro che lo creano, che lo apprezzano e lo condividono. Poi dall'abilità dei responsabili della strategia di comunicazione di sfruttare le caratteristiche degli algoritmi di diffusione. La gratuità però non è sufficiente: è necessaria capacità economica per supportare la diffusione attraverso sponsorizzazione di contenuti mediante tecniche di microtargettizzazione" (Cepernech, 2017, p. 14).

41 "Post-moderno *gatekeeper* di sé stesso, l'individuo segna una discontinuità significativa rispetto al passato: al processo di mediatizzazione spinto dai media si aggiunge un processo trainato dal bisogno di attenzione da parte di un pubblico individualizzato, segmentato in nicchie, che agisce in un contesto di comunicazione ridondante. L'urgenza di un ripensamento del concetto di mediatizzazione emerge anche dai teorici stessi della mediatizzazione classica: Mazzoleni (2014) evoca una "mediatizzazione 2.0" riferendola però in specifico all'emergere dei nuovi populismi della rete (Bobba e Legnante 2016). Blumler (2014) ipotizza, appunto, una "*self-mediatization*" che, ripresa da Schulz (2014), viene definita in termini di ambivalenza del concetto stesso" (ivi, p. 13).

42 Cfr. ivi (pp. VI ss).

efficienti: perché un ministro dovrebbe attendere i risultati della contrattazione fra il suo partito e le parti sociali, quando il suo staff, sui *social network*, può condurre un dialogo diretto con gli individui con nome e cognome, il "paese reale"[43]?

A ben vedere, nell'era della *networked politics*, ciascuno di noi può liquidare i confini della sua realtà sociale d'appartenenza, reimpostando autonomamente i principi del suo orientamento rispetto alla realtà politica sulla base di esigenze assolutamente personali[44]. Gli agenti politici, dal canto loro, possono utilizzare i nuovi media per raggiungere tutti assieme, eppur individualmente, gli elettori, nell'infingimento di un rapporto personale ed immediato con ciascuno di essi.

I *social network* si rivelano, così, come una realtà mediale anomala che, nello svolgere la propria funzione, la rende al contempo invisibile, creando un'illusione di assoluta prossimità fra gli utenti connessi[45]. L'impatto sociopolitico di queste tecnologie si traduce, così, in una strutturale e bilaterale "personalizzazione" della sfera pubblica. Per l'individuo è ora possibile coltivare l'idea che la sua singolarità di persona, con le sue esatte esigenze, assuma un nuovo ruolo performativo e normativo circa l'agire degli agenti politici; questi, del resto, devono a loro volta personalizzarsi per restare competitivi, sfruttando un canale di comunicazione diretta con gli elettori che, se adeguatamente maneggiato, concede una forza senza pari nella trattativa con i corpi intermedi, ormai sempre meno decisivi nell'espletare la loro funzione storica di *intermediari d'interesse generale*[46].

---

43 Cfr. Bentivegna (2015, pp. 77 ss).

44 Cfr. Cepernech (2017, pp. 4 ss).

45 "L'eccesso di comunicazioni e informazioni finisce, paradossalmente, per creare una mediatizzazione senza media (o come si dovrebbe dire più precisamente, 'senza i grandi media tradizionali')" (Marletti, 2007, p. 43).

46 Cfr. Sunstein (2003, p. 27).

3. ESPERIMENTI POLITICI POSTMODERNI IN SPAGNA E IN ITALIA

Nello scenario fin qui delineato, la vicenda del rapporto fra politica e nuovi media nell'Italia degli ultimi dieci anni è particolare sotto molteplici punti di vista. A causa della strategica posizione del paese sullo scacchiere mondiale, fin dal Secondo dopoguerra la scena della società civile italiana si presenta come la più complessa e satura in Europa: i corpi intermedi, qui, non sono solo tantissimi, ma anche estremamente potenti, organizzati in un solido scacchiere che non lascia spazio libero per il proliferare di nuove ed alternative forme di mobilitazione associativa. Fin dagli anni della così detta *Prima Repubblica*, a ben vedere, la popolazione italiana si è sempre ritrovata inquadrata entro un sistema di categorie sociali che ne disciplinano l'attitudine politica in maniera molto più stringente che nel resto d'Europa. Fin dal Secondo dopoguerra, in tal modo, lo scenario politico italiano risultava del tutto bloccato: nello spazio di vari decenni, i rapporti di forza fra i partiti, rispecchianti il loro posizionamento circa lo scacchiere delle parti sociali, non vennero mai ribaltati né a livello locale né a livello nazionale e, soprattutto, per lungo tempo risultò impossibile l'emergere reale di nuove forze.

Questo schema venne seriamente dissestato solo con l'inizio degli anni '90[47]: all'epoca, il combinato disposto fra le inchieste di Tangentopoli - che annichilirono due dei più importanti partiti italiani, fra cui anche la Democrazia Cristiana (DC) che aveva sempre governato il paese fin dal dopoguerra- , il crollo del Blocco Sovietico - che costrinse il Partito Comunista Italiano (PCI) a partecipare del progetto di riforma che coinvolge tutti i partiti progressisti e laburisti occidentali, privilegiando la così detta "terza via" della sinistra - e il generale proliferare di un sentimento di indignazione legato alla stagione stragista della Mafia, originò un terremoto che, per molti versi, fu l'inizio della crisi degli equilibri storici fra "società politica" e "società civile" in Italia.

Ciò che emerse da questo crogiuolo di mutamenti fu il sorprendente risultato elettorale del '94, con la vittoria di Forza Italia, nuovo partito

---

[47] Da qui in poi, circa i dati di riferimento, seguiamo da vicino: Tronconi (2015); Tronconi (2018).

di Silvio Berlusconi[48], sulla coalizione progressista guidata dal Partito Democratico della Sinistra (ovvero PDS, versione riformata del vecchio PCI, destinato poi a cambiare ancora nome, divenendo infine – attraverso vari passaggi intermedi – semplicemente il Partito Democratico). Il cambiamento rappresentato dall'ascesa di Forza Italia, tuttavia, non deve essere confuso con un'autentica rivoluzione: la volatilizzazione elettorale senza precedenti che premiò la nuova formazione politica fu generata dall'occorrenza dell'effettiva scomparsa di due fra i grandi partiti italiani del dopoguerra (la stessa DC e il Partito Socialista Italiano, o PSI) e quel flusso di voti fu sistematicamente intercettato per i vent'anni seguenti dalla creatura di Berlusconi perché essa prese stabilmente il loro posto nel farsi garante dei settori maggioritari della società civile del paese.

Nel ventennio seguente, denominato *Seconda Repubblica*, la situazione italiana è stata quella di una realtà divisa fra un'inamovibile lealtà alle categorie del convivere sociopolitico proprio del secondo Novecento ed una irrefrenabile insofferenza alle stesse, con il diffondersi di una crescente richiesta di cambiamento frustrata però dall'assenza di un reale spazio per essere espressa e organizzata[49]. La figura di Silvio Berlusconi, "curatore fallimentare" del sistema politico italiano, racchiude in sé questi opposti eppur integrati caratteri: il suo a lungo rinnovato premierato custodì contemporaneamente le speranze di un superamento della statica eredità della Guerra Fredda, ma anche l'istinto di conservazione dei vecchi confini identitari. Quando nel 2011 le conseguenze della crisi economica costrinsero alle dimissioni il IV ed ultimo governo Berlusconi, il processo di marginalizzazione della figura dell'ex premier non

---

[48] Coalizzato per l'occasione con le piccole forze della Lega, rappresentante della realtà territoriale del nord-est industriale, di Alleanza Nazionale (AN), erede della minoritaria tradizione della destra sociale italiana, e del Centro Cristiano Democratico, ovvero ciò che rimaneva dell'annichilita classe dirigente della DC.

[49] I due nuovi principali agenti politici, nonostante la continua approssimazione allo stile del bipolarismo di maniera anglosassone - supportato anche da una riforma semi-maggioritaria del sistema elettorale - rimanevano tutt'altro che forze innovative, ed apparivano semmai come aggregati composti da frammenti e rovine del precedente sistema politico: la classe dirigente, i rapporti clientelari sul territorio e la strategia circa la conquista dell'egemonia presso i corpi intermedi, rimanevano le stesse di sempre.

coincise soltanto con l'inizio della fine del "sistema del berlusconismo", ma anche con la definitiva deflagrazione di quella complessità di problemi sociopolitici di cui esso, per vent'anni, aveva rimandato la resa dei conti.

Per comprendere il cambiamento occorso in Italia a partire da quel 2011, è utile ricordare alcuni eventi che interessarono contemporaneamente la Spagna: in quei mesi, nel paese iberico si svolse uno di quelli eccezionali eventi di incontro e scontro fra le istituzioni politiche e gli individui che avvengono senza la mediazione della società civile. Con le mobilitazioni di piazza del *Movimiento 15-M*, un fronte di cittadini eterogeno si riunì spontaneamente in nome di una generale "indignazione" rispetto a un comune, ma variamente inteso, senso di "esclusione". L'obiettivo degli *indignados* era quello di scardinare lo schema della rappresentanza politica tradizionale, rivendicando un maggior coinvolgimento dei cittadini nelle decisioni di *governance* del paese: la mobilitazione, autoconvocata, si contrapponeva perciò dal basso non solo all'esecutivo socialista di Zapatero, ma all'interezza delle forze politiche, di governo come di opposizione.

In queste circostanze, a mostrarsi non era più né la piazza *dei* lavoratori, né *dei* colletti bianchi, né *delle* casalinghe, né *degli* immigrati, né *degli* spagnoli, né *dei* catalani, né ancora quella *dei* giovani, *dei* pensionati, *dei* ricchi o finanche *dei* poveri. Si trattava, piuttosto, di una piazza che ambiva ad essere tale *in sé*: una mobilitazione tesa a rappresentare assieme la totalità delle figure sopra citate, mettendole "fuori fuoco" rispetto al loro inquadramento sociale. La natura "generalista" del popolo degli *indignados* era poi ciò che le impediva, in prospettiva, di trovare soddisfazione nelle contromisure prese dall'establishment politico: in quanto struttura aderente alle categorie della modernità europea, per il parlamento spagnolo era impossibile rispondere a esigenze postmoderne che, se prese sul serio, non potevano che significare la liquidazione dello stesso sistema[50].

Negli anni successivi, non di meno, nuovi movimenti politici in giro per l'Europa raccolsero la sfida lanciata per prime dalle piazze spagnole,

---

50 Cfr. Crouch (2003, pp. 61 ss).

esplorando la possibilità di rievocare artificialmente quella mobilitazione permanente di individui riunitisi *al di là*, se non *contro*, il loro inquadramento sociale. Generalmente, tuttavia, questo sommovimento populista non ebbe nelle varie regioni del continente maggiore fortuna che in Spagna, dove formazioni come Podemos, nonostante vari successi a livello locale – anche straordinari nel caso del partito di Pablo Iglesias[51] -, non giunsero mai al compimento della loro agenda, restando forze marginali nel quadro della politica nazionale[52].

Un esito differente e sorprendentemente trionfante ha premiato, invece, le analoghe esperienze che si sono realizzate negli ultimi dieci anni proprio in Italia, là dove l'agenda populista è stata inverata in effettive esperienze di governo su scala nazionale. I grandi protagonisti di questa fase sono stati il rinnovato Partito Democratico (PD) dell'ex premier Matteo Renzi e, soprattutto, il nuovo cyberpartito del Movimento Cinque Stelle (M5S), fondato dal comico ed attivista Beppe Grillo assieme all'imprenditore visionario Gianroberto Casaleggio. L'azione riformista di entrambe queste forze - che per una breve stagione hanno costituito un bipolarismo *sui generis* - si è appoggiata a un'intuizione fondamentalmente vincente: l'idea, cioè, che la mobilitazione di individui che i movimenti populisti vanno ovunque cercando fosse già permanentemente autoconvocata e presente nello spazio della rete e, soprattutto, presso il terreno virtuale dei *social network*. La contesa fra il PD renziano e l'M5S si è così tradotta nella battaglia postmoderna per l'occupazione del

51 L'esperienza di Podemos, in Spagna, è sempre stata caratterizzata da un interiore dissidio del suo gruppo dirigente, per metà convinto di tesi postmoderne di superamento delle categorie politiche novecentesche, e per metà affine ai movimenti del peronismo sudamericano e del sindacalismo di sinistra. Questa idiosincrasia interna è definitivamente esplosa con la scissione occorsa in vista delle ultime elezioni politiche ed europee, nella tarda primavera del 2019. Il Movimento Cinque Stelle, principale analogo italiano dell'esperienza di Podemos, ha risolto in partenza questa indecisione e, nonostante le suggestioni derivanti dalla notizia della passata militanza di alcune sue figure di rilievo, o ancora del tentativo di dialogo talvolta istaurato in Europa con forze connotate ideologicamente in maniera tradizionale, si è qualificata per tutto il periodo della sua vicenda come un movimento effettivamente e compiutamente estraneo alle categorie duali del sistema partitico del Novecento.

52 Circa i nostri brevi riferimenti alla vicenda degli *Indignados* e alla storia di movimenti ad essi ispirati, quali *Podemos*, seguiamo da vicino: Chironi e Fittipaldi (2017); Garcia Agustìn and Briziarelli (2018).

terreno virtuale e la costruzione di un sistema di comunicazione pubblica adeguato a portare avanti l'opera di identificazione fra la propria comunità politica e il popolo generalista del web: la costruzione, primariamente virtuale, di un "Partito della Nazione". Per entrambe le forze, dunque, l'agenda politica effettiva si è articolata come un insieme di riforme tese a semplificare drasticamente la burocrazia delle Istituzioni e dei partiti, nonché a indebolire definitivamente il potere di contrattazione dei corpi intermedi, ormai identificati come strutture intrinsecamente inefficienti e corrotte circa la promozione dell'interesse generale: in altre parole, la "casta".

Proprio i risultati ottenuti in questa comune battaglia per l'emancipazione della "società politica" dal potere intermediario della "società civile", hanno da una parte incoronato il M5S e, dall'altra, portato al disastro Matteo Renzi: la sua avventura di governo è stata, infatti, precocemente interrotta quando la macchina di creazione del consenso dell'ex premier si è rivelata incapace di ovviare al contrattacco intentato dal pur indebolito mondo associativo storicamente legato alla sinistra italiana[53]. Al riguardo, l'efficacia sul lungo termine dell'esperienza del M5S rispetto a quella del PD renziano è dovuta ad un miglior posizionamento strategico sul terreno virtuale. Il M5S è, infatti, un partito estremamente gerarchico che si pone fin dall'inizio l'obiettivo programmatico di bypassare ogni mediazione esterna, aggirando i blocchi della società civile, mobilitando vari livelli di attivisti attraverso un contatto che li interpella esclusivamente come elementi individuali. Quest'ultimi sono, poi, puntualmente coinvolti in un'attività di produzione e condivisione di contenuti politici che sfrutta il circolo virtuoso che negli anni si è instaurato fra la piattaforma online, i *meetup* locali, le animazioni e gli eventi tematici tenuti in aree strategiche sul territorio.

---

53 Al riguardo si pensi che alle ultime elezioni europee (maggio 2019) il 40% degli iscritti alla CGIL (principale sindacato italiano di ispirazione socialista) ha definitivamente "tradito" la storica lealtà alle forze progressiste, premiando l'allora coalizione di governo formata da M5S e Lega (partito di estrema destra definitivamente sdoganato da quelle stesse elezioni), portando alle estreme conseguenze il processo di svuotamento del serbatoio di voti del PD iniziato proprio nell'era Renzi. Cfr. Giarelli (2019).

Facendosi garante della realizzazione del più diretto canale fra interesse dei singoli e azione politica, il M5S si è garantito una scia imprevista di successi: nelle elezioni politiche del 2013, alla prima competizione nazionale a cui partecipava, questa formazione ha disintegrato il record di preferenze assegnate a un nuovo partito precedentemente ottenuto da Forza Italia nelle consultazioni del 1994. Senza l'ausilio di alcuna struttura di radicamento o dialogo con i corpi intermedi, il Movimento è diventato il partito più votato in un gran numero di regioni italiane fino ad allora considerate non contendibili, penetrando la quasi totalità delle categorie sociali e causando, così, un effetto di volatilizzazione del voto senza precedenti[54]. Né questo né gli altri successi elettorali del M5S - che nel 2018 diviene addirittura il partito di maggioranza relativa in parlamento - hanno contribuito poi alla sua "normalizzazione", esasperando piuttosto i caratteri organizzativi e ideologici che diciamo postmoderni[55]. Questo perché, in conformità alla convinzione dei suoi fondatori, il Movimento si propone di liquidare ogni forma di organizzazione e contrattazione burocratica circa la gestione della cosa pubblica: esso vuole, sostanzialmente, dissolvere il politico entro la pratica amministrativa, sostituendo un esercizio di democrazia diretta sempre più ampia agli strumenti della vecchia democrazia rappresentativa. Al sistema dei partiti e della società civile, il Movimento contrappone l'idea di una mobilitazione permanente di intelligenze singolari che, senza una sintesi ma semmai entro un'alleanza dinamica, diano vita a una "coalizione di egoismi" mirata essenzialmente a garantire lo spazio d'autodeterminazione del singolo, predisponendo il terreno perché esso

54 Per capire il significato storico di questo successo si pensi, per l'appunto, che la volatilità del voto significata nel 2013 dal successo dell'M5S fu superiore a quella creata dalle inchieste di Tangentopoli, e dall'effettivo annichilimento della maggior parte dei partiti tradizionali della I Repubblica, durante le elezioni che segnarono l'ascesa di Forza Italia e che essa, in effetti, interessò aree dell'elettorato che Silvio Berlusconi, in vent'anni, non riuscì mai ad attrarre: il caso dell'Emilia Romagna, uno dei cuori industriali del paese e serbatoio di voti storico per la sinistra italiana, è un esempio lampante di questo fenomeno.

55 Oltre a rifiutare la terminologia e le ritualità tipiche del sistema partitico, l'M5S proibisce al suo personale politico di intrattenere autonomamente rapporti con ogni forma di gruppo di interesse o categoria sociale, e allo stesso modo scoraggia ogni utilizzo di media (come la televisione) che non siano addentro al circolo chiuso instaurato fra i suoi mezzi social e l'attività dei militanti.

si realizzi. L'internet sociale e partecipativo, in tal modo, diventa per codesta formazione politica quel particolare *medium* capace di dissolverne ogni altro: sia esso la televisione, un gruppo d'interesse economico, il sindacato, o finanche i partiti stessi[56].

4. L'ESITO IPER-MODERNO DELLA RIVOLUZIONE MEDIALE IN ITALIA

Del tutto diversa, e significativamente vincente, è stata invece la strategia dalla terza formazione che ha negli ultimi tempi conteso lo spazio politico italiano, conquistandolo infine con risultati impressionanti e indiscutibili nei tempi più recenti. La vicenda della trasformazione della Lega Nord, reperto dei giorni della *Prima Repubblica*, nell'attuale partito di maggioranza relativa in tutta la penisola, passa per un percorso di aperta discontinuità rispetto alla narrazione postmoderna portata avanti dai concorrenti sopra citati. La nuova Lega[57], infatti, non ha in alcun modo inteso barattare il proprio radicamento territoriale nelle aree produttive del paese, o la propria struttura di partito tipicamente novecentesco, con un'occupazione del territorio virtuale: l'attuale leader, Matteo Salvini, ha semmai congiunto le due cose, facendo dei *social network* non lo strumento di una smobilitazione sistematica delle categorie e dei gruppi sociali fondamentali del paese, quanto semmai una piattaforma dove riforgiare e ricompattare gli stessi.

Ciò è evidente, anche a livello iconico, osservando la vittoriosa campagna elettorale condotta dal segretario della Lega per le ultime consultazioni europee: egli, pur facendo suoi tutti gli strumenti della politica personalistica e *immediata* del web, ha inteso convocare attorno a sé una piazza connotata sotto ogni punto di vista e fondamentalmente coincidente con quella dei vecchi comparti sociali della variegata destra italiana e persino con alcuni che, in effetti, appartenevano storicamente alla sinistra. In breve, egli ha indicato con estrema chiarezza con quali

---

56 Al riguardo si veda l'esplicativa intervista che Gianroberto Casaleggio, intervistato dallo scrittore Bruce Sterling, rilasciò al settimanale Wired nell'agosto del 2013. Cfr. Sterling (2013).

57 Sempre più vicina a dimenticare quell'"indicazione cardinale" che faceva parte del suo nome, legandolo al sogno ormai archiviato di un'indipendenza per il ricco settentrione d'Italia.

realtà sociali intendeva dialogare, rispetto a quali invece contrapporsi e, così facendo, ha intentato una narrazione identitaria fortissima che niente ha a che vedere con le lusinghe del pensiero debole della postmodernità. Nell'indicarsi come avversario della "sinistra", leader della "destra", nel richiamarsi a valori nazional-clericali ben radicati nella storia del paese, egli ha invero convertito lo strumento del web, per antonomasia collegato alle narrazioni postmoderne della globalizzazione, al supporto di un'agenda politica paradossalmente "iper-moderna".

In tal modo, la *Lega* ha inaugurato una nuova fase di sperimentazione che già supera i risultati ed indica la direzione ad analoghe esperienze nel resto del continente: la ricerca ossessiva della costruzione di una mobilitazione permanente di *indignados*, di una "piazza generalista", è stata con successo archiviata, sostituita da un'opzione politica che consente ai cittadini di reintrodursi dentro categorie sociali familiari che, non di meno, l'utilizzo dei nuovi media hanno corretto in senso più radicale e massimalista, rendendole a tratti irriconoscibili.

Attraverso questo uso anti-intuitivo del web, il caso italiano della *Lega* mostra come esso possa essere utilizzato non solo per conservare, ma finanche per potenziare fino alle estreme conseguenze le linee divisorie e i confini che attraversano la nostra realtà sociale, contribuendo in modo decisivo alla ricostruzione di una narrazione inerente a una "comunità di destino", per sua natura non universale, né universalizzabile e quindi inevitabilmente esclusiva.

REFERENCIAS BIBLIOGRÁFICAS

Bentivegna, S. (2015). A colpi di tweet, la politica in prima persona. Bologna: Il Mulino.

Blumler, J.G. (2014). Mediatization and Democracy. In Esser F. e Strömbäck J. (eds.), Mediatization of Politics. Understanding the Trasformation of Western Democracies. Basingstoke: Palgrave Macmillan.

Bobba, G., and Legnante, G. (2016), Italy: A Breeding Ground for Populist Political Communication. In Aalberg, T., Esser, F., Reinemann, C., Strömbäck, J. and de Vreese, C. (eds.), Populist Political Communication in Europe. A Cross National Analysis of Twenty-Seven European Countries. London: Routledge.

Cepernich C. (2017): Le campagne elettorali al tempo della networked politics. Roma-Bari: Laterza.

Chironi, D., and Fittipaldi, R. (2017). Social Movements and new form of political organisation: Podemos as a hybrid party. In Partecipazione e Conflitto, vol. 10, n°1.

Crouch, C. (2003). Postdemocrazia. Laterza: Bari.

Garcia Agustìn, O., and Briziarelli, M. (eds.) (2018). Podemos and the New Political Cycle: Left-wing populism and Anti-Establishment Politics. Palgrave Macmillan: Basingstoke.

Giarelli, L. (2019). Cgil, il tradimento: il 40% degli iscritti ha votato M5s o Lega. Più di uno su due simpatizza per il premier Conte, Il fatto quotidiano, Risorsa online: https://www.ilfattoquotidiano.it/in-edicola/articoli/2019/06/17/la-cgil-passa-dal-rosso-al-verde-quasi-la-meta-simpatizza-lega/5260134/

Gramsci, A. (1971): Note su Machiavelli. Roma: EditoriRiuniti.

Gramsci, A. (1972). Lettere dal carcere. Torino: Einaudi.

Hay, C. (2007). Why We Hate Politics. Cambridge: Polity Press.

Heidegger, M. (1970). Essere e tempo. Milano: Longanesi.

Heidegger, M. (1981). Kant e il problema della metafisica. Bari: Laterza.

Heidegger, M. (1997). Besinnung (1953-1954). Klostermann: Frankfurt.

Heidegger, M. (2017). Problemi fondamentali della fenomenologia 1919/20. Quodlibet: Macerata.

Lilleker, D. (2013). Empowering the Citizens? Political Communication, Coproduction and The Harnessed Crowd. In Scullion R., Gerodimos R., Jackson D. and Lilleker D. (eds.), The Media, Political Partecipation and Empowerement. London: Routledge.

Marletti, C. (ed.) (2007). Il leader postmoderno: studi e ricerche sulla mediatizzazione delle campagne elettorali locali. Milano: Franco Angeli.

Martin, A. J. (2012). Young People and Politics. Political Engagement in the Anglo-American Democraticies. London: Routledge.

Mazzoleni, G. (2014), Mediatization and Political Populism. In Esser F. e Strömbäck J. (eds), Mediatization of Politics. Understanding the Transformation of Western Democracies. Basingstoke: Palgrave Macmillan.

McLuhan, M. (1986). Gli strumenti del comunicare. Milano: Garzanti.

Musil, R. (2013). L'uomo senza qualità. Roma: Newton Compton.

Schulz, W. (2014). Mediatization and New Media. In Esser F. e Strömbäck J. (eds.), Mediatization and Politics. Understanding the Transformation of Western Democracies. Basingstoke: Palgrave Macmillan.

Sterling, B. (2016). La versione di Casaleggio, il cofondatore del Movimento 5 Stelle intervistato da Bruce Sterling, Wired, risorsa online: https://www.wired.it/attualita/politica/2016/04/12/casaleggio-movimento-5-stelle-intervista-sterling/?refresh_ce=

Sunstein, C. (2003). Republic.com. Bologna: Il Mulino.

Tronconi, F. (2015). Beppe Grillo's Five Stars Moviment. Farnham: Ashgate Publishing Limited.

Tronconi, F. (2018). The Italian Five Star Movement during the Crisis: Towards Normalisation?, South European Society and Politics, 23:1, pp. 163-180.

INTERROGARE GLI AMBIENTI DIGITALI. GLI EMBEDDED VALUES E IL COMPITO DELLA FILOSOFIA

DR. MARCO MENON
Università di Pisa, Italy

RESUMEN

Questo contributo si propone di discutere la tesi secondo cui negli artefatti, e più specificamente nelle reti informatiche (come social network e social media) siano presenti dei pregiudizi o valori morali (*embedded values*) che condizionano, in maniera spesso non trasparente, l'agire morale dell'utente. Nella prima parte (paragrafi 1, 2, 3) viene contestualizzata e ricostruita la vicenda di tale tesi, e vengono quindi presentate le principali posizioni teoriche: il *Value-sensitive design* e la *Disclosive Computer Ethics*, sviluppate rispettivamente da Friedman e Nissembaum, e Brey. I paragrafi 4, 5, 6, 7, che formano la seconda parte, discutono le principali versioni della tesi secondo cui gli artefatti incorporano dei valori, distinguendo tra la rilevanza morale di un oggetto artificiale e gli agenti morali in senso stretto. La terza parte, costituita dai paragrafi 8, 9, 10, si concentra sui digital media, sui modi in cui possono influenzare le forme di *civic agency* praticate per mezzo di essi, e su quali possano essere gli approcci prudenziali che favoriscono una maggiore autonomia critica degli utenti, sostenendo la necessità di una *disclosive social media ethics*. La conclusione propone tre indicazioni generali, votate a mettere in luce uno dei compiti della filosofia pratica nell'epoca della rivoluzione informatica, e ad evidenziare come la necessità di riporre una fiducia pressoché cieca negli *stakeholders* debba essere ridotta per mezzo di nuove forme di educazione e vigilanza, all'altezza della sfida rappresentata dagli ambienti digitali.

PALABRAS CLAVE

Civic Agency, Embedded Values, Value-sensitive Design, Computer Ethics, Digital Media.

1.INTRODUZIONE

Scopo di questo contributo è discutere l'idea che i social media e i social network incorporino valori e/o pregiudizi di carattere morale. Un crescente numero di autori sostiene che non sia possibile riferirsi ai social media come a degli strumenti neutri, che risultano buoni o cattivi solo a seconda dell'uso che se ne fa o delle azioni che, in interazione con essi, vengono compiute. Un medium digitale, come ogni ente artificiale, può essere moralmente significativo in tre sensi: o perché ci provoca e ci mette di fronte a questioni etiche strutturalmente legate alla sua natura e configurazione; o perché la sua funzione, per design, può essere indistinguibile da un valore finale morale; o perché può incorporare o far emergere pregiudizi discriminanti, al di là dell'uso specifico. Ogni nostra azione per mezzo dei/nei social media verrebbe "contaminata" in senso morale, al di là delle nostre intenzioni. Nel caso specifico dei *social network*, la questione è duplice: è necessario stabilire fino a che punto questi media digitali siano funzionalmente orientati per design, ovvero se essi incarnino in maniera non equivoca dei valori morali, o se incorporino dei pregiudizi escludenti di qualche tipo; qualora la loro ambiguità morale sia tale da non permettere un'evidente valutazione morale, resta da chiedersi in quale misura la loro presenza permeante alteri a nostra insaputa la qualità del nostro agire. Qui verranno presentate le teorie che mettono in discussione la rigida dicotomia tra soggetto libero/agente e oggetto neutro/passivo, se ne esaminerà quindi la compatibilità con l'idea che determinati valori morali possono essere incorporati deliberatamente per design e quindi ci si chiederà se è possibile identificare una responsabilità morale nei progettatori e designer. Si sosterrà quindi che tale questione è di vitale importanza per le nuove forme di partecipazione politica e di *civic agency* per mezzo degli/negli ambienti digitali. Se tali ambienti incorporano dei valori in maniera non trasparente, allora necessariamente la *civic agency* praticata per mezzo di/in essi verrà contaminata e orientata da tali valori in maniera inconsapevole (cfr. Fabris, 2018, pp. 14, 45). Compito della filosofia è dunque quello di dotarsi degli strumenti critici per analizzare e valutare la non neutralità morale di *social media* e *social network*. In conclusione, verranno suggeriti alcuni spunti prudenziali: la riduzione della necessità di fidarsi ciecamente degli *stakeholders*, e una strategia educativa che aumenti in maniera significativa l'autonomia dell'utente comune.

2. LA TESI DEGLI *EMBEDDED VALUES*

La tesi della non neutralità morale delle reti informatiche e degli ambienti digitali può essere vista come una variazione della tesi secondo cui la tecnica e le tecnologie non sono meri strumenti neutri. Si deve perciò partire, quantomeno, da Jacques Ellul. Nel 1954 il pensatore francese, nel suo libro più celebre, *La technique ou l'enjeu du siècle*, formulava la tesi secondo cui la tecnica possedeva una propria autonomia, indipendentemente dalle intenzioni degli esseri umani che ne fanno uso, e perciò non poteva essere considerata come qualcosa di neutro. Secondo Ellul, le tecnologie sono dotate di una finalità intrinseca che non può essere annullata e che, in caso di conflitto con quella umana, finisce per prevalere. Un passo ulteriore viene compiuto da Langdon Winner che, nel 1980, parla della politica degli artefatti e di come questi condizionino le azioni degli uomini allo stesso modo di leggi o normative. In essi è in atto una *secondary or imposed agency* incorporata dal progettatore o designer dell'artefatto. L'esempio principale avanzato da Winner (1980) erano i cavalcavia disegnati dall'architetto Robert Moses a New York, sufficientemente bassi da impedire l'accesso a determinati parchi pubblici e spiagge a chi non viaggiasse in automobile. Cosa che, di fatto, limitava le possibilità di movimento e la fruizione di determinati spazi pubblici agli afroamericani che all'epoca, appartenendo alle fasce di popolazione meno abbienti, potevano permettersi di viaggiare solo in autobus.

Per quanto riguarda il nostro oggetto d'interesse bisogna fare un salto di altri cinque anni. Il primo a parlare di valori incorporati nei sistemi e nelle reti informatiche è stato infatti James Moor, in un seminale articolo intitolato *What is Computer Ethics?* del 1985. Nel delineare la natura e i compiti della *computer ethics*, Moor segnala

> the presence of invisible programming values. *Invisible programming values* are those values which are embedded in a computer program. Writing a computer program is like building a house. No matter how detailed the specifications may be, a builder must make numerous

> decisions about matters not specified in order to construct the house ... In order to implement a program which satisfies the specifications a programmer makes some value judgments about what is important and what is not. These values become embedded in the final product and may be invisible to someone who runs the program. (Moor, 1985, p. 273)

Questo è il punto centrale della tesi degli *embedded values* negli enti artificiali: questi valori sarebbero potenzialmente presenti indipendentemente dall'uso che ne può fare il singolo, e tuttavia emergono (si attualizzano) solo nella relazione con l'essere umano che con tali enti interagisce. La tesi degli *embedded values* nei sistemi informatici, e di conseguenza nelle reti informatiche, afferma altre due cose essenziali. Anzitutto mette in evidenza che i programmatori, necessariamente, si trovano di fronte a numerose scelte e quindi devono formulare dei giudizi di valore durante il processo di scrittura/programmazione. Questi giudizi di valore sono risposte che i programmatori danno a domande che si presentano durante la costruzione di un sistema informatico o di una rete. In secondo luogo, questi giudizi di valore, incorporati dal *design* del programma stesso, sono *invisibili*, nel senso che non sono evidenti, non sono dichiarati, e tuttavia sono presenti, cioè sono effettivi a prescindere che l'utente finale lo sappia o meno. In questo senso, l'utente finale è passivo rispetto a questi valori, non li sceglie consapevolmente ma li subisce. Il suo agire quindi viene condizionato, per quanto non necessariamente *determinato* in senso forte, da questi valori.

3. VALUE-SENSITIVE DESIGN

Se con un saggio dei primi anni '90 Diana Forsythe (1993) ha mostrato come alcuni pregiudizi dei professionisti dell'informatica si trasferiscano nei sistemi *knowledge-based* da loro programmati e quindi ne vengano incorporati, un ulteriore progresso verso l'elaborazione di un modello sistematico di analisi del problema degli *embedded values*, per quanto guidato da una finalità pratica, viene compiuto da Batya Friedman e Helen Nissenbaum. Nel loro seminale articolo *Bias in Computer Systems* del 1996 le due autrici mostrano come i sistemi informatici incorporino dei pregiudizi escludenti nei confronti di determinate categorie di persone:

> We use the term bias to refer to computer systems that *systematically* and *unfairly discriminate* against certain individuals or groups of individuals in favor of others. A system discriminates unfairly if it denies an opportunity or a good or if it assigns an undesirable outcome to an individual or group of individuals on grounds that are unreasonable or inappropriate. (Friedman y Nissenbaum, 1996, p. 332)

In un articolo dello stesso anno, Friedman (1996) proponeva quindi un modello di *Value-sensitive design* che permettesse ai programmatori un maggiore controllo dei valori o *bias* che finivano, anche involontariamente, per essere incorporati nei sistemi e nelle reti da loro costruiti. Il *Value-sensitive design* si concentra perciò sulle cause dei valori incorporati – le scelte dei programmatori, e si propone di intervenire a quel livello. In questo senso, l'approccio di Friedman e Nissenbaum appartiene non tanto alla *computer ethics*, quanto all'ambito del *computer design*, per quanto esso fornisca alla prima degli strumenti teorici di grande utilità. Friedman e Nissenbaum infatti identificano tre classi di *bias*: *bias* preesistenti (ovvero derivanti da istituzioni, pratiche e attitudini sociali), *bias* tecnici (dovuti a limiti tecnici o considerazioni tecniche), infine *bias* emergenti (che si formano nel contesto di utilizzo specifico).

4. DISCLOSIVE COMPUTER ETHICS

A capitalizzare il discorso inaugurato da Moor e sviluppato da Friedman e Nissenbaum è stato Philip Brey. Brey ha proposto un'integrazione della *computer ethics*, da lui definita come *disclosive computer ethics*. In continuità con il discorso di Friedman e Nissenbaum, Brey si propone di elaborare un modello "diagnostico" che guarda agli effetti, non alle cause, degli *embedded values*. La sua etica è *disclosive* nel senso che mira a portare allo scoperto quei giudizi di valore incorporati nei sistemi informatici ma inizialmente invisibili "ad occhio nudo" all'utente finale, che per questa ragione ne resta vittima passiva. Brey infatti propone di decifrare la tecnologia informatica da un punto di vista morale. Egli, riprendendo Richard Sclove, considera i sistemi informatici come *strutture sociali* che, in quanto tali, mostrano proprietà "politiche" relative al contesto in cui sono integrati (Brey, 1998; 2000). La presentazione più sistematica della *disclosive computer ethics* di Brey è in un saggio del 2010, che tiene conto delle problematiche emerse nel frattempo e delle possibili obiezioni. In queste pagine, Brey formula in maniera praticamente definitiva la sua tesi (una formulazione che si può riconoscere, in linea di principio, anche in Introna 2005; Introna 2007; Light y McGrath 2010):

> The embedded values approach holds that computer systems and software are not morally neutral and that it is possible to identify tendencies in them to promote or demote particular moral values and norms … such tendencies in computer systems are called 'embedded', 'embodied', or 'built-in' moral values or norms. They are built-in in the sense that they can be identified and studied largely or wholly independently of actual uses of the system. (Brey, 2010, p. 42)

Ma in che modo i valori vengono incorporati dai *computer system*, e più in generale dagli artefatti?

5. I VALORI INCORPORATI DAL DESIGN DELL'ARTEFATTO

La tesi della non neutralità morale degli enti artificiali ha trovato e trova tutt'ora numerose resistenze. La tesi contraria, che viene espressa ricorrendo alla formula pubblicitaria *guns don't kill, people do*, può essere sostenuta in almeno due modi, speculari tra loro (Pitt 2014). O si accetta che i valori sono riferibili solo agli esseri umani (nel senso che solo gli esseri umani formulano giudizi di valore e agiscono in base ad essi), e allora ne segue, per definizione, che i valori non possono essere riferiti agli enti artificiali in quanto tali. Oppure, ecco l'alternativa, anche se ammettiamo che i valori possono essere riferiti agli artefatti in quanto tali, perché il processo di progettazione e produzione di un artefatto incorpora in esso tali valori, questi ultimi sono talmente numerosi, confusi, e in tale conflitto gli uni con gli altri, che è praticamente impossibile ordinarli e identificarne di caratterizzanti. La *disclosive ethics* è quindi o priva di senso o non porta a nulla. Una possibile risposta viene offerta da van de Poel e Kroes (2014). I due autori sostengono che gli enti artificiali possono incorporare valori *finali-relazionali*. In altre parole, essi incorporano un valore non strumentale nella misura in cui questo coincide con la loro funzione stabilita per *design*, ovvero se sono stati progettati esattamente con quell'intento e il loro utilizzo corretto (conforme al piano d'uso) porta alla realizzazione di quel valore. Un valore che è quindi presente *in potenza* nell'artefatto e che può attualizzarsi a determinate condizioni, strettamente legate però alle caratteristiche strutturali/fisiche dello stesso. L'esempio utilizzato dagli autori è quello della diga marina (*sea dike*): «The instrumental function of sea dikes ... can hardly be distinguished from the final value for which they are designed ... technical artifacts, as objects with a function, may embody extrinsic final values, since functions are extrinsic features of technical artifacts» (van de Poel y Kroes, 2014, p. 114). Dal momento che la diga di mare è stata progettata per la sicurezza delle persone, e le sue caratteristiche fisiche funzionali hanno la capacità di garantire la sicurezza delle persone, la diga di mare incorpora il valore finale-relazionale della sicurezza.

I contributi al dibattito di Illies e Meijers (2014) e Franssen (2014) concordano sostanzialmente con la tesi di van de Poel e Kroes nel riconoscere la presenza di valori morali (non-strumentali e relazionali) negli enti artificiali nella misura in cui la funzione per *design* di tali artefatti non è distinguibile dal valore finale che realizzano. Il punto che va sottolineato è che tali valori dipendono dal *design*, ovvero dall'intenzionalità secondaria di cui è responsabile il *designer*; allo stesso modo i *bias* sono *embedded* nell'artefatto, per quanto non necessariamente allo stesso modo, ovvero con la stessa intenzionalità progettuale. Per quanto riguarda il nesso funzione-finalità/valore morale, il contributo di Franssen (2014) è particolarmente illuminante perché corrobora la tesi di van de Poel e Kroes, fornendo l'esempio della macchina di tortura. La macchina di tortura ha come scopo, per *design*, l'infliggere torture; la sua funzione strumentale non è distinguibile dal valore finale che persegue. Essa è intrinsecamente (non strumentalmente) moralmente cattiva; il suo buon funzionamento realizza un'azione malvagia, ovvero la tortura. L'autore riconosce apertamente la difficoltà di offrire il controesempio di un artefatto intrinsecamente buono, cosa in cui sembrano riuscire invece van de Poel e Kroes (la già citata diga marina), che incorpora per design il valore della sicurezza.

6. RILEVANZA O AZIONE MORALE DEGLI ARTEFATTI?

Che gli artefatti non siano moralmente neutri non equivale a dire che gli artefatti siano degli agenti morali. Quest'ultima posizione, per quanto declinata in vari modi e con sfumature concettuali differenti, può essere descritta indicativamente come postmoderna o postumana. Sotto questa denominazione possono essere raggruppate infatti tutte quelle teorie che si ispirano ad alcuni scritti di Martin Heidegger (in particolare, i testi maggiormente utilizzati in questo dibattito sono passi da *Essere e tempo* e *La questione della tecnica*) e che elaborano un framework concettuale che trascende la dicotomia tra soggetto agente e oggetto passivo, capitalizzando l'idea secondo cui questa dicotomia altro non sia che un'astrazione falsificante, e giungendo a ripensare in modo radicalmente diverso il senso dell'azione umana. Tra gli autori più influenti in questo ambito va sicuramente segnalato il sociologo della tecnologia Bruno Latour che, a partire dalla prima metà degli anni '80, in collaborazione con Michel Callon e John Law, ha elaborato l'*Actor Network Theory*. Secondo l'ANT gli attori delle pratiche morali non sono gli esseri umani in quanto distinti dagli artefatti, bensì un intreccio indissolubile, paritario e co-determinante fra essi. Introducendo il termine *attante* in luogo dell'attore o agente della teoria dell'azione moderna o dicotomica, l'ANT punta a mostrare come l'azione morale non sia attribuibile al soggetto umano "isolato" o "puro", ma al sistema o rete di intrecci fra umano e non- umano e lungo questa rete si distribuisca. Una delle caratteristiche più significative dell'ANT, e una delle prospettive più interessanti ai fini del nostro discorso, è l'idea secondo cui esiste una simmetria fra gli attanti; cioè attanti umani e non-umani condividono pariteticamente l'attribuzione di azioni moralmente significative in modo tale che parlare di artefatti neutri o moralmente irrilevanti perde di senso. Ma, allo stesso tempo, come implicazione speculare, a partire dall'ANT la stessa imputabilità della responsabilità morale perde la nettezza che ha invece nell'impostazione moderna; il fatto che i confini tra umano e non-umano si sfumino a tal punto che ad agire non è tanto il soggetto umano quanto il network o l'ibrido di umano e non-umano sembra portare alla conclusione secondo cui l'attribuzione di responsabilità ricada sul sistema o sulla rete di connessioni nel suo complesso.

Questa difficoltà sembra essere superata da una versione più moderata dell'ANT, ovvero la *mediation theory* proposta da Peter-Paul Verbeek. Ispirandosi tanto a Latour quanto ad Heidegger, Verbeek insiste sul guadagno imprescindibile dell'approccio postumano ma determina in maniera diversa il carattere morale degli artefatti; questi non sono attanti alla pari degli esseri umani, quanto decisivi elementi di mediazione dell'azione morale degli umani. Gli artefatti danno forma (*shape*) all'azione umana, pur senza determinarla. Non essendo possibile parlare di uomo in sé come attore sovrano e di oggetto in sé come mero strumento passivo, dal momento che l'umano diviene quello che è in risposta alla provocazione delle tecnologie da esso prodotte e messe in opera, è necessario da una parte riconoscere l'astrattezza falsificante della posizione moderna, e dall'altra il carattere ibrido dell'agire morale. Le tecnologie però non sono degli agenti morali in senso stretto, bensì hanno una significanza morale dacché trasformano in continuazione l'agire umano e quindi il modo di vivere degli esseri umani, aprendo nuove prospettive che pongono questioni etiche inedite. E lo fanno trascendendo l'intenzione dei *designer*, acquistando perciò una rilevanza morale *autonoma*. Secondo Verbeek, «technologies-in-use help to establish relations between human beings and their environment. Technologies are not merely silent "intermediaries" but active "mediators" that help to constitute the entities that have a relationship "through" the technology» (Verbeek, 2014, p. 77). Come in Latour, da cui Verbeek riprende la nozione secondo cui non si può parlare di azione morale se non in termini di ibrido umano/non-umano, l'agire non è comprensibile se si fa astrazione dalla mediazione morale degli artefatti. A differenza di Latour, Verbeek però non condivide l'idea della simmetria degli attanti; per quanto la mediazione non-umana sia costitutiva (in senso non deterministico) dell'azione morale, nella *mediation theory* sembra essere presente una sorta di resistenza (in verità non sempre salda) all'idea per cui la responsabilità morale possa essere in senso stretto attribuita agli artefatti. Posizioni affini a quella di Verbeek, parimenti ispirate a Latour e Heidegger, sono quelle di Lucas Introna (*intra-actional post-humanist account*, Introna 2014) e F. Allan Hanson (*composite agency theory*, Hanson 2014); anche in questi casi il punto decisivo consiste nel trascendere la dicotomia soggetto/oggetto e individuare nella complessa relazione co-determinante fra umano e non-umano l'attore morale significativo. Per questi autori, in tal senso fortemente postmoderni, il trascendimento del paradigma moderno impone un ripensamento dell'attribuzione della responsabilità per l'azione morale.

7. LA POSIZIONE "CONSERVATRICE" E GLI ARTEFATTI MORALMENTE SIGNIFICATIVI

Diversi critici, tra cui lo stesso Brey (2014; ma anche Johnson y Noorman 2014; Illies y Meijers 2014; Franssen 2014), pur riconoscendo il merito innegabile dell'approccio postmoderno nel mostrare il carattere astratto e falsificante della dicotomia soggetto/oggetto e riconoscendo il significato e la rilevanza morale degli artefatti, formano un fronte comune (che si potrebbe definire indicativamente "conservatore") contro l'idea che sia possibile attribuire responsabilità morale agli artefatti, o che si possa attribuire ad essi un'intenzionalità autonoma e non derivata. Pur riconoscendo che gli artefatti non sono moralmente neutri, questi autori negano che essi siano agenti morali: cioè dotati di un'intenzionalità autonoma, capaci di darsi dei fini morali, e quindi responsabili dell'azione alla pari degli agenti umani. Ciò significa che, pur ponendosi in una certa continuità con la *mediation theory* di Verbeek, non subiscono tentazioni postmoderne che inducono a distribuire la responsabilità morale fra attori umani e non-umani. Se di intenzionalità si può parlare in riferimento agli artefatti, si tratta di intenzionalità derivata o secondaria, cioè incorporata o *embedded* per design; in ultima istanza, si tratta dell'intenzionalità del progettatore che disegna la teleologia dell'artefatto. Un ente artificiale quindi può possedere un'intenzionalità secondaria, ma non quegli stati intenzionali che possono essere invece attribuiti solo a esseri senzienti e liberi, quali gli esseri umani. Per trarre il massimo dalle teorie postumane, senza rinunciare all'esclusiva attribuzione umana della responsabilità morale, Brey introduce, ad integrazione della *individual ethics* e della *artifact ethics*, una *structural ethics*. Non diversamente da Verbeek, Brey afferma che «moral factors shape or influence moral actions and outcomes. They have *moral influence*. The class of moral factors includes both human agents and various kinds of nonhuman entities» (Brey, 2014, p. 137). Parlare di *moral factors* permette di attribuire un significato morale tanto agli enti artificiali quanto agli esseri umani senza perciò dover rinunciare ad attribuire la responsabilità morale delle azioni solo a questi ultimi. Che gli enti artificiali non possano essere considerati degli agenti morali alla pari degli esseri umani è stato mostrato di recente anche da Fabio Fossa (2018). L'autore (che su questo punto segue Johnson 2011 e Brison y Kime 2011, e critica la posizione di Floridi y Sanders 2004, secondo cui tra gli agenti morali artificiali e gli esseri umani c'è una differenza quantitativa ma non qualitativa) riesce a mantenere ferma la distinzione fra umano e non-umano, con tutte le implicazioni morali che ne seguono, soprattutto per quanto ne va dell'imputabilità e responsabilità dell'agire. A differenza del *Continuity Approach*, che descrive l'azione morale in termini formali di comportamento, e quindi mette sullo stesso piano umani e agenti artificiali, Fossa sottolinea con forza che i prodotti tecnologici «exist within the context of a purpose-setting agency only human beings can provide», e laddove si faccia astrazione dal contesto specifico in cui gli enti artificiali sono concepiti, ci si priva necessariamente di «a workable assessment of the real risks implied in the use of these products ... the risks are to be weighted moving from the awareness that our technological products are tools and, therefore, they pose the typical problems the use of tools poses» (Fossa, 2018, p. 123). Fossa propone perciò il *Discontinuity Approach*, mettendo in chiaro la differenza sostanziale tra gli agenti artificiali e gli agenti umani, ove solo questi ultimi sono capaci di una libera azione morale in senso stretto. Gli enti artificiali, a cui viene tuttavia riconosciuta una rilevanza morale, vanno intesi come *sensible tools*: «tools which execute functions while recognising and reacting to potential moral aspects of their operation», e che tuttavia non possono determinare «the final ends and the moral values for humanity» (Fossa, 2018, p. 123).

8. QUAL È IL MODELLO TEORICO PIÙ SODDISFACENTE?

Prima di procedere sono necessarie due precisazioni. In primo luogo si tratta di distinguere la caratterizzazione morale degli enti artificiali nel senso esposto, rispettivamente, dal *Value-sensitive design* di Nissenbaum e Friedman e dalle tesi di van de Poel e Kroes, Illies e Meijers, Franssen.

Il VSD si concentra sui *bias* incorporati dagli enti artificiali, che possono essere di tre tipi: preesistenti, tecnici, emergenti. In nessuno di questi casi, però, si ha a che fare con il valore finale incarnato per design dalla funzione dell'artefatto. Infatti, i *bias* sembrano essere legati a caratteristiche che, per quanto inerenti all'artefatto in esame, non sono indistinguibili dalla sua funzionalità. Per spiegare con un esempio: i cavalcavia di Moses incorporano un valore morale negativo perché incorporano un *bias* emergente. Non si può però affermare che la finalità funzionale del cavalcavia sia quella di escludere un determinato gruppo di persone. Tuttavia, un cavalcavia, progettato con certe caratteristiche e realizzato in un determinato contesto, fa emergere il *bias* che esclude chi non può permettersi di viaggiare in auto. In questo senso la costruzione incorpora il pregiudizio razziale e discriminatorio del progettatore, ma non si può dire che esso sia implicato intrinsecamente dalla sua funzione.

In secondo luogo, alla tesi secondo cui gli enti artificiali incorporano valori morali per design in virtù dell'identità della funzione e del valore che servono, può essere contestato un marcato essenzialismo. Si pensi all'esempio classico della pistola. La pistola serve a colpire un bersaglio con un proiettile, e ciò ne comporta nella maggior parte dei casi l'uccisione qualora il bersaglio sia un vivente. Ma l'uccisione non sempre è un assassinio; una pistola può salvare la vita degli innocenti dall'aggressione di un malintenzionato o di una belva; inoltre non necessariamente li uccide, perché può ferirli, neutralizzando l'attacco. Una pistola può inoltre essere usata nel pieno rispetto della sua funzionalità anche per finalità sportive, e così via. Fine e funzione sono molto raramente coincidenti. Ma anche volendo riprendere il raro esempio della macchina di tortura, dove essi sembrano indistinguibili, è doveroso far notare che non è possibile predeterminare in maniera vincolante le possibili prassi efficaci e rispettose della sua funzionalità, e quindi risulta davvero difficile sostenere che un artefatto incorpori in maniera univoca una finalità, e quella finalità soltanto. Ciò però non significa - qui emerge l'irrinunciabile contributo "heideggeriano" - che, ad esempio, la pistola sia un mero strumento neutro. Per quanto non sia possibile stabilirne a partire dal *design* l'univocità della finalità, la pistola è un fattore morale determinante perché dà forma all'azione dell'essere umano che la impugna.

Come riconoscono anche Brey e Verbeek, il soggetto morale non è l'essere umano isolato, ma l'essere-umano-con-pistola. La responsabilità dell'agire può essere attribuita sensatamente solo all'essere umano, ma ciononostante il fattore moralmente co-determinante rappresentato dalla pistola in pugno non va espunto dall'analisi, bensì assunto come elemento significativo, pena l'astrazione falsificante. In questo senso, come può essere valutata la responsabilità del progettatore di un artefatto moralmente significativo? Una possibile risposta a questa domanda può essere fornita ricorrendo al concetto di *action scheme* introdotta da Illies e Meijers (2014). In che modo l'invenzione e realizzazione di un artefatto possono influenzare (contrarre od espandere) l'orizzonte morale in cui ci troviamo ad agire? La presenza della pistola nel nostro orizzonte morale aumenta le nostre possibilità di fare del bene o di fare del male? Nella misura in cui un bilancio delle possibilità morali aperte da un nuovo artefatto può essere preso in considerazione dai progettatori, possiamo parlare di un certo grado di responsabilità morale anche laddove non si ha a che fare con artefatti non univocamente buoni/cattivi. Per questa ragione è lecito «regard it as a moral task to foster good action schemes, both for ourselves and for others who are dependent upon us. Designers can affect other agents by the ways in which they craft artefacts» (Illies and Meijers, 2014, p. 174).

In sintesi, vista la difficoltà della tesi della finalità/funzionalità, sembra possibile sostenere che gli enti artificiali sono moralmente rilevanti perché (1) possono incorporare dei *bias* preesistenti, tecnici, emergenti e (2) alterano in maniera più o meno significativa, in modo moralmente positivo o negativo, il nostro *action scheme* (si noti, quindi, come queste due posizioni appaiono essere compatibili, se non addirittura sovrapponibili). Non sono agenti morali alla pari degli umani, ma vanno intesi come fattori morali che ne informano l'azione in modo rilevante.

9. LA RESPONSABILITÀ DEI DESIGNER E I *DIGITAL MEDIA*

Sulla base della prospettiva teorica brevemente ricostruita, si tratta di mettere in luce il ruolo decisivo, sia esso consapevole o meno, del progettatore o designer nell'introdurre o eliminare pregiudizi, e quindi nell'alterare le nostre possibilità di azione. L'indagine passa dal valore intrinsecamente morale di un ente artificiale alla responsabilità morale del progettatore che ne elabora il design. Questa domanda si impone urgentemente soprattutto in riferimento all'oggetto primario di questo contributo, i social media e i social network, per almeno due ragioni. In primo luogo, i canali di comunicazione digitali stanno segnando in modo decisivo la nostra epoca, il nostro modo di socializzare, di comunicare, di interagire con gli altri, di costruire la nostra stessa identità. Siamo a tal punto circondati dalle ICTs, e a tal punto intrecciamo la nostra prassi quotidiana con i media digitali, che non è più possibile pensare all'essere umano contemporaneo senza tematizzarne le problematiche. Le tecnologie e i dispositivi connessi tra loro, e con cui interagiamo costantemente, costituiscono dei veri e propri ambienti in cui ci muoviamo, in cui agiamo e intessiamo nuove relazioni, o coltiviamo quelle già preesistenti. Il carattere onnipervasivo delle nuove tecnologie, e l'irreversibile immersione delle nostre vite negli ambienti che si sono conseguentemente formati, le rende l'orizzonte del nostro agire e, in quanto orizzonte, tendiamo a darle quasi per scontate e soprattutto a non interrogarci a sufficienza sui presupposti sociali, ovvero umani, che stanno alla base della loro esistenza e sviluppo. In altre parole, la mediazione tecnologica dell'azione umana di progettazione, design e sviluppo, rende queste ultime nascoste e le fa diventare l'orizzonte non tematico delle nostre vite (per il quadro teorico generale il riferimento è Fabris 2018). La necessità di un'interrogazione radicale sull'attuale dimensione del nostro agire, una dimensione in cui le tecnologie hanno preso il sopravvento, perché progressivamente sempre più al di là delle nostre effettive capacità di controllarle, è compito che la filosofia, da tempo, ha riconosciuto come proprio e inevitabile. In questa congiunzione si presenta un compito integrativo, destinato alla filosofia pratica, riguardante le forme di agire etico-politico per mezzo dei e nei social media. A questo proposito basta fare riferimento all'esperienza quotidiana. Non passa giorno che, tra le principali notizie riportate da testate giornalistiche autorevoli, compaiano informazioni relative alla comunicazione politica effettuata per mezzo di social network come Facebook o di social media come Twitter (prendo la distinzione da Murthy 2018). A questa comunicazione, in maniera speculare ma non simmetrica, rispondono gli utenti comuni, alimentando quello che è diventato di fatto il principale canale di interazione politica in pubblico. Il che significa che i social media incidono sulla natura e sulle modalità del dibattito politico, e quindi sul modo di essere cittadini e di agire in quanto tali. In quanto frutto di progettazione umana, è doveroso interrogarci in che misura i social media vengano moralmente caratterizzati dai pregiudizi e dai valori morali in essi incorporati, e come abbiano alterato il nostro *action scheme*. Si rende perciò necessaria una *disclosive social media ethics*.

10. UN COMPITO MULTIDISCIPLINARE GUIDATO DALL'ETICA

Il compito è complesso e può essere affrontato efficacemente solo con un approccio multidisciplinare: la collaborazione di filosofi pratici, scienziati sociali, programmatori è necessaria per "dischiudere" la qualità morale dei social media e degli ambienti digitali (vedi Brey, 2010, pp. 52-53). Ma ciò non significa che l'apporto delle singole discipline, per quanto limitato, non possa portare guadagni utili all'impresa comune. Nel caso della filosofia pratica l'apporto può consistere anzitutto nell'identificare dei criteri etici generali e coerenti con un'accettabile concezione del bene comune o della "natura umana". A questo proposito, uno dei framework concettuali più invitanti a cui rifarsi sembra essere quello proposto da Fabris, la cui posizione tiene conto sia della finalità dei social network in quanto tali, sia della struttura essenzialmente comunicativa dell'essere umano:

> the Network is a connection structure that is constantly expanding through new connections. It is an artificial device that, however, also corresponds to the specific structure that is, in general, human ... we can derive from all of this an indication of well-defined ethical conduct, which applies not only and not so much to our actions in general, but most of all to our actions on the Internet ... If the Internet is the environment in which we experience being in an online relationship, the best thing to do is to adopt behaviours that favour these relationships, rather than block them ... relationships that produce and promote other ones are good (Fabris, 2018, p. 72).

In quanto elaborazione di un discorso critico attorno ai criteri morali che orientano le nostre azioni, la filosofia morale può assumere il ruolo di coordinatrice dell'impresa multidisciplinare della *disclosive social media ethics*. Il criterio della "buona relazione" identificato da Fabris risponde sia alla natura del social network, sia all'essere umano nella sua vocazione fondamentale. Questo corrispondersi in realtà mostra la natura filosoficamente provocante degli stessi social media: dal momento che la loro prima finalità strutturale è quella di permettere alle persone di comunicare, cioè di interagire e scambiare informazioni, di costruire la propria identità in modi inediti e quindi di condividerla, i social media rispondono alla vocazione umana ad essere *zoon logon echon*, il vivente che possiede o custodisce la parola e il linguaggio, ovvero: *il vivente la cui caratteristica determinante è il comunicare*. Questo vuol dire che, in quanto tali, social media e social network sono tendenzialmente buoni perché ampliano le possibilità di adempiere alla vocazione propriamente umana della comunicazione. Ma ciò vale, secondo il criterio identificato da Fabris, solo se le relazioni intrecciate e rinsaldate grazie agli ambienti digitali sono relazioni che aprono ad altre relazioni, ovvero diffusive di sé. Relazioni che tendono all'esclusività o diventano ragione di chiusura sono, al contrario, relazioni cattive. Con questo criterio assunto come guida, per indagare la rilevanza morale dei social media diventano molto utili gli strumenti di analisi sopra presentati: *action scheme* e *built-in bias*. Ricerche mirate, multidisciplinari, e supportate da indagini empiriche diventano, da questo punto in avanti, l'unica strada da percorrere.

11. IL DILEMMA DELLA FIDUCIA TRA ETICA E POLITICA

È necessario per un attimo assumere il punto di vista dell'utente comune, che magari per mezzo e nei digital media assiste/partecipa al dibattito pubblico e anche in questa maniera costruisce la propria identità ideologico-politica. Qualora non fossero presenti/accessibili analisi e valutazioni complessive e conclusive del carattere morale dei digital media, sia esso sostanziato da *bias*, *value*, o da una specifica incidenza nell'*action scheme*, ovvero qualora queste fossero presenti/accessibili, ma non recepite dagli operatori del settore (quindi laddove i gestori dei *social network* non abbiano mostrato alcun interesse alla valutazione del loro carattere morale, e non si siano impegnati nel VSD), la posizione dell'utente finale che non potesse riunire in sé le competenze di un filosofo morale, di uno scienziato sociale, e di un programmatore, è quella di chi deve per forza fidarsi. Con ciò non si intende dire che l'utente debba fidarsi dei social media in quanto tali, perché - come mostrato da Fossa (2019) - gli agenti artificiali possono essere *relied on* ma non *trusted*. Quello che si intende dire è che l'utente deve fare affidamento sulla rettitudine morale dei programmatori e designer del social media o social network con cui interagisce. Fiducia nella loro volontà di creare un network inclusivo, privo di *bias* discriminanti, e fondamentalmente capace di realizzare l'intenzione positivamente comunicativa di chi ci interagisce. Come sostenuto da Fossa, gli enti artificiali, e ciò vale anche per i digital media, sono entità a cui viene delegata una funzione, e in questo modo essi «indirectly mediate trust between users and other social actors involved in their design, manufacture, commercialisation, and deployment» (Fossa, 2019, p. 65). Il problema che qui si vuole sollevare riguarda proprio questo *mediated trust*. *Se è vero che* non possiamo fare altro che fidarci, 1) perché non abbiamo le competenze per poter giudicare autonomamente se e come i social media incorporino dei *bias* e in che modo questi influenzino le nostre interazioni; 2) perché le tecnologie e i social media hanno a tal punto penetrato le nostre vite che restarne fuori è materialmente o socialmente impossibile, *allora* ci ritroviamo in una condizione di minorità. Il che ha due implicazioni fondamentali, una etica e una politica. Dal punto di vista etico, i programmatori che continuamente ridisegnano e riconfigurano le strutture dinamico-interattive dei social network e social media hanno un potere enorme, che lo riconoscano o meno, dal momento che, dato il loro travolgente successo, i digital media influenzano le nostre vite nella dimensione pubblica e in quella privata. La loro responsabilità è quella individuata dal VSD: i *bias* vanno identificati e, per quanto possibile, neutralizzati. La conseguenza politica è che i privati che possiedono e controllano i digital media hanno acquistato una capacità inaudita di influire sulle nostre vite. In linea di principio, hanno la capacità di escluderci dal sistema in qualsiasi momento, così come possiedono i nostri dati di navigazione, le statistiche relative alle nostre preferenze, il nostro profilo psicologico, e così via. Se è pur vero che la legislazione più recente sta affrontando questi aspetti (soprattutto in merito al controllo dei dati personali), resta il fatto che, in realtà, le istituzioni democratiche vengono sfidate da una tecnologia che non producono né controllano. Che stiano emergendo inedite forme di dominio, come sostiene Cubeddu (2016), è perciò una possibilità che si rivela via via sempre più concreta.

12. CONCLUSIONE

Di fronte a questi due grandi problemi di natura etica e politica, qui solamente abbozzati, concludiamo con tre possibili suggerimenti prudenziali.

1. Anche nell'ambito della formazione scolastica, è necessario rendere familiari agli studenti i risultati delle indagini condotte secondo l'approccio multidisciplinare della *disclosive social media ethics*, in modo tale da portare a compimento la vocazione sostanzialmente civica di questo tipo di ricerca. Qualora la *disclosive social media ethics* restasse appannaggio del discorso accademico, e non riuscisse a proporsi al dibattito pubblico e quindi ad entrare nei programmi di formazione scolastica, si perderebbe una grandissima occasione educativa e civica in un mondo che non può più essere pensato senza tener conto degli ambienti digitali e dei digital media.
2. Va incoraggiato l'utilizzo critico di motori di ricerca e digital media alternativi, in modo tale da creare una sorta di "cyberdiversità" ed evitare che ci si adegui alla tendenza comune a popolare solamente un numero molto ristretto di ambienti digitali. L'esistenza di una molteplicità di social network, che offrono canali di comunicazione più attenti a questioni di privacy, crittografia, sicurezza, etc., offre altrettante possibilità di formazione di un'identità pubblica e digitale all'utente finale. Una maggiore concorrenza tra i diversi digital media può portare ad una maggiore libertà individuale, e può essere ostacolo ad una concentrazione di potere eccessiva.
3. Entrambi i primi punti, in ultima istanza, cercano di controbattere alla tendenza attuale di doversi per forza fidare di chi gestisce e progetta i social media. Un'utenza finale più critica e consapevole può, progressivamente, diventare più esigente nei

confronti delle condizioni contrattuali (sostanzialmente non negoziabili) a cui sottostanno le possibilità di accedere ai maggiori social media. Poter scegliere di fidarsi (ed entro determinati limiti) è sicuramente preferibile al doversi per forza fidare ciecamente, pena l'esclusione da quegli ambienti comunicativi che sono ormai diventati parte integrante e decisiva della nostra vita quotidiana.

REFERENCIAS BIBLIOGRÁFICAS

Brey, P. (1998). The Politics of Computer Systems and the Ethics of Design. In J. van den Hoven, *Computer Ethics: Philosophical Enquiry* (pp. 64-75). Rotterdam: Rotterdam University Press.

Brey, P. (2000). Disclosive Computer Ethics. *Computers and Society*, (December), 10-16.

Brey, P. (2010). Values in Technology and Disclosive Computer Ethics. En L. Floridi, *The Cambridge Handbook of Information and Computer Ethics* (pp. 41-58). Cambridge: Cambridge University Press.

Brey, P. (2014). From Moral Agents to Moral Factors: The Structural Ethics Approach. En P. Kroes y P.-P. Verbeek, *The Moral Status of Technical Artefacts* (pp. 125-142). Dordrecht: Springer.

Brison, J.J., and Kime, P. (2011). Just an Artifact: Why Machines are Perceived as Moral Agents. http://tiny.cc/vm9yhz

Cubeddu, R. (2016). Nuove tirannidi: conseguenze inintenzionali della dipendenza della politica dalla scienza. http://tiny.cc/yo9yhz

Ellul, J. (1954). *La technique ou l'enjeu du siècle.* Paris: Armand Colin.

Fabris, A. (2018). *Ethics of Information and Communication Technologies.* Dordrecht: Springer.

Floridi, L., and Sanders, J.W. (2004). On the Morality of Artificial Agents. *Mind and Machine*, (14), 349-379.

Forsythe, D. (1993). The Construction of Work in Artificial Intelligence. *Science, Technology, & Human Values*, (18), 460-479.

Fossa, F. (2018). Artificial Moral Agents: Moral Mentors or Sensible Tools?. *Ethics and Information Technology*, (20), 115-126.

Fossa, F. (2019). "I don't trust you, you faker!" On Trust, Reliance, and Artificial Agency. *Teoria*, (38), 63-80.

Franssen, M. (2014). The Good, the Bad, the Ugly… and the Poor: Instrumental and Non-instrumental Value of Artefacts. In P. Kroes and P.-P. Verbeek, *The Moral Status of Technical Artefacts* (pp. 213-234). Dordrecht: Springer.

Friedman, B., and Nissenbaum, H. (1996). Bias in Computer Systems. *ACM Transactions on Information Systems*, (14), 330-347.

Friedman, B. (1996). Value-Sensitive Design. *Interactions*, (Nov.-Dec.), 17-23.

Hanson, F.A. (2014). Which Came First, the Doer or the Deed?. In P. Kroes and P.-P. Verbeek, *The Moral Status of Technical Artefacts* (pp. 55-73). Dordrecht: Springer.

Illies, C.F.R., and Meijers, A. (2014). Artefacts, Agency, and Action Schemes. In P. Kroes and P.-P. Verbeek, *The Moral Status of Technical Artefacts* (pp. 159-184). Dordrecht: Springer.

Introna, L. (2005). Disclosive Ethics and Information Technology: Disclosing Facial Recognition Systems. *Ethics and Information Technology*, (7), 75-86.

Introna, L. (2007). Maintaining the Reversibility of Foldings: Making the Ethics (Politics) of Information Technology Visible. *Ethics and Information Technology*, (9), 11-25.

Introna, L. (2014). Towards a Post-human Intra-actional Account of Sociomaterial Agency (and Morality). In P. Kroes y P.-P. Verbeek, *The Moral Status of Technical Artefacts* (pp. 31-53). Dordrecht: Springer.

Johnson, D.G., and Noorman, M. (2014). Artefactual Agency and Artefactual Moral Agency. In P. Kroes y P.-P. Verbeek, *The Moral Status of Technical Artefacts* (pp. 143-158). Dordrecht: Springer.

Johnson, D.G. (2011). Computer Ethics. In R.G. Frey and C.H. Wellman, *A Companion to Applied Ethics* (pp. 608-619). Malden-Oxford-Carlton: Blackwell.

Light, B., and McGrath, K. (2010). Ethics and Social Networking Sites: A Disclosive Analysis of Facebook. *Information Technology and People*, (23), 290-311.

Moor, J. (1985). What is Computer Ethics?. *Metaphilosophy*, (16), 266-275.

Murthy, D. (2018). *Twitter: Social Communication in the Twitter Age*. Cambridge: Polity Press.

Pitt, J.C. (2014). "Guns Don't Kill, People Kill"; Values in and/or Around Technologies. In P. Kroes and P.-P. Verbeek, *The Moral Status of Technical Artefacts* (pp. 89-101). Dordrecht: Springer.

van de Poel, I. and Kroes, P. (2014). Can Technology Embody Values?. In P. Kroes and P.-P. Verbeek, *The Moral Status of Technical Artefacts* (pp. 103-124). Dordrecht: Springer.

Verbeek, P.-P. (2014). Some Misunderstandings About the Moral Significance of Technology. In P. Kroes and P.-P. Verbeek, *The Moral Status of Technical Artefacts* (pp. 75-88). Dordrecht: Springer.

Winner, L. (1980). Do Artifacts Have Politics?. *Daedalus*, (109), 121-136

Capítulo VI

ESISTE DAVVERO LA DISTINZIONE TRA AMBITO PRIVATO E PUBBLICO?

Dr. Giacomo Samek Lodovici
Università Cattolica di Milano, Italia

RESUMEN

Secondo una certa espressione del liberalismo, e secondo una diffusa opinione corrente, c'è una netta distinzione tra la sfera visibile-pubblica della vita e la sfera privata, in cui il singolo non influisce su altri.

Il presente contributo esamina questa tesi e piuttosto asserisce – anche riportando alcuni passi (poco considerati dalla letteratura) di un nume tutelare del liberalismo come Mill – che il comportamento del singolo nella sua sfera privata, persino quando egli è solo, può influire considerevolmente sul suo comportamento intersoggettivo e pubblico.

Inoltre indica alcune espressioni di questo influsso che discendono da un uso eccessivo-sregolato delle tecnologie digitali. Le condotte, le virtù e i vizi privati hanno delle conseguenze pubbliche, l'agire umano ha un effetto immanente sul soggetto che poi si riverbera sugli altri soggetti, inoltre il male può avere un effetto emulativo. E l'uso privato delle tecnologie digitali, incide, per esempio, sul tempo (riducendolo), sul pensiero (talora nuocendogli e comportando una percezione impoverita della realtà), sulla memoria (a discapito della possibilità della storia di essere magistra), sul linguaggio (talvolta impoverendolo, a danno del proprio impegno civile e del bene comune delle democrazie), e sulle relazioni interpersonali del soggetto (danneggiandole). Un paragrafo riguarda la rappresentazione massmediatica della violenza.

PALABRAS CLAVE

Pubblico-privato, Effetto immanente, Diffusività del male, Tecnologie digitali, Pensiero-Memoria-Linguaggio

1.INTRODUZIONE

Secondo una certa espressione del liberalismo (che non è l'unica esistente), e comunque secondo una diffusa opinione corrente, c'è una netta distinzione tra la sfera visibile-pubblica della vita e la sfera privata[58], intendendo qui per privata la dimensione dell'agire in cui il singolo non influisce su altri[59]. Lo scopo del presente contributo è esaminare questa tesi.

Ora, una distinzione tra questi due ambiti dell'agire effettivamente esiste, ed è giusto che l'autorità politica e le leggi la rispettino[60], *evitando assolutamente il paternalismo* (sia chiaro), ma non è così rigida come talvolta viene intesa.

2. CONDOTTE PRIVATE, PUBBLICHE CONSEGUENZE

Infatti, ciò che tralascio di fare nella mia vita privata può andare a detrimento del bene che potrei fare nella sfera pubblica: se tralascio di coltivare la mia formazione professionale, morale, culturale, ecc., sono decisamente meno in grado di sapere come agire beneficamente nell'ambito pubblico, in favore del bene comune.

Tra l'altro, queste attività di autoformazione a volte sono supererogatorie, ma a volte sono moralmente obbligatorie, pertanto, la loro omissione talvolta produce quella forma di ignoranza (professionale, morale, culturale, ecc.) colpevole che è l'ignoranza dovuta a negligenza[61]: è colpevole perché trasgredisce il dovere, che ognuno ha, di acquisire le conoscenze morali e giuridiche più generali[62] e di acquisire le conoscenze

---

[58] Alcuni esempi in Micheletti (1995).

[59] Altri due ulteriori modi liberali di intendere la distinzione pubblico/privato in Kymlicka (1996), pp. 276-286.

[60] Per delle precisazioni al riguardo cfr. Samek Lodovici (2017), pp. 174-179.

[61] Sulle forme dell'ignoranza e sul tema della coscienza cfr. Samek Lodovici (2020), cap. IV.

[62] Per esempio, sono moralmente colpevole-deplorevole se mi reco in Gran Bretagna senza informarmi circa le norme della circolazione stradale, cosicché per questo motivo provoco una strage guidando a destra invece che a sinistra.

della propria professione (le conoscenze che deve possedere un medico, un ingegnere, ecc.[63]).

L'omissione sia delle forme di autoformazione supererogatorie sia di quelle obbligatorie può incidere negativamente sul nostro agire visibile-pubblico.

Inoltre, la nostra condotta privata può avere effetti fisici su noi stessi e di seguito sul nostro agire intersoggettivo e pubblico: ad esempio, se volutamente dormo poco, se mangio troppo, se mi sfinisco fisicamente, ecc., sarò probabilmente spossato o comunque meno attivo e meno laborioso; peggio ancora se mi ubriaco o se mi drogo, perché queste condotte avvenute nel privato possono rendermi aggressivo verso coloro che mi capitasse di incontrare successivamente, nonché privo di lucidità e di riflessi alla guida, ecc.

Ancora, se tralascio di curarmi da una seria malattia, potrei risultarne indebolito e menomato quando agisco nella sfera intersoggettiva e pubblica. E se ometto di curare una mia malattia e questa degenera e si aggrava, esigendo un mio ricovero ospedaliero e una serie di costose terapie, finisco per gravare economicamente sullo Stato e sulla collettività, magari per anni. E se tralascio di curare una mia malattia mortale, il mio successivo decesso priva la società di qualsiasi apporto benefico che io potrei arrecare[64].

3. L'EFFETTO IMMANENTE DELL'AGIRE UMANO

Soprattutto, ogni azione umana, anche quelle svolte quando siamo da soli, possiede una dimensione intransitiva-immanente[65], cioè produce effetti sul soggetto agente: infatti, mediante il nostro agire noi trasformiamo (poco o tanto) continuamente noi stessi acquisendo e consolidando o non acquisendo delle abilità, o perlomeno trasformiamo noi stessi in senso morale, dato che mediante la ripetizione di atti dello stesso

---

[63] Per esempio, sono un chirurgo, ma ignoro come realizzare un intervento chirurgico, perciò un mio paziente muore, perché non ho studiato anatomia.

[64] A meno che io abbia tralasciato di curare una malattia che mi aveva già reso totalmente incapace di agire.

[65] Individuata già da Platone (1991), 524D – 525A e da Aristotele (1993), 1103a 31 – 1103b 25.

genere noi acquisiamo (poco o tanto) delle propensioni corrispondenti, perlomeno i vizi o le virtù[66] corrispondenti agli atti che abbiamo compiuto.

Per Aristotele (1993, 1103a 35 – 1103b 15-21), come, per esempio, "si diventa costruttori costruendo, e suonatori di cetra suonando la cetra", così "anche compiendo azioni giuste diventiamo giusti, azioni temperate temperanti, azioni coraggiose coraggiosi" e gli esseri umani "costruendo bene diventeranno buoni costruttori, costruendo male diventeranno cattivi costruttori" e "Questo vale appunto anche per le virtù: infatti, a seconda di come ci comportiamo nelle relazioni [per es.] d'affari che abbiamo con gli altri uomini, diveniamo gli uni giusti gli altri ingiusti; a seconda di come ci comportiamo nei pericoli, cioè se prendiamo l'abitudine di aver paura oppure di aver coraggio, diventiamo gli uni coraggiosi, gli altri vili. Lo stesso avviene per i desideri e le ire: alcuni diventano temperanti e miti, altri intemperanti e iracondi, per il fatto che nelle medesime situazioni gli uni si comportano in un modo, gli altri in un altro".

Il che vuol dire che quando noi eseguiamo qualsiasi atto, anche quando siamo soli, incidiamo (più o meno cospicuamente) su noi stessi, diventando bugiardi, ladri, vili, ingiusti, sinceri, onesti, coraggiosi, giusti, ecc., e modifichiamo continuamente noi stessi. È in questo senso morale (non in quello biologico, ovviamente) che Gregorio di Nissa (1964, II, 2-3) dice che tramite i nostri atti e le nostre scelte noi siamo in un certo modo "i nostri stessi genitori, creandoci come vogliamo, e con le nostre scelte dandoci la forma che vogliamo".

Così, l'uomo in un certo senso è causa sui, non già in quanto possa essere la causa del proprio cominciare ad essere[67], ma in quanto può progressivamente costruire il suo io morale.

[66] Le virtù sono delle abilità, ma chiaramente non tutte le abilità sono virtù (per esempio non quella dell'efficace terrorista). Altre specificità delle virtù rispetto alle altre abilità in Samek Lodovici (2010), pp. 107-112.

[67] Il che è impossibile perché egli dovrebbe simultaneamente esistere e non esistere: dovrebbe esistere per potersi dare l'essere e dovrebbe non esistere per poterlo ricevere.

Ora, in conseguenza dell'effetto immanente del nostro agire, ogni atto umano ha almeno un minimo potenziale effetto intersoggettivo e pubblico, cioè (eccetto i casi in cui un soggetto muore poco dopo aver compiuto un certo atto o vive totalmente ritirato dal mondo) nell'agire c'è una qualche, talora solo minima, dimensione relazionale potenziale, e dunque ci sono pochissimi atti i cui effetti restano del tutto 'privati'. Tutti i nostri atti costituiscono in noi stessi (ovviamente in modo più o meno cospicuo) delle disposizioni-propensioni, comportano una trasformazione su noi stessi, esercitano un effetto retroattivo. E queste propensioni incidono (prima o poi e in qualche modo, tranne il caso di morte subitanea o di vita totalmente solitaria) su altre persone e nell'ambito sociale-pubblico: le disposizioni che acquisiamo ci influenzano quando poi ci troviamo con gli altri, anche quando, senza influire su nessun altro, le abbiamo acquisite stando da soli. Così, ogni disposizione virtuosa/viziosa può, potenzialmente, avere un aspetto relazionale e pubblico, e perciò può contribuire al bene comune o danneggiarlo.

Attraverso l'agire noi influiamo, in qualche modo, sul nostro carattere morale e, di seguito, "il carattere si manifesta in ogni insignificante dettaglio della vita" (Bradley, 1876, VI, p. 217), in ogni sfera del nostro agire, dunque si riverbera anche nelle azioni socialmente rilevanti che compiamo.

4. VIRTÙ/VIZI PRIVATI, PUBBLICHE CONSEGUENZE[68]

Pertanto, non è corretta la distinzione (proposta da alcuni autori) tra *self-regarding virtues/vices*, che influirebbero solo sul soggetto agente, ed

[68] Ovviamente stiamo riecheggiando De Mandeville (1987), dove anche il filosofo olandese esprime la tesi delle conseguenze pubbliche dell'agire privato. Però, per una critica della tesi mandevilliana circa la capacità dei vizi privati di generare pubblici benefici economici cfr. Samek Lodovici (2017), pp. 287-291. Per esempio, è vero che i vizi *nel breve periodo* possono essere economicamente benefici, ma, *a lungo termine* e *complessivamente*, molti di essi danneggiano l'economia: sono state anche la disonestà e l'avidità a determinare i tracolli di aziende o di paesi che hanno in certi casi innescato crolli delle borse, con gravissime conseguenze economiche, a volte di portata planetaria. La crisi finanziaria mondiale del 2008, come molti hanno riconosciuto, è stata determinata *anche* da un grave deficit morale dei protagonisti dell'economia. E la gravissima crisi economica dei *subprime* è stata prodotta anche dall'indebitamento smisurato dei

others-regarding virtues/vices. È vero che ci sono virtù/vizi che influiscono direttamente solo sul soggetto agente; ma, in misura minore (magari anche molto minore), esse influiscono (fatte salve le eccezioni sopra accennate) indirettamente anche sugli altri.

In più, recependo in modo anche solo minimale la (controversa) dottrina classica dell'unità delle virtù[69], si può rilevare come l'uomo che si comporta moralmente male nella vita 'privata' rischi di farlo anche in quella pubblica. Per esempio, può accadere che qualcuno commetta un'azione disonesta svolgendo il suo ufficio pubblico per desiderio smodato di piacere, per pigrizia, per invidia, per desiderio di vendetta (Rodríguez Luño, 1988, p. 120), dopo aver acquisito questi desideri/propensioni nella vita privata, anche stando proprio da solo.

Ancora, un uomo politico che vive abitualmente nella lussuria a volte esercita la giustizia, ma, altre volte, a causa della sua sregolata concupiscenza, può giungere a commettere azioni disoneste e ingiuste nello svolgimento dei suoi incarichi pubblici: la storia registra innumerevoli variazioni (più o meno gravi) della gravissima ingiustizia del biblico re David verso Uria, a causa della sua passione per Betsabea.

Ma le nostre azioni possiedono anche un altro rilievo pubblico in quanto compiacciono, rallegrano, indignano, rattristano, ecc., coloro che hanno a cuore il bene morale del soggetto agente. Come dice Nédoncelle (1957, p. 23), "la mia soddisfazione è il tuo [essere all'altezza del tuo] valore. La mia tristezza [è] il tuo rifiuto di attuare il valore che era in te e che il mio amore vuol aiutarti a far trionfare". E, come dice la Hursthouse (2003, p. 10), "dato che viviamo insieme, come animali sociali, le *self-regarding virtues* beneficiano gli altri: coloro che ne sono privi rappresentano un impoverimento e talvolta un dispiacere per coloro che gli sono vicini (come sanno fin troppo bene i genitori con figli adulti incauti ed imprudenti)".

Anzi, le azioni umane compiacciono, rallegrano, indignano, rattristano, anche coloro che non hanno alcun tipo di legame con i soggetti che le

---

privati, talvolta conseguente ad uno stile di vita esagerato, espressione di un deficit di quella virtù che è la temperanza.

[69] Su cui cfr. Samek Lodovici (2010), pp. 201-207.

compiono, ma, se ne vengono a conoscenza, per motivi etici, si compiacciono, rallegrano, indignano, rattristano, sapendo che nel mondo avvengono, anche nella sfera privata, atti buoni/ingiusti e tanto più se questi atti sono numerosi.

Ancora, come il bene è (classicamente) *diffusivum sui*[70], similmente lo è anche il male: infatti, secondo un modo molto diffuso di ragionare, "se X lo fanno gli altri, che male c'è?", oppure "se X lo fanno gli altri, sarà pur moralmente sbagliato, ma perché non dovrei farlo anche io?". Perciò, è *diffusivum sui* anche il male che un soggetto cagiona solo a se stesso o ad altri soggetti consenzienti (a meno che esso resti totalmente ignoto), in quanto è potenzialmente oggetto di emulazione.

5. JOHN STUART MILL

Sul tema del rapporto privato/pubblico è interessante considerare un nume tutelare del liberalismo come Mill[71], di cui adesso vediamo alcune tesi consonanti con quelle fin qui esposte.

Da un lato, per Mill, "il solo aspetto della propria condotta di cui ciascuno deve render conto alla società è quello riguardante gli altri: per l'aspetto che riguarda soltanto lui, la sua indipendenza è, di diritto, assoluta. Su se stesso, sulla sua mente e sul suo corpo, l'individuo è sovrano" (Mill, 1997, p. 13), e "vi è una sfera d'azione in cui la società, in quanto distinta dall'individuo, ha, tutt'al più, soltanto un interesse indiretto: essa comprende tutta quella parte della vita e del comportamento di un uomo che riguarda soltanto lui".

D'altro canto, lo stesso Mill aggiunge: "Quando dico [che c'è una parte del comportamento che riguarda] "soltanto lui", intendo direttamente e in primo luogo, poiché tutto ciò che riguarda un individuo può attraverso di lui riguardare gli altri"(*Ibi,* p.15).

---

70 Sulla diffusività del bene cfr. Jossua (1996).

71 Mill, peraltro, essendo un eticista utilitarista, non può con valide ragioni biasimare assetti sociali totalmente illiberali, qualora essi fossero necessari per massimizzare l'utilità complessiva. Così, egli si dibatte nel grave problema di conciliare la tutela della libertà con il principio di utilità: perché mai la società non dovrebbe cancellare la libertà se ciò massimizzasse l'utilità complessiva? Cfr. Chalmeta (1998), pp. 5-22 e Micheletti(1995), pp. 22-23. Sull'utilitarismo cfr. Samek Lodovici (2004).

Insomma, a ben vedere, anche per Mill non è possibile, propriamente, delimitare una differenza netta tra le azioni che riguardano solo il sé e quelle che incidono (prima o poi) anche sugli altri: è vero che le nostre azioni si differenziano per la diversa incidenza, maggiore o minore, sugli altri, però esse (prima o poi e in qualche modo) hanno un impatto pubblico[72].

Ancora più esplicitamente, per Mill,

> Se un uomo lede le sue proprietà, danneggia chi direttamente o indirettamente ne traeva sostentamento [per esempio, un sostentamento indiretto ad altri che diminuisce o si annulla è quello di chi dissipa o danneggia o distrugge una sua proprietà su cui versava delle tasse, i cui introiti non vengono più ridistribuiti alla collettività], e generalmente diminuisce in maggiore o minore misura le risorse complessive della comunità. Se deteriora le sue facoltà fisiche o mentali, non solo fa del male a coloro la cui felicità dipendeva, in misura maggiore o minore, da lui, ma si pone nell'incapacità di rendere [o di rendere nel miglior modo a lui possibile, aggiungiamo noi] i servizi di cui è in generale debitore ai suoi simili (*Ibi*, p. 92).

Ancora, "anche se una persona non danneggia direttamente gli altri coi suoi vizi o follie, tuttavia è dannosa con l'esempio" e "Ammetto incondizionatamente che il male fatto a noi stessi può colpire gravemente, sia negli affetti sia negli interessi, le persone che ci sono strettamente legate e, in misura minore, la società in generale". Tutto questo fermo restando che, quando un soggetto danneggia se stesso, il danno è di natura tale che "la società può permettersi di sopportare, nell'interesse di un bene maggiore, la libertà umana" (*Ibi,* pp. 92-94)[73].

---

72 Del resto, poiché anche per il Mill di *On Liberty* (1997, p. 14) il principio di utilità è «il criterio ultimo in tutte le questioni etiche», stante che tale principio impone al soggetto agente la massimizzazione mondiale dell'utilità, massimizzazione da produrre mediante le sue azioni/omissioni, ne segue l'inesistenza di azioni che non ricadano sotto un obbligo morale.

73 Mill aggiunge (*ibi*, p. 96), quanto al cattivo esempio esercitato su altri e all'emulazione, che i comportamenti che danneggiano *gravemente* il soggetto che li compie sono socialmente più salutari che dannosi, perché il danno che egli cagiona a se stesso, talvolta la propria degradazione, può distogliere altri dall'emulazione stessa. In certi casi Mill ha ragione, ma in altri credo che sia ottimista.

6. ESEMPLIFICAZIONI RELATIVE ALLE TECNOLOGIE DIGITALI: TEMPO, PENSIERO, LINGUAGGIO

Passiamo adesso ad *alcune* tra le tante possibili esemplificazioni del discorso fin qui svolto in un campo di analisi come quello delle tecnologie digitali: infatti, esse certamente offrono possibilità *benemerite* e straordinarie (su cui ci si potrebbe soffermare a lungo), ma presentano anche dei risvolti negativi che concretizzano quanto esposto nei precedenti paragrafi.

Per esempio, pratiche (solitamente solitarie) come la navigazione smodata, talvolta compulsiva, su internet, come l'utilizzo smodato, talvolta compulsivo, di videogames, quanto meno sottraggono tempo ad altre attività, comprese le attività e le iniziative sociali e pubbliche che si potrebbero diversamente intraprendere.

Inoltre, dal punto di vista cognitivo ed intellettuale, è verissimo che internet ha il merito enorme di accrescere a dismisura il nostro accesso alle informazioni e alla conoscenza, ma l'uso molto assiduo delle tecnologie digitali spesso produce – con conseguenze sociali-pubbliche rilevanti – l'indebolimento della memoria a lungo termine (su cui torneremo nel § 8), la tendenza alla dispersione, l'incapacità di usare la grammatica, la difficoltà ad organizzare il pensiero, l'indebolimento dell'astrazione, l'incapacità di raccontare, la povertà lessicale[74].

Infatti, la navigazione on line da un sito all'altro, in una sorta di 'zapping' informatico simile a quello televisivo, produce, spesso, appunto la dispersione e l'incapacità di focalizzare la propria concentrazione su un testo, su un lavoro, su una mansione, ecc., anche nello svolgimento del proprio ruolo pubblico. Produce spesso l'incapacità di indugiare in profondità su una questione, su un problema, su un argomento: dunque a volte comporta anche l'incapacità di comprendere certi temi, argomenti, problemi, che richiedono di soffermarsi a lungo e con concentrazione su di essi.

---

74 Su molte di queste conseguenze delle tecnologie digitali e su altre ancora, cfr. per esempio: Carr (2011) e Twenge (2018). Più in positivo Rheingold (2011).

E, per esempio, ciò (insieme ad altri fattori, ovviamente) favorisce il predominio pubblico-politico degli slogan sui ragionamenti complessi.

Ancora, poiché le connessioni tramite i media digitali le vogliamo sempre più rapide, quando poi ci troviamo nello spazio pubblico "viviamo nell'epoca dell'impazienza, non sopportiamo più di aspettare, tutto deve avvenire «in tempo reale» (Fabris, 2018, p. 69).

Anche questo danneggia la capacità di pensare, come dice efficacemente un passo di Nietzsche[75] (1965, § 285):

> L'agitazione moderna diviene sempre più grande, [...] si fa così grande, che la cultura superiore non può più maturare i suoi frutti; è come se le stagioni si susseguissero troppo rapidamente. Per mancanza di quiete la nostra civiltà sfocia in una nuova barbarie [...]. Per cui una delle necessarie correzioni che si devono apportare al carattere dell'umanità è quella di rafforzare in larga misura l'elemento contemplativo"[76].

Inoltre, senza voler qui tematizzare la sentenza di McLuhan (1986, p. 25 e ss.) secondo cui "il medium è il messaggio", si può menzionare almeno una sua conferma per ciò che riguarda la civiltà digitale delle immagini.

Premesso che su quanto stiamo per dire i nostri sono solo cenni, che richiederebbero ben altro spazio e molte precisazioni, il punto è il seguente: mentre quel medium che è un testo scritto può concettualizzare e comunicare dimensioni profonde dell'essere, sia concrete sia astratte, sia empiriche sia spirituali, ecc., invece l'immagine (qui intesa come oggetto che si vede con gli occhi) è un medium che rappresenta *soprattutto* ciò che è visibile ed empirico (diciamo soprattutto perché, talvolta, alcune immagini, fin dai tempi antichi, e alcune narrazioni audiovisive, di oggi, riescono a esprimere concetti profondi, specialmente se sono accompagnate da parole profonde) o, comunque, i concetti astratti non sono tutti rappresentabili tramite immagini.

---

[75] Che solitamente è filosofo del flusso e del divenire incessante.

[76] Sulla necessità di rivitalizzare l'importanza della vita contemplativa, capace di assaporare il tempo e di indugiare-soffermarsi sulle cose, sulle esperienze, sulle relazioni, cfr. B.-C. Han (2017).

Da un lato, come dice Kant (1969, pp. 67-83), noi pensiamo le cose dislocandole in uno spazio e in un tempo e tendiamo raffigurarcele visivamente, e (chiosiamo noi) la visualizzazione di un concetto giova alla sua comprensione, cosicché, spesso, la comprensione più profonda si avvale della sinergia di concetto e immagine, dall'altro la maggior parte delle immagini (non tutte, sia chiaro) che fluiscono e prevalgono nella società digitale sono povere di significati.

Così, al posto della feconda complementarietà di pensiero, lettura e visione, l'odierna frequente sola visione di video e immagini diffonde una rappresentazione dell'essere ridotto alla sua sola dimensione concreta ed empirica (tranne in caso di immagini che sanno esprimere concetti profondi, ribadiamolo). La continua e diffusa fruizione (spesso riempitiva di molto tempo della vita privata) di immagini digitali riduce i concetti del soggetto, perciò ne indebolisce la capacità di ragionamento e di pensiero profondo e critico.

Inoltre, il flusso dei video e delle immagini riduce, molto spesso, la parola parlata a loro mero corredo-commento (diciamolo di nuovo: diverso è il caso in cui l'immagine è il corredo e la visualizzazione di un evento, oggetto, concetto, ecc., cioè è a loro supporto o è sinergica col logos), costituito di poche parole e quasi sempre privo di termini astratti o poco ordinari.

Ora (anche) le parole sono una via d'accesso all'essere, come ha sottolineato l'ermeneutica[77], tanto che per Gadamer (che riprende Humboldt) l'apprendimento di una lingua straniera può costituire l'acquisizione di "un nuovo punto di vista sul mondo"(*Ibi*,.p.505) [78]. Pertanto, anche per questo motivo la civiltà delle immagini (anche fruite privatamente) e dei media digitali rischia di produrre nel soggetto una concezione semplificata dell'essere, appunto impoverendone il linguaggio e il lessico.

---

77 Cfr., per esempio, Gadamer (1997), specialmente pp. 502-559.

78 Va precisato che, a differenza di quanto affermano alcuni esponenti dell'ermeneutica, l'uomo può trascendere i condizionamenti storico-linguistici e conoscere, parzialmente, mai definitivamente, almeno qualche volta, la verità. Non è possibile argomentarlo qui, perciò cfr., per esempio: Di Ceglie (2004); Livi (2005); Marconi (2007); D'Agostini (2011); Ferraris (2012); De Caro e M. Ferraris (2012); Lavazza e Possenti (2013).

Insomma, da una parte la conoscenza umana ha conseguito grandi progressi da quando i presocratici hanno fatto il passaggio dal mito, intessuto di immagini, al logos, al ragionamento-linguaggio concettuale e argomentativo; dall'altra diversi filosofi (per esempio Platone e Vico) hanno *giustamente* rilanciato il mito, o comunque le narrazioni immaginifiche, nei casi in cui il logos su certi temi non riesce a fornire argomenti stringenti, come prezioso completamento del logos, o comunque quale espressione immaginifico-narrativa di alcuni concetti che adopera delle immagini per esprimere valori etici e concetti universali, in sinergia col logos.

Ma, oggi, la fruizione eccessiva, nella sfera privata e non, dei media digitali favorisce, spesso, un ritorno al solo linguaggio per immagini che, tuttavia, nella maggior parte dei casi, non hanno più la valenza universale che possedevano le immagini dei miti arcaici.

Ancora, una reiterazione nel privato pressoché incessante, o comunque molto frequente, di percezioni visive di un flusso di immagini cangianti può portare alcuni ad un'esistenza pubblica insicura, perché può far pensare che la realtà intera sia un flusso eracliteo, laddove invece l'essere umano, per acquisire sicurezze e progettare il suo futuro, anche nella dimensione pubblica, ha bisogno di pensare che la realtà (fisica, relazionale, economica, ecc.) sia stabile, ha bisogno di punti di riferimento stabili, senza che tutto scorra vorticosamente fuori di lui e in lui.

Tornando alla già sopra menzionata povertà lessicale prodotta anche dalla fruizione privata dei contenuti digitali, il suo rilievo pubblico può essere molto profondo. Infatti, "chi non ha le parole non ha le cose" (Samek Lodovici, 1979, p. 109 e ss.) e dunque è indebolito anche nella sfera pubblica nella sua (eventuale) attività di promozione del bene comune. In altri termini, se vogliamo esprimere una convinzione e un ragionamento su dei beni/mali etico-antropologico-sociali, siamo incapaci o molto meno capaci di farlo quando non abbiamo le parole per formulare le nostre convinzioni, in quanto il nostro lessico è povero, per esempio perché ci esprimiamo in una lingua straniera che non padroneggiamo, o perché non padroneggiamo bene nemmeno la nostra. E quando non riusciamo a esprimere le nostre convinzioni e i nostri ragionamenti ci risulta decisamente più difficile promuovere i beni che ci stanno a cuore e contrastare i mali e le ingiustizie sociali che ci indignano e ci contristano. L'effetto della povertà lessicale è di renderci, nella nostra lingua, come dei parlanti che si esprimono faticosamente e con un lessico ridotto in una lingua straniera, dunque incapaci di poter far capire agli altri i beni/mali – e le ragioni-argomentazioni per cui sono tali – su cui si focalizza il nostro impegno civile. In democrazia il dialogo è cruciale come in nessuna altra forma di governo e

> Il numero di parole conosciute e usate è proporzionale al grado di sviluppo della democrazia. Poche parole, poche idee, poche possibilità, poca democrazia. Quando il nostro linguaggio politico si fosse rattrappito al solo sì e no, saremo pronti per i plebisciti; e quando conoscessimo solo più i sì, saremmo ridotti a gregge. Il numero delle parole conosciute, inoltre, assegna i posti nella scala sociale [...]. Comanda [spesso] chi conosce più parole. Il dialogo, per essere tale, deve essere paritario. Se uno solo sa parlare, o conosce la parola meglio di altri, la vittoria non andrà al *logos* migliore, ma al più abile con le parole, come al tempo dei sofisti (Zagrebelsky, 2008, pp. 129-130).

7. ALCUNI EFFETTI SULLE RELAZIONI INTERPERSONALI

Se già tutti gli effetti negativi delle tecnologie digitali fin qui menzionati incidono sulla vita relazionale e pubblica del soggetto, ne possiamo menzionare ancora *alcuni* che lo fanno più direttamente (ne menzioniamo solo alcuni e solo nel contesto del presente ragionamento sul nesso tra privato-solitario e pubblico: allargando il discorso il tema sarebbe immenso).

Per esempio, il già menzionato dispendio, a volte abnorme, di tempo di navigazione on line (che a volte sfocia nella già di per sé criticabile dipendenza), quantomeno toglie tempo, alle relazioni interpersonali[79].

Ancora, in conseguenza della (solitamente privata) navigazione nei mondi virtuali di internet, non di rado "l'altrove ha più attrattiva del qui e ora", anche nel senso del qui e ora delle relazioni intersoggettive e nel senso che "ciò che è vicino [comprese le persone] finisce per avere

[79] Il fenomeno, estremo, degli hikikomori giapponesi (e non solo), giovani che si rinchiudono nella loro stanza e non vogliono uscirne, è nato prima dell'avvento del web, ma è stato da quest'ultimo rinforzato.

meno importanza di ciò che si trova a una distanza più o meno grande" (Fabris, 2018, p. 70), come spesso si osserva[80] (cfr. Turkle 2016).

Inoltre la fruizione privata e solitaria di contenuti web violenti o osceni produce o rinforza nel soggetto le corrispondenti propensioni, che poi si riverbereranno nelle relazioni interpersonali, sociali, pubbliche, ecc., che egli intrattiene.

Ancora, il già sopra menzionato zapping (spesso eseguito stando da soli) da un sito, foto, video, ecc., all'altro, e la già menzionata impazienza che caratterizzano la fruizione dei media digitali spesso inducono a prestare poca attenzione anche alle persone e ad ascoltarle solo per pochi minuti/secondi.

Portano inoltre anche a 'cambiare' le persone e a infrangere le relazioni interpersonali quando ci si è annoiati degli altri, un po' come si cambia video o sito appena cessa di suscitare emozioni e interesse.

E una certa qual ipertrofia del vedere provocata dalla civiltà digitale induce non di rado a cogliere nelle persone solo quanto è visibile, solo ciò che colpisce emotivamente alla prima impressione, quando invece, frequentemente, "l'essenziale è invisibile agli occhi"[81]: la persona ha/è un mondo interiore.

In più, l'attività digitale può distruggere e poi facilmente ricostruire certi oggetti informatici (può ricostruire un testo, rifare un disegno, rifare un gioco, ecc.; può persino riportare in vita un personaggio ucciso in un videogioco), e può perciò indurre *alcuni* a pensare che anche le relazioni si possano velocemente ricostruire dopo averle distrutte.

E la reversibilità di molte attività informatiche può abituare alcuni ad agire come se anche nelle relazioni fosse quasi tutto reversibile, laddove invece il male commesso si può perdonare, ma non si può cancellare. Come dice Frankl (1995, p. 139), ciò che abbiamo fatto in passato "l'abbiamo salvato rendendolo reale, una volta per sempre. E se pure si tratta di un passato, è assicurato per l'eternità!", cioè nessuno può più

---

80 Per esempio quando le persone, persino a tavola sedute insieme, invece di interagire tra loro sono concentrate sui propri device.

81 Non ci interessa qui fare un'esegesi di questa sentenza del Petit Prince di A. de Saint-Exupéry.

cambiarlo: *factum infectum fieri nequit.* A volte è sì possibile cancellare o ridimensionare gli effetti nefasti del male commesso, ma altre volte invece esso ha degli effetti negativi irreversibili.

8. LA MEMORIA

Tornando al tema della memoria sopra accennato al § 5, da un lato, certamente la possibilità informatica di salvare e archiviare testi, documenti, libri, corrispondenza, ecc., comporta una serie di evidenti ed importanti vantaggi, d'altro canto ha anche dei rivolti negativi.

Infatti, se già la scrittura (secondo l'analisi condotta da Platone, 1991, 274C - 275A) ha indebolito la nostra capacità di rammemorazione, perché alla scrittura noi esseri umani spesso deleghiamo il compito di conservare informazioni, concetti, ecc., tralasciando di metterci minimamente a memorizzarli, ancor più oggi, un volta salvato un testo, spesso tralasciamo di sforzarci di ricordarne i contenuti (Fabris, 2018, p. 62). Ma, come dicevano gli antichi, "memoria minuitur nisi eam exerceas" (Cicerone, 2007, VII, 21), si indebolisce se non viene esercitata.

Questo indebolimento della memoria si riverbera inevitabilmente nell'agire interpersonale e pubblico. Per esempio in certe attività professionali, in quei casi in cui il soggetto non possa far affidamento sul pc e in cui, perciò, la sua debole memoria gli impedisce di agire efficacemente e positivamente.

Per esempio, ancora, si riverbera in ambito politico, dove sempre più spesso le masse sembrano proprio dimenticare nel giro di poco tempo i provvedimenti validi e quelli pessimi dei governi, dei partiti e degli uomini politici e perciò cadono, più facilmente, in balìa delle manipolazioni dei mass media, dei demagoghi, degli slogan.

In effetti, la memoria serve, per esempio, per liberarci (Eliot, 2001, IV, III): dai progetti ideologici, dalle strategie di manipolazione, dalla seduzione dei messianismi politici, ecc.: in generale giova a non reiterare gli errori, sia quelli commessi nelle proprie vicende già trascorse, sia quelli commessi nel passato, nella storia, da quanti ci hanno preceduti.

Infatti, ontologicamente parlando (lo accenniamo senza potere addurre qui argomentazioni al riguardo), da un lato la storia non ha un andamento ciclico, non è un eterno ritorno dell'uguale e piuttosto di epoca in epoca ci sono delle novità, in quanto l'uomo è capace di istituire il *novum*, dall'altro però ci sono anche delle somiglianze, dei corsi e ricorsi storici (come dice Vico), delle analogie.

Certo, ogni generazione deve imparare quali situazioni presenti siano effettivamente comparabili a quelle passate, nondimeno quando i testi storici non sono stati scritti dai vincitori o comunque da autori faziosi, ecco che (Cicerone, 2017, II, 9) *historia magistra vitae est* (nella misura in cui è possibile ricostruirla: a volte fra molte difficoltà, a volte per nulla): la memoria storica giova per trarre dalle vicende del passato degli insegnamenti preziosi.

Questi, dal punto di vista operativo talvolta, di rado, sono proprio delle precise indicazioni, talvolta, molto più spesso, sono almeno suggerimenti per analogia, data la complessità delle innumerevoli situazioni concrete e dato il *novum* in esse sussistente, il che richiede, appunto operativamente, una capacità inventiva (nel senso dell'*invenire* in che modo agire) della ragione umana: sono suggerimenti per analogia ma comunque preziosi.

Così, è eccessivo il pessimismo di Hegel (2003, p. 7), secondo cui "ciò che l'esperienza e la storia insegnano è proprio che popoli e governi non hanno mai imparato nulla dalla storia e non hanno mai agito in base a lezioni che ne avrebbero dovuto ricavare", perché invece qualcuno ne viene ammaestrato e perciò evita di ricadere in errori simili a quelli già accaduti in passato, cosicché "Nella storia contano anche i fatti non avvenuti": non solo quei fatti che sono le omissioni malvagie[82], ma anche quei 'fatti' che sono gli errori non ripetuti.

Però è vero che molti esseri umani non apprendono alcun insegnamento dalla storia e commettono azioni nefaste e/o malvagie che avrebbero potuto evitare se da essa si fossero lasciati ammaestrare: dunque uno degli insegnamenti più importanti che si può ricavare dalla storia è proprio che ogni generazione deve sempre più imparare ad imparare dalla storia.

[82] Di cui parla questa citazione di Stanislaw Jerzy Lec.

Giova molto non solo il coglimento delle analogie, ma anche delle differenze tra il presente e il passato: chi non le conosce, "costui, o questa generazione, ritiene il presente come definitivo, irresistibile" (Samek Lodovici, 1979, p. 243).

Ma la memoria storica giova non solo per evitare di ricadere in errore, bensì anche in positivo, quando, come dice Nietzsche (1972, p. 267), si investiga la storia con lo scopo di "usare il passato per la vita"[83], cosicché, per esempio, "la storia occorre anzitutto all'attivo [...] a colui che combatte una grande battaglia, che ha bisogno di modelli, maestri e consolatori" (*ibi*, p. 272). Come dice anche il poeta, le gesta del passato "A egregie cose il forte animo accendono" (Foscolo, 2014, vv. 151-152). Davvero, "ogni uomo e ogni popolo ha bisogno", pur in misura diversa, "di una certa conoscenza del passato" (Nietzsche, 1972, p. 268).

Certo bisogna evitare (cfr. *ibi*, p. 278) di cadere nell'eccesso di storia, che, per esempio, paralizza gli uomini del presente facendo loro pensare di non poter mai essere all'altezza dei grandi del passato.

Insomma, quando l'abitudine a salvare informazioni, vicende, concetti, ecc., su supporti vari, cartacei o informatici che siano, ci induce a smettere di esercitare la nostra memoria, le conseguenze negative sono molteplici.

9. UN CENNO SU MASS MEDIA E VIOLENZA

Concludiamo con un cenno su un ultimo tema.

L'effetto emulativo del male menzionato al § 3 dovrebbe far riflettere i mass media su quale sia il modo opportuno ed adeguato di riferire i fatti di cronaca nera, per evitare di essere moltiplicatori pubblici di quei mali che vengono da loro riportati e che dal soggetto vengono spesso appresi e visti sì nella sfera privata della sua vita, talora anche proprio stando da solo, ma poi rischiano di essere da lui reduplicati a danno degli altri.

---

[83] Cfr. questo testo giovanile nietzscheano per molte considerazioni (non tutte riconfermate successivamente da Nietzsche) proprio sull'utilità e sui danni, per la vita, che derivano dalla conoscenza della storia.

Infatti, è vero che in certi casi alcune denunce di comportamenti devianti hanno il merito di produrre al loro riguardo una sensibilizzazione e alcune iniziative concrete di arginamento, ma in altri casi ne comportano la desensibilizzazione, dovuta all'assuefazione, e anzi talora l'emulazione e talora anche l'incremento. Molto dipende proprio dal modo in cui i media rappresentano queste condotte.

Si pensi, per un confronto, alla tragedia greca, la quale ruota intorno a fatti orrendi (crudeltà, incesti, assassinii, parricidi, uccisioni dei figli anche divorandoli, ecc.), ma ha almeno tre caratteristiche.

Anzitutto, gli eventi raccapriccianti non vengono rappresentati in scena, bensì sono solo riferiti; in secondo luogo la narrazione di questi fatti è stringata, sobria, scevra di compiacimento, è realizzata senza indulgere in particolari; in terzo luogo il giudizio morale è chiarissimo, ed è di dura e netta condanna[84].

Invece, spesso, i mass media odierni e gli artefici dei prodotti digitali realizzano film, fiction, video, videogames, ecc., intrisi di violenza, riprendono e proiettano delitti reali, o comunque cercano di rappresentarli a posteriori nei film, descrivendo delitti e violenze con dovizia di particolari minuziosi e spesso con compiacimento morboso.

Ora, non soltanto questa maniera di 'dare in pasto' alla propria audience le vicende di cronaca nera calpesta molto gravemente la dignità delle vittime e acuisce molto deplorevolmente la sofferenza dei loro familiari[85], ma inoltre determina su alcuni (ovviamente non su tutti) fruitori degli effetti negativi in ambito pubblico.

---

[84] Di condanna discutibile, ma comunque di condanna. Discutibile perché i protagonisti delle tragedie sono perlopiù manovrati dal Fato a compiere delitti orrendi e nondimeno ne vengono ritenuti colpevoli, almeno nella maggior parte delle tragedie greche. Per esempio, Edipo ha ucciso suo padre e sposato sua madre, ma lo ha fatto perché mosso inesorabilmente dal Fato, tuttavia è colpevole agli occhi degli dei e perciò viene castigato dal cielo, che manda la peste a Tebe, colpendo anche molti altri innocenti.

[85] Proviamo a immaginare che cosa proveremmo se l'assassinio di nostro figlio, coniuge, madre, ecc., venisse trasformato in un giallo, se giornalisti e curiosi venissero continuamente a importunarci, a rovistare nella nostra vita, e così via.

Bettetini e Fumagalli (2010, pp. 247-288; cfr. anche la letteratura ivi citata) hanno messo in luce l'impatto negativo, su alcuni bambini e adolescenti, ma anche su alcuni adulti, della visione della violenza.

Per esempio, lo spettatore (in particolare il bambino, ma non solo) a volte si identifica e parteggia con i violenti.

Inoltre, la rappresentazione, anche a fini condivisibili di denuncia, della violenza, se è molto frequente, induce in alcuni soggetti la convinzione dell'ineluttabilità della violenza stessa, comportando la rassegnazione.

In più, le scene violente viste sui media possono far perdere a certi bambini la speranza e la capacità di credere ad una società diversa e migliore, e questi bambini non solo cadono nella rassegnazione, ma inoltre frequentemente tendono in seguito a sfociare proprio in comportamenti violenti, perché, quando si trovano in situazioni di disagio sociale, non riescono a immaginare soluzioni diverse da quelle violente viste in televisione, sul web, sui videogames.

In generale, la rappresentazione della violenza provoca su alcuni esseri umani degli effetti mimetici[86], documentati anche da alcuni studi (citati in Bettetini e Fumagalli, 2010, *ibidem*). Anche se tali esseri umani sono percentualmente pochi, su un pubblico di centinaia di milioni di spettatori, di giocatori di videogames, su miliardi di navigatori on line, il loro numero è considerevole. E, comunque, anche un solo caso di imitazione, dato che parliamo di violenze, assassinii, ecc., è gravissimo.

Insomma, per soddisfare il dovere di cronaca[87] sarebbe molto meglio, nella maggior parte dei casi, limitarsi a riferire i comportamenti violenti, gli assassinii, ecc., in modo breve e stringato, senza compiacimento e condannandoli in modo netto. Certo, la questione è complessa e qui l'abbiamo solo potuta accennare[88].

---

[86] Per altre e differenti dimensioni della violenza mimetica cfr. Girard (1980), per esempio pp. 202-209.

[87] Che a volte è accampato solo di facciata, perché ciò che veramente interessa è solo aumentare le vendite di una testata o di un film, l'audience di una trasmissione televisiva, gli accessi ad un sito, ecc., per accrescere gli introiti pubblicitari.

[88] Cfr. *ibidem* per la considerazione di una serie di obiezioni e per le corrispondenti risposte.

10. CONCLUSIONE

Le pagine precedenti hanno svolto *alcune* argomentazioni circa la tesi – espressa da una parte del liberalismo e non di rado anche dal senso comune – della netta separazione pubblico-privato, asserendo piuttosto che il comportamento del singolo nella sua sfera privata, persino quando è solo, può influire considerevolmente sul suo comportamento intersoggettivo e pubblico e indicando alcune espressioni di questo influsso in conseguenza di un uso sregolato dei media digitali.

Abbiamo citato al riguardo anche Mill, che viene considerato spesso un nume tutelare del liberalismo e della netta separazione pubblico-privato, per contro riportando alcuni suoi passi, poco considerati dalla letteratura, consonanti con le argomentazioni che abbiamo sviluppato.

Concludiamo citando un altro autore liberale come Hobhouse (1964, p. 128 e 146):

> Dovremmo francamente riconoscere che non vi è aspetto della vita di un uomo che non sia importante per la società, perché chiunque egli sia, qualunque cosa faccia o pensi può ripercuotersi sul suo benessere [...] e può anche direttamente o indirettamente influenzare il pensiero, l'azione e il carattere di coloro con cui viene in contatto", cioè "non esistono azioni che, direttamente o indirettamente, non influenzino qualcun altro.

REFERENCIAS BIBLIOGRÁFICAS

Aristotele. (1993). *Etica Nicomachea*. (C. Mazzarelli trad.) Milano: Rusconi.

Bettetini, G. e Fumagalli, A. (2010²). *Quel che resta dei media. Idee per un'etica della comunicazione*. Milano: FrancoAngeli.

Bradley, F. (1876). *Ethical Studies*. Oxford: Oxford University Press.

Carr, N. (2011). *Internet ci rende stupidi? Come la Rete sta cambiando il nostro cervello*. (S. Garassini trad.). Milano: Raffello Cortina.

Chalmeta, G. (1998). Giustizia aritmetica? I limiti del paradigma politico utilitarista. *Acta Philosophica*, 7, 5-22.

Cicerone (2007). *De senectute*. In Id., *Opere politiche e filosofiche*. (D. Lassandro trad.). Torino: UTET, vol. III.

Cicerone (2017). (G. Norcio trad.). *De Oratore*. Torino: UTET.

D'Agostini, F. (2011). *Introduzione alla verità*. Torino: Bollati Boringhieri.

De Caro, M. e Ferraris M. (eds.) (2012). *Bentornata realtà. Il nuovo realismo in discussione*. Torino: Einaudi.

De Mandeville, B. (1987). *La favola delle api. Vizi privati, pubbliche virtù*. (T. Magri trad.). Roma-Bari: Laterza.

Di Ceglie, R. (ed.) (2004). *Pluralismo contro relativismo*. Milano: Ares.

Eliot, T. S. (2001). *Four Quartets*. London: Faber & Faber.

Fabris, A. (2018). *Etica per le tecnologie dell'informazione e della comunicazione*. (A. Fabris trad.) Roma: Carocci.

Ferraris, M. (2012). *Manifesto del nuovo realismo*. Roma-Bari: Laterza.

Foscolo, U. (2014). *Sepolcri*. In Id., *Sepolcri, Odi, Sonetti*. Milano: Mondadori.

Frankl, V. (1995⁸). *Uno psicologo nei Lager*. (N. Sipos Schmitz trad.). Milano: Ares.

Gadamer, H. G. (1997¹¹). *Verità e metodo*. (G. Vattimo trad.). Milano: Bompiani.

Girard, R. (1980). *La violenza e il sacro*. (O. Fatica e E. Czerkl trad.). Milano: Adelphi.

Gregorii Nysseni (1964). *De vita Moysis*. Leiden: Brill.

Han, B.-C. (2017). *Il profumo del tempo. L'arte di indugiare sulle cose.* (C. A. Bonaldi trad.). Milano: Vita e Pensiero.

Hegel, G. W. F. (2003). *Lezioni sulla filosofia della storia.* (G. Bonacina e L. Sichirollo trad.). Roma-Bari: Laterza.

Hobhouse, L. T. (1964). *Liberalismo.* (M. Carbone trad.). Firenze: Sansoni.

Hursthouse, R. (2003). *Virtue Ethics Stanford Encyclopaedia of Philosophy.* http://plato.stanford.edu./entries/ethics-virtue.

Jossua, J. P. (1966). L'axiome "Bonum diffusivum sui" chez S. Thomas d'Aquin. *Revue des Sciences Religieuses, 40*, 127-153.

Kant, I. (1969). *Critica della ragion pura.* (G. Gentile e G. Lombardo-Radice trad.). Roma-Bari: Laterza.

Kymlicka, W. (1996). *Introduzione alla filosofia politica contemporanea.* (R. Rini trad.). Milano: Feltrinelli.

Lavazza, A. e Possenti V. (eds.) (2013). *Perché essere realisti. Una sfida filosofica.* Milano: Mimesis.

Livi, A. (2005). *La ricerca della verità. Dal senso comune alla dialettica.* Roma: Leonardo da Vinci.

Marconi, D. (2007). *Per la verità. Relativismo e filosofia.* Torino: Einaudi.

McLuhan M. (1986). *Gli strumenti del comunicare.* (E. Capriolo trad.). Milano: Garzanti.

Micheletti, M. (1995). Virtù private, pubbliche virtù. Moralità personale ed etica pubblica nella recente filosofia morale. *Prospettiva EP, 17*(1), 19-41.

Mill, J. S. (1997). *Saggio sulla libertà.* (S. Magistretti trad.). Milano: il Saggiatore.

Nédoncelle, M. (1957). (C. Miggiano di Scipio trad.). *Verso una filosofia dell'amore e della persona.* Roma: Edizioni Paoline.

Nietzsche, F. (1965). *Umano, troppo umano, I.* (S. Giametta e M. Montinari trad.). Milano: Adelphi.

Nietzsche, F. (1972). *Sull'utilità e il danno della storia per la vita.* In Id., *La nascita della tragedia. Considerazioni inattuali I-III.* (S. Giametta trad.). Milano: Adelphi.

Platone (1991). *Fedro*. In Id. *Tutti gli scritti*. (G. Reale trad.). Milano: Rusconi 1991.

Platone (1991). *Gorgia*. In Id., *Tutti gli scritti*. (G. Reale trad.). Milano: Rusconi 1991.

Rheingold, H. (2011). *Perché la rete ci rende intelligenti*. (S. Garassini trad.). Milano: Raffaello Cortina.

Rodríguez Luño, A. (1988). *La scelta etica. Il rapporto tra libertà e virtù*. Milano: Ares.

Samek Lodovici, E. (1979). *Metamorfosi della gnosi. Quadri della dissoluzione contemporanea*. Milano: Ares.

Samek Lodovici, G. (2004). *L'utilità del bene. Jeremy Bentham, l'utilitarismo e il consequenzialismo*. Milano: Vita e Pensiero.

Samek Lodovici, G. (2010). *L'emozione del bene. Alcune idee sulla virtù*. Milano: Vita e Pensiero.

Samek Lodovici, G. (2017). *La socialità del bene. Riflessioni di etica fondamentale e politica su bene comune, diritti umani e virtù civili*. Pisa: Edizioni ETS.

Samek Lodovici, G. (2020). *La coscienza del bene. La voce etica interiore, le sue deroghe alle norme, l'imputabilità morale, l'obiezione alle leggi*. Pisa: Edizioni ETS.

Turkle, S. (2016). *La conversazione necessaria. La forza del dialogo nell'era digitale*. (L. Giacone trad.). Torino: Einaudi.

Twenge, J. M. (2018). *Iperconnessi. Perché i ragazzi di oggi crescono meno ribelli, più tolleranti, meno felici e del tutto impreparati a diventare adulti*. (O. Scilla Tebaldi trad.). Torino: Einaudi.

Zagrebelsky, G. (2008). *Contro l'etica della verità*. Roma-Bari: Laterza.

LA PROGRESSIVA DIGITALIZZAZIONE DELLA SALUTE: POTENZIALITÀ, LIMITI E IMPLICAZIONI ETICHE

DR. FRANCESCA MARIN
Università degli Studi di Padova, Italia

RESUMEN

Oggigiorno i dispositivi digitali appaiono degli strumenti indispensabili sia per le organizzazioni sanitarie e coloro che vi operano al loro interno, sia per chi formula domande di salute o ricerca informazioni di carattere medico. È il cosiddetto fenomeno della salute digitale (*e-health*) attraverso il quale aumentano le attività di cura mediante strumenti digitali (*e-care*) e si sviluppa l'immagine dell'*e-patient*, cioè del "paziente digitalmente impegnato". La trasformazione digitale della salute e della sanità incoraggia così l'*empowerment* di tutti, a partire dalle forze politiche e dalle strutture sanitarie fino ai professionisti della cura e non da ultimo ai pazienti-cittadini. Non si tratta di un processo inevitabile dovuto all'era digitale che stiamo vivendo; vi sono infatti altre ragioni che da tempo contribuiscono alla progressiva digitalizzazione della salute e il presente contributo intende esaminarne due, legate rispettivamente all'evoluzione del rapporto medico-paziente e al quadro epidemiologico su scala globale. L'accento posto sull'autonomia del paziente da un lato e la diffusione delle malattie croniche su scala globale dall'altro trovano proprio nelle tecnologie digitali una modalità privilegiata per assegnare al singolo un ruolo sempre più attivo nel percorso di cura e per responsabilizzarlo maggiormente nella promozione della propria salute. Analizzare questi fattori significa allora riconoscere le potenzialità della *e-care*, ma tale analisi consente altresì di far emergere le implicazioni etiche della *e-health*, come ad esempio la strumentalizzazione dei dati condivisi dall'*e-patient*, la riduzione della salute a un bene meramente consumistico e l'idea del corpo, ma anche del sé, come di un oggetto del tutto quantificabile e misurabile.

PALABRAS CLAVE

Salute digitale, Determinanti della salute, Responsabilità per la promozione della salute, Malattie croniche.

1. INTRODUZIONE

L'evoluzione del digitale pervade oramai qualsiasi ambito della nostra esistenza e condiziona sempre più gli stili di vita, le pratiche comunicative e, non da ultimo, la costruzione dell'immagine di sé a livello individuale e collettivo. In particolare, i media digitali facilitano le relazioni tra i membri della cosiddetta *network society* (Boccia Artieri, 2012; Varnelis, 2008; Castells, 1996) perché alimentano processi di partecipazione e incoraggiano l'*empowerment* di singoli, gruppi e istituzioni, promuovendo ad esempio sia lo scambio di informazioni e di vissuti personali sia la condivisione del proprio operato da parte delle realtà istituzionali. È questo uno scenario digitalizzato che da diversi anni coinvolge anche il campo della salute e della sanità. In effetti, le tecnologie di rete appaiono sempre più degli strumenti indispensabili non solo per le organizzazioni sanitarie e coloro che vi operano al loro interno, ma anche per chi formula domande di salute o ricerca informazioni di carattere medico (Cioni, Lovari, 2014).

Da un lato, infatti, i sistemi sanitari trovano nelle tecnologie digitali, in particolare nelle cosiddette *Information and Communication Technologies* (ICT), uno strumento efficace per aumentare la loro visibilità e raccogliere dati così come per diffondere programmi di prevenzione e percorsi terapeutici nonché per migliorare le performance sulla base del feedback fornito online dagli utenti (Courtney, Shabestari, Kuo, 2013). Attraverso tali tecnologie, i professionisti della salute possono poi comunicare facilmente tra loro, ma soprattutto interagire anche a distanza con i pazienti per fornire supporto, monitorare ed eventualmente rivedere il percorso di cura stabilito in partenza (Meskó, 2013; Yamout, Glick, Lind *et al.*, 2011). Dall'altro lato, grazie al processo di digitalizzazione della salute, i cittadini possono accedere con facilità all'informazione sanitaria, utilizzando ad esempio *mobile devices* quali smartphone, palmari e tablet. Il singolo può anche raccogliere dati sul proprio stato di salute attraverso l'uso di apposite *app* o il ricorso a dispositivi indossabili (come gli *smart watch*), tecnologie queste ultime che consentono l'automonitoraggio di parametri quali battito cardiaco, indice glicemico nel sangue, quantità di calorie ingerite e attività fisica quotidiana.

Dinnanzi al fenomeno della salute digitale (*e-health*), aumentano allora le attività di cura e di prevenzione mediante strumenti digitali (*e-care*) e al tempo stesso si sviluppa l'immagine dell'*e-patient* (Ferguson, 2007) o, per utilizzare l'espressione di Deborah Lupton (2013), del "paziente digitalmente impegnato" (*the digitally engaged patient*). In altri termini, la trasformazione digitale della salute e della sanità incoraggia l'*empowerment* di tutti, a partire dalle forze politiche e dalle strutture sanitarie fino ai professionisti della cura e non da ultimo ai pazienti-cittadini. Sarebbe riduttivo però descrivere tale trasformazione nei termini di un processo inevitabile dovuto all'era digitale che stiamo vivendo. Vi sono infatti altre ragioni che da tempo contribuiscono alla progressiva digitalizzazione della salute e il presente contributo intende esaminarne due, legate rispettivamente all'evoluzione del rapporto medico-paziente e al quadro epidemiologico su scala globale. L'accento posto sull'autonomia del paziente da un lato e la diffusione delle malattie croniche su scala globale dall'altro trovano proprio nelle tecnologie digitali una modalità privilegiata per assegnare al singolo un ruolo sempre più attivo nel percorso di cura e per responsabilizzarlo maggiormente nella promozione della propria salute. Analizzare questi fattori significa allora riconoscere le potenzialità della *e-care*, ma, come emergerà in seguito, tale analisi consente altresì di far emergere i limiti e le implicazioni etiche della *e-health*, come ad esempio la probabile strumentalizzazione dei dati condivisi dall'*e-patient*, la riduzione della salute a un bene meramente consumistico e l'idea del corpo, così pure del sé, come di un oggetto del tutto quantificabile e misurabile.

2. L'*EMPOWERMENT* DEL CITTADINO-PAZIENTE: DALLA RICERCA ALLA PRODUZIONE DI *HEALTH-RELATED INFORMATION*

A partire dagli anni Settanta del secolo scorso, si è iniziato a rivendicare il diritto del paziente sia di ottenere un'informazione completa e comprensibile in merito ai trattamenti sanitari sia di esprimere nonché di vedere rispettate le proprie volontà[89]. Si tratta di una partecipazione

[89] Fino ad allora, la dipendenza del paziente dalle conoscenze e competenze del medico e l'accettazione delle decisioni di quest'ultimo erano comunemente giustificate alla luce

attiva del paziente nel processo decisionale che oggigiorno assume ulteriori caratteri proprio grazie all'utilizzo delle tecnologie digitali. Queste ultime infatti non solo riducono le distanze tra i professionisti della salute e i destinatari delle cure, facilitando ad esempio il contatto tra i soggetti coinvolti nell'interazione clinica, ma consentono anche di reperire in maniera autonoma qualsiasi tipo di informazione legata alla salute (*health-related information*). Attraverso un motore di ricerca – basti pensare a Google – è infatti possibile reperire in maniera istantanea una varietà di indicazioni riguardo a sintomi, cause delle malattie, trattamenti disponibili e centri specializzati. Al giorno d'oggi si può quindi giungere a un'autodiagnosi, acquistare online prodotti farmacologici senza prescrizione medica e dare avvio a un percorso di cura suggerito in rete, e tutto questo appunto entro le mura domestiche e senza il confronto diretto con un medico o un professionista sanitario (Cohen, 2010). Sono questi i tratti del cosiddetto *empowered patient* (Ducci, 2016), cioè del paziente che attivamente e in maniera autonoma ricerca informazioni di natura sanitaria anche al fine di acquisire un maggiore controllo rispetto alle decisioni e alle azioni che riguardano il proprio stato di salute.

Un tale scenario potrebbe da un lato incoraggiare *a more patient-centered care*, cioè un approccio alla cura maggiormente centrato sul paziente (Thielst, 2011), dall'altro condurre a una "democratizzazione della sanità" (Fox, Ward, O'Rourke, 2005), rendendo così ogni singolo cittadino un protagonista attivo e interessato ai temi della salute. Per di più, un coinvolgimento di questo tipo sembrerebbe incoraggiare la promozione della salute a livello sia individuale che collettivo con una conseguente riduzione dei costi della spesa sanitaria. Detto altrimenti, la digitalizzazione della salute renderebbe i membri della società più partecipi e maggiormente responsabili rispetto alle questioni di salute,

---

dell'indiscussa autorità del medico stesso e della generale rispettabilità verso la professione medica. Di conseguenza, all'interno dell'interazione clinica non trovavano spazio i desideri e le preferenze del malato o, meglio ancora, non si avvertiva la necessita di esprimerli, poiché il paziente confidava nelle abilità del medico e ritrovava in quest'ultimo il soggetto che più di tutti era capace di riconoscere e promuovere il suo bene.

contribuendo così alla realizzazione di un sistema sanitario equo ed efficiente.

In realtà, se del tutto manchevole di un confronto con un medico, l'*empowerment* da parte del paziente può rivelarsi illusorio o persino dannoso (Schulz, Nakamoto, 2013a): persiste infatti il *digital divide* perché, malgrado l'accesso online alla *health-related information* sia oramai diffusamente garantito, permangono le differenze di competenza nell'utilizzo delle tecnologie digitali e nella ricerca nonché nella comprensione delle informazioni raccolte. In altri termini, il "paziente digitalmente impegnato" non possiede necessariamente un alto grado di alfabetizzazione sanitaria (*health literacy*)[90] tant'è vero che potrebbe considerare accurate delle informazioni inaffidabili oppure scientificamente non consolidate o persino *fake news*. A ben guardare, al di fuori del rapporto medico-paziente, non è garantita da parte dell'*e-patient* nemmeno un'adeguata comprensione e gestione dei dati attendibili e comprovati sul piano scientifico.

Non si può escludere poi che l'*empowered patient* venga intrappolato in una vera e propria "bolla informazionale" (*information bubble*), rimanendo così isolato in un universo di informazioni algoritmicamente create ad esempio sulla base delle sue preferenze personali e delle ricerche online effettuate in precedenza (Pariser, 2011). Purtroppo sono soggetti a tale isolamento proprio le persone più vulnerabili, come adolescenti, anziani e coloro che utilizzano senza specifiche competenze i motori di ricerca e i social network (Comitato Nazionale per la Bioetica, 2016, pp. 14-15). Una tale vulnerabilità può addirittura trasformare l'*e-patient* da soggetto attivo a target commerciale: l'utente potrebbe infatti essere manipolato o esposto a campagne propagandistiche e trovare "la soluzione" ai suoi problemi di salute proprio negli annunci pubblicitari appositamente selezionati dalla rete.

Per di più, le tecnologie digitali consentono non solo la ricerca, ma anche la condivisione di *health-related information*. Basti pensare alla diffusione di community web costituite da pazienti e loro famigliari che

---

90 Rispetto all'*empowerment* del paziente e all'alfabetizzazione sanitaria di quest'ultimo come due concetti legati ma tra loro distinti, si veda Schulz e Nakamoto (2013b).

consentono lo scambio sia di opinioni e dati in merito a malattie e percorsi diagnostico-terapeutici sia di apprezzamenti o discrediti rispetto a strutture ospedaliere e singoli professionisti della salute. Queste realtà virtuali esemplificano il passaggio dal cercare al produrre e trasmettere informazioni, mostrando al tempo stesso punti di forza e di debolezza. Infatti, se da un lato tali piattaforme possono costituire un supporto (Kim, Lee, 2014; van Uden-Kraan, Drossaert, Taal *et al.*, 2009) per fronteggiare le difficoltà dovute all'evento patologico (come nel caso in cui mettano in contatto coloro che stanno sperimentando malattie genetiche rare), dall'altro potrebbero alimentare aspettative irrealistiche, innescare paure incontrollate o persino diffondere un atteggiamento di sfiducia nei confronti della medicina e dell'operato medico. Per stigmatizzare particolari condizioni fisiche, quali sovrappeso e obesità, nei blog si potrebbe persino sottovalutare o misconoscere del tutto gli aspetti patologici di tali condizioni (Maturo, 2014a).

Vi è poi il rischio che la condivisione online del proprio vissuto di malattia comporti una mercificazione dell'opinione del paziente. In effetti, non si può escludere che le piattaforme, soprattutto se gestite da industrie farmaceutiche o imprenditori del web, utilizzino a fini commerciali l'informazione condivisa dagli utenti, dando luogo a quella che Deborah Lupton (2014) ha definito una vera e propria "economia del vissuto del paziente digitale" (*the digital patient experience economy*).

3. L'APPROCCIO CONSUMISTICO ALLA SALUTE

Alla luce delle considerazioni sinora svolte si può concludere che, pur suggerendo in prima battuta l'idea di un maggiore coinvolgimento del singolo nelle questioni legate alla salute, l'*empowerment* dell'*e-patient* può essere sfruttato fino a dar luogo, nel peggiore dei casi, a una strumentalizzazione del paziente-cittadino e tutto ciò a discapito della sua salute. Nello specifico, la ricerca, ma ancor più la condivisione, della *health-related information* potrebbero essere incoraggiate solo a scopo di lucro, incrementando così uno scambio strumentale di dati con il conseguente rischio di violazioni della privacy. È questo un approccio che, a lungo andare, riduce la salute a un bene meramente consumistico. Si può ravvisare un tale riduzionismo nella diffusione dei test predittivi di suscettibilità genetica disponibili direttamente al consumatore (*direct-to-consumer genetic susceptibility testing*). Oggigiorno infatti si possono effettuare tali test senza l'intermediazione di un professionista sanitario (medico, genetista, consulente genetico, ecc.), acquistando ad esempio online dall'azienda californiana 23andMe il kit per l'indagine genetica. È bene sottolineare come tale indagine non stabilisca una diagnosi né tanto meno confermi un sospetto clinico in un soggetto già affetto da una certa patologia. I test predittivi di suscettibilità genetica, infatti, consentono di ottenere delle informazioni sul rischio di insorgenza (suscettibilità) di patologie quali il Parkinson, l'Alzheimer e la celiachia.

Esula dall'obiettivo del presente contributo un'analisi delle implicazioni etiche dei *direct-to-consumer genetic susceptibility testing*[91]. Tuttavia, senza sminuire i problemi di validità e di utilità clinica di queste indagini genetiche[92], si intende qui evidenziare l'impatto che può avere sul singolo e sulla visione individuale e collettiva di salute una promozione dell'*e-health* in chiave consumistica. Considerando gli individui dei consumatori e riducendo la salute a un mero bene di consumo promosso e pubblicizzato in base ai desideri e agli interessi dei fruitori, vi è il rischio di giungere a un concetto arbitrario di salute e di malattia: visto che nella fattispecie la lettura e l'interpretazione dei risultati dei test genetici avvengono senza il coinvolgimento di un professionista sanitario, il consumatore potrebbe determinare il proprio stato di salute attraverso una valutazione personale, cioè mediante criteri meramente soggettivi. In effetti, se il test rilevasse un livello di rischio di insorgenza di malattia inferiore alla media, il consumatore potrebbe sentirsi ancor "più in salute" rispetto a quanto pensasse di essere prima di sottoporsi all'indagine genetica; al contrario, se emergesse un livello di rischio superiore alla media, egli potrebbe considerarsi o essere considerato un "pre-paziente" o

---

[91] Per un approfondimento a riguardo, cfr. Marin, (2017); Su, 2013; Comitato Nazionale per la Bioetica (CNB), Comitato Nazionale per la Biosicurezza, le Biotecnologie e le Scienze della Vita (CNBBSV), 2010.

[92] Da un lato, i test di suscettibilità genetica hanno un limitato potere predittivo e non stabiliscono con assoluta certezza se, quando e con quale gravità possa insorgere la malattia; dall'altro, dinnanzi a un esito positivo del test, potrebbero non essere disponibili delle cure efficaci o delle misure preventive atte a ridurre la morbilità (Marin, 2017, pp. 34-37).

un “malato di rischio”. Detto altrimenti, il pericolo è quello di intendere la salute a modo proprio e, a lungo andare, di non essere più in grado di individuare i diversi livelli di uno stato di salute e di malattia. In tal modo, verrebbe meno la distinzione tra i fondamentali livelli di assistenza alla salute e quelli non strettamente necessari, accentuando così il problema dell'allocazione delle risorse sanitarie. Non da ultimo, l'approccio consumistico alla salute rischia di ritrovare solo nei fattori individuali (quali età, sesso e corredo cromosomico) ciò che determina uno stato di salute. Si sottovalutano così gli altri determinanti della salute, come gli stili di vita, il contesto socio-economico e l'ambiente in cui si vive, aspetti questi che, come emergerà nel paragrafo successivo, possono compromettere o migliorare lo stato di salute dell'individuo e della popolazione nonché influire sull'aspettativa di vita (Commission on Social Determinants of Health, 2008).

4. AUTOMONITORAGGIO: UNA SOLUZIONE AL PROBLEMA DELLE MALATTIE CRONICHE?

Malgrado i limiti appena evidenziati, l'*e-health* e l'*e-care* potrebbero ancora rivelarsi delle strategie innovative e vantaggiose dinnanzi alla rapida espansione di malattie croniche quali cancro, diabete, patologie cardiovascolari e malattie respiratorie croniche. Anche grazie alla mobilità di merci come tabacco, cibi ipercalorici e bibite zuccherate, oggigiorno tali patologie rappresentano una vera e propria sfida a livello globale[93]: in effetti, le malattie croniche costituiscono la principale causa di morte e questo non solo nei paesi sviluppati, come si tende comunemente a pensare, ma anche e soprattutto in quelli in via di sviluppo che sono già segnati da povertà, malattie infettive e carenza di servizi sanitari. Si tratta di patologie non trasmissibili che generalmente insorgono a causa di abitudini alimentari insalubri o stili di vita sedentari e che hanno un impatto globale a livello sanitario, economico, sociale e politico[94].

---

93 Non a caso il bioeticista Daniel Callahan (2016; 2013) ha recentemente definito le malattie croniche una vera e propria emergenza globale alla pari del cambiamento climatico, della carenza di cibo, della scarsità d'acqua e dell'obesità.

94 Nello specifico, la diffusione delle malattie croniche costituisce un invito a prendere consapevolezza della dimensione globale della salute e dei fattori che la mettono a rischio. Ne è prova

Nello specifico, il fenomeno delle malattie croniche richiede un'assistenza medico-specialistica continua e a lungo termine, ma soprattutto estende la responsabilità per la promozione della salute dall'àmbito strettamente sanitario a tutti i vari settori della società fino a coinvolgere ogni singolo cittadino. In altri termini, per fronteggiare tali patologie, occorrono un ripensamento della medicina[95], una migliore organizzazione del sistema sanitario e una maggiore efficienza economica, e questo soprattutto nei paesi sviluppati dove gli investimenti maggiori vengono destinati alla cura altamente tecnologizzata piuttosto che alla promozione della salute e alla prevenzione delle malattie[96]. Ciononostante, dinnanzi

---

l'utilizzo sempre più frequente dell'espressione "salute globale" (*global health*), attraverso la quale si intende promuovere uno sguardo d'insieme in merito al fenomeno della salute per considerare quest'ultima non solo come una condizione interna al singolo individuo, bensì come una rete di relazioni tra gli esseri umani, così come tra le varie forme viventi e l'ambiente in cui si vive (Marin, 2019a, pp. 43-53).

95 Come ha recentemente osservato il chirurgo statunitense Atul Gawande (2017), l'immaginario collettivo è ancora oggi caratterizzato da una visione eroica della medicina che porta a considerare i sistemi sanitari alla stregua di un corpo dei vigili del fuoco. Soprattutto dopo la seconda guerra mondiale, il progresso medico-tecnologico ha offerto un contributo significativo per contrastare le malattie acute (basti pensare ai grandi interventi chirurgici quali i trapianti d'organo nonché ai risultati ottenuti con l'utilizzo degli antibiotici e il ricorso ai vaccini); queste vittorie episodiche hanno però alimentato un modello di medicina "basato sull'incendio da spegnere al più presto" che contrasta con l'approccio necessario per far fronte alle malattie croniche. Tendenzialmente infatti la cura del paziente cronico non dà luogo a salvataggi spettacolari né fornisce risposte risolutive, come invece può verificarsi dinnanzi all'evento acuto; tale cura invece ricerca, per utilizzare un'espressione di Sandro Spinsanti (2018, pp. 31-33), quella "guarigione sufficiente" per poter comunque continuare a vivere la condizione di cronicità. Di conseguenza, in un tale scenario l'intervento medico è caratterizzato da una serie di passaggi graduali che possono però, attraverso la prevenzione e il cambiamento degli stili di vita, condurre a progressi duraturi. Come afferma Dagmar Rinnenburger (2019, p. 126), si tratta di una medicina che «ti può salvare la vita: non subito, ma nel tempo».

96 Ecco perché, in vista di quella che Callahan definisce una medicina sostenibile (*sustainable medicine*), è necessario capovolgere la distribuzione delle risorse sanitarie attualmente in atto nei paesi industrializzati (Callahan, 2013, p. 42). Egli propone a riguardo una struttura piramidale, in base alla quale si dovrebbe destinare la maggior parte di tali risorse al livello più basso costituito dalla promozione della salute e dalla prevenzione delle malattie (*health promotion and disease prevention*). Ai livelli superiori della piramide dovrebbero trovare posto prima la medicina di base e le cure di emergenza (*primary care medicine and emergency care*), poi i brevi ricoveri ospedalieri per far fronte alle malattie acute (*short-term hospital care for acute illness*) e infine la cura altamente tecnologizzata dei malati cronici (*high technology care of the chronically ill*).

alla sfida globale delle malattie croniche, il raggiungimento di una sostenibilità meramente economica del sistema sanitario non è sufficiente perché è necessario anche responsabilizzare il singolo in vista della promozione della salute individuale e collettiva.

Di fronte al quadro epidemiologico appena descritto, gli strumenti digitali presentano un grande potenziale perché sembrano capaci di contribuire alla responsabilizzazione dei cittadini (Redman, 2007), riducendo altresì le distanze tra professionisti della salute e pazienti (Commissione Europea, 2018). Ricorrendo ad esempio a dispositivi indossabili o ad applicazioni di sanità mobile (*mHealth*), al giorno d'oggi è possibile effettuare autonomamente e in maniera pressoché istantanea rilevazioni fisiologiche come il battito cardiaco, la pressione arteriosa e l'indice glicemico nel sangue nonché misurazioni relative al proprio stile di vita, quali il numero di passi fatti in un giorno e la quantità di calorie ingerite. I dati rilevati possono così aumentare la consapevolezza del proprio stato di salute, incentivare una revisione dei cosiddetti *health-related behaviors* (comportamenti legati alla salute) e favorire la cooperazione attiva tra medico curante e assistito nel caso in cui tali dati diventino oggetto di condivisione. La realizzazione di tutti questi obiettivi potrebbe allora migliorare la qualità dell'assistenza, riducendo in particolare i costi della spesa sanitaria e ridimensionando la crescente domanda di salute nei confronti della medicina.

Di fatto, un approccio alla salute principalmente digitalizzato può giungere ad esiti contrapposti rispetto a quelli appena descritti. In primo luogo, la raccolta dei dati da parte del singolo per monitorare le funzioni fisiologiche, gli stili di vita e le attività quotidiane incoraggia la crescente medicalizzazione della vita, cioè quel processo che conduce all'estensione della medicina nei diversi aspetti dell'esistenza umana (Conrad, 2007; Maturo, Conrad 2011[2]). L'automonitoraggio aumenta altresì la probabilità di automedicalizzazione, fenomeno questo che può rivelarsi dannoso in termini di salute e comportare una sovramedicalizzazione, vale a dire il ricorso a trattamenti preventivi e terapeutici non strettamente indispensabili. In tal modo, diventa sempre più difficile garantire un sistema sanitario equo nonché un'assistenza efficace sotto il profilo dei costi, anche a fronte dell'aumento delle richieste e delle aspettative nei confronti della medicina.

In secondo luogo, le "narrazioni di salute *digital-based*"[97] propongono un'immagine riduttiva della realtà corporea: il corpo che viene continuamente misurato e valutato rischia infatti di essere concepito come un oggetto del tutto quantificabile e misurabile. Così facendo, si considera il corpo come materia riducibile alla sua oggettivazione (*Körper*) e lo si paragona a una macchina il cui corretto funzionamento delle sue parti corrisponde alla salute. Un tale approccio presenta diversi nodi problematici: *in primis*, l'oggettivismo meccanico-funzionale rivela solo una dimensione del corpo – ottenuta per di più con un'astrazione di stampo positivistico – perché non riconosce l'esperienza soggettiva della corporeità, cioè il corpo vissuto (*Leib*) (Jensen, Moran 2013). In effetti, come ben insegna la tradizione fenomenologica, noi non abbiamo semplicemente un corpo, ma siamo innanzitutto il nostro corpo quale unità vissuta di percezione, movimento e autocoscienza[98]. Le reiterate pratiche di misurazione possono poi condurre a considerare il corpo come un oggetto del tutto padroneggiabile, che a lungo andare rischia però di perdere i connotati umani e di assumere le sembianze di un *digital cyborg body* (Lupton, 2012).

Infine, il "sé misurato" (*the Quantified Self*) suggerisce l'idea che lo stato di salute possa essere stabilito solo attraverso dei parametri strettamente oggettivi. Si propone pertanto un concetto avalutativo di salute, cioè del tutto indipendente da considerazioni valutative e soggettive. In realtà, gli stessi dispositivi digitali di automonitoraggio fanno riferimento alla statistica e agli studi epidemiologici, fondando così le varie misurazioni su criteri convenzionali e quindi su una certa idea di salute. Per di più, quel corpo che "io sono" (e non semplicemente che "io ho") si percepisce come più o meno sano; di conseguenza, nel determinare la salute, risultano importanti anche le valutazioni soggettive e di certo gli

---

97 È questa l'espressione utilizzata da Antonio Maturo (2014, in particolare p. 65) in un suo recente contributo dal titolo *"Vite misurate". Il Quantified Self e la salute digitale*.

98 Come evidenziano diversi studi neurofenomenologici, il corpo è rilevante per le funzioni mentali e viceversa. Si veda ad esempio Gallagher, Zahavi (2012).

strumenti di automonitoraggio non possono rilevare il vissuto esistenziale di salute del singolo.

5. CONSIDERAZIONI CONCLUSIVE

I servizi di *e-health* stimolano di certo un *empowerment* diffuso, assegnando a tutti un ruolo sempre più attivo nella promozione della salute individuale e collettiva. Ciononostante, se gli strumenti digitali vengono utilizzati in maniera acritica, senza specifiche competenze e al di fuori di un rapporto diretto con un medico o un professionista sanitario, il coinvolgimento digitalizzato del paziente-cittadino può generare alfabetizzazione pericolosa, inclusione in bolle informazionali e nuovi target per strategie di marketing. Non si intende qui criticare la volontà dell'*e-patient* di accrescere il proprio bagaglio conoscitivo e di partecipare attivamente alle scelte che riguardano la sua salute, ma semmai evidenziare l'esigenza del contesto intersoggettivo durante il processo decisionale, e ancor prima nella ricerca di *health-related information*. Malgrado le modalità social facilitino i contatti tra coloro che accedono al web, non vi è dubbio che la particolare vulnerabilità dovuta all'esperienza di malattia richieda pratiche comunicativo-relazionali capaci di rispondere ai singoli bisogni e di garantire un'azione di cura condotta con un certo rigore e metodo scientifico.

Detto altrimenti, comunicazione e competenza medica costituiscono due aspetti imprescindibili per promuovere la salute e proporre un adeguato percorso assistenziale. Per quanto riguarda il primo, merita di essere citato il comma 8 dell'art. 1 della Legge n. 219/2017 (*Norme in materia di consenso informato e di disposizioni anticipate di trattamento*) che recita: «Il tempo della comunicazione tra medico e paziente costituisce tempo di cura»[99]. Si è qui dinnanzi a un impegno comunicativo

---

[99] Si tratta di un'espressione eticamente pregnante contenuta anche nell'attuale Codice di Deontologia Medica, precisamente all'interno dell'art. 20 dedicato alla relazione di cura. Si legge infatti: «La relazione tra medico e paziente è costituita sulla libertà di scelta e sull'individuazione e condivisione delle rispettive autonomie e responsabilità. Il medico nella relazione persegue l'alleanza di cura fondata sulla reciproca fiducia e sul mutuo rispetto dei valori e dei diritti e su un'informazione comprensibile e completa, considerando il tempo della comunicazione quale tempo di cura».

che deve essere assunto da tutti, ma in particolar modo da chi, prima di rivolgersi a un medico, reperisce online informazioni di ogni sorta sul proprio stato di salute, e non da ultimo dai professionisti della cura che utilizzano le tecnologie digitali per aumentare la loro visibilità e interagire con i pazienti-cittadini. Da un lato, infatti, la ricerca in rete di *health-related information* potrebbe avere delle ricadute in fase di interazione clinica come nel caso in cui il paziente abbia raccolto online dati discordanti rispetto a quelli espressi *vis-à-vis* dal medico. Se, in circostanze simili, l'*e-patient* non si dedica alla comunicazione, vi è il rischio di mettere in dubbio la professionalità del medico, rendendo difficoltoso l'instaurarsi di un rapporto interpersonale basato sulla fiducia. Dall'altro lato, l'*e-care* deve esplicarsi in pratiche comunicative che rispondano sempre al criterio della competenza medica e non conducano a una perdita di autorevolezza da parte della medicina. È necessario ad esempio che i professionisti della salute presenti sul web non generino false aspettative né tanto meno assegnino al sapere medico un carattere di infallibilità[100].

Infine, promuovendo l'*e-health*, si deve evitare l'adozione di approcci riduttivi rispetto al tema della salute. Se del tutto digitalizzata, quest'ultima potrebbe essere o ridotta a un bene di consumo acquistabile in base a valutazioni soggettive oppure venir concepita in termini esclusivamente oggettivi. Con il primo riduzionismo, cioè mediante un appello esclusivo a parametri soggettivi, si favorisce un'accezione indeterminata di salute, invitando per di più l'impresa medica a lasciarsi guidare anche, se non soprattutto, dai criteri di salute stabiliti dal singolo individuo. In una tale cornice, la medicina sarebbe chiamata non solo a ripristinare la salute, ma anche a soddisfare qualsiasi bisogno dell'uomo o addirittura a realizzare ogni suo desiderio. Riconoscendo invece solo la dimensione oggettiva di salute, ed è questo uno dei rischi dell'automonitoraggio digitale, si riduce il corpo, così come il sé, a una realtà del tutto quantificabile e misurabile. In tal modo, viene tralasciato il vissuto esistenziale

---

[100] Non a caso, il riconoscimento e la valorizzazione dell'incertezza intrinseca alla medicina, cioè del suo carattere rivedibile in quanto impresa scientifica, sono condizioni necessarie per promuovere una fiducia ben riposta nella medicina. È quanto ho recentemente sostenuto in Marin (2019b).

di salute del singolo, ma si sottovalutano anche il contesto socio-economico e l'ambiente in cui si vive, fattori questi che, come si è visto nell'analisi delle malattie croniche, possono compromettere o migliorare lo stato di salute dell'individuo e della popolazione.

REFERENCIAS BIBLIOGRÁFICAS

Boccia Artieri, G. (2012). Stati di connessione. Pubblici, cittadini e consumatori nella (Social) Network Society. Milano: FrancoAngeli.

Callahan, D. (2016). The Five Horsemen of the Modern World. New York: Columbia University Press.

Callahan, D. (2013). Medical Progress and Global Chronic Disease: The Need for a New Model. Brown Journal of World Affairs, 20 (1), 35-46.

Castells, M. (1996). The Rise of the Network Society. Oxford: Blackwell.

Cioni, E. e Lovari, A. (2014), Pratiche comunicative social: una ricerca su organizzazioni sanitarie e cittadini connessi. Sociologia della comunicazione, 48, 47-59.

Cohen, E. (2010). The Empowered Patient: How to Get the Right Diagnosis, Buy the Cheapest Drugs, Beat Your Insurance Company, and Get the Best Medical Care Every Time. New York: Ballantine Trade Paperback Original.

Comitato Nazionale per la Bioetica (CNB) (25 novembre 2016). Tecnologie dell'informazione e della comunicazione e big data: profili bioetici. http://bioetica.governo.it/media/1802/p124_2016_tecnologie_informazione_comunicazione_it.pdf (ultimo accesso 23-12-2019).

Comitato Nazionale per la Bioetica (CNB), Comitato Nazionale per la Biosicurezza, le Biotecnologie e le Scienze della Vita (CNBBSV) (15 luglio 2010). Test genetici di suscettibilità e medicina personalizzata. http://presidenza.governo.it/bioetica/pareri_abstract/Test_genetici.pdf (ultimo accesso 23-12-2019).

Commission on Social Determinants of Health (2008). Closing the Gap in a Generation: Health Equity through Action on the Social Determinants of Health. Final Report of the Commission on Social Determinants of Health. Geneva: World Health Organization.

Commissione Europea (25 aprile 2018). Comunicazione della Commissione al Parlamento Europeo, al Consiglio, al Comitato economico e sociale europeo e al Comitato delle regioni. Contrastare la disinformazione online: un approccio europeo. https://eur-lex.europa.eu/legal-content/IT/TXT/PDF/?uri=CELEX:52018DC0236&from=EN (ultimo accesso 23-12-2019).

Conrad, P. (2007). The Medicalization of Society. On the Transformation of Human Conditions into Treatable Disorders. Baltimore: The Johns Hopkins University Press.

Courtney, K.L., Shabestari, O. and Kuo, A. (Eds.) (2013), Enabling Health and Healthcare through ICT. Available, Tailored and Closer. Amsterdam: IOS Press.

Ducci, G. (2016). Comunicazione pubblica e performance nella sanità digitale: trasparenza e accountability per un empowered patient. Sociologia della comunicazione, 51, 120-135.

Ferguson, T. (2007). E-Patients. How They Can Help Us Heal Healthcare, San Francisco: White Paper – Society of Participatory Medicine.

Fox, N.J., Ward, K.J. and O'Rourke, A.J. (2005). The "Expert Patient": Empowerment or Medical Dominance? The Case of Weight Loss, Pharmaceutical Drugs and the Internet. Social Science & Medicine, 60 (6), 1299-1309.

Gallagher, S. and Zahavi, D. (2012[2]). The Phenomenological Mind. An Introduction to Philosophy of Mind and Cognitive Science. London: Routledge.

Gawande, A. (2017), Il medico che ti salva la vita. Internazionale, 1230, 42-50.

Jensen, R.T. and Moran, D. (Eds.) (2013). The Phenomenology of Embodied Subjectivity. Dordrecht: Springer.

Kim, J.N. and Lee, S. (2014). Communication and Cybercoping: Coping with Chronic Illness through Communicative Action in Online Support Networks. Journal of Health Communication, 19, 775-794.

Lupton, D. (2012). M-Health and Health Promotion: The Digital Cyborg and Surveillance Society. Social Theory & Health, 10 (3), 229-244.

Lupton, D. (2013). The Digitally Engaged Patient: Self-Monitoring and Self-Care in the Digital Health Era. Social Theory & Health, 11 (3), 256-270.

Lupton, D. (2014). The Commodification of Patient Opinion: The Digital Patient Experience Economy in the Age of Big Data. Sociology of Health & Illness, 36 (6), 856-869.

Marin, F. (2017). Putting Health in the Marketplace. Ethical Issues about Providing Online Health Risk Information. Medicina e Morale, 66 (1), 31-43.

Marin, F. (2019a). L'agenda della bioetica: problemi e prospettive. Padova: Il Poligrafo.

Marin, F. (2019b). Placing Trust in Medicine by Dealing with Its Uncertainty. Teoria, 39 (1), 81-96.

Maturo, A. (2014a). Gente pesante. Un'analisi su blog e obesità. In C. Cipolla e A. Maturo (Eds.), Sociologia della salute e web society (pp. 230-251). Milano: FrancoAngeli.

Maturo, A. (2014b). "Vite misurate". Il Quantified Self e la salute digitale. Sociologia della comunicazione, 48, 60-67.

Maturo, A. e Conrad, P. (a cura di) (2011[2]), La medicalizzazione della vita. Milano: FrancoAngeli.

Meskó, B. (2013). Social Media in Clinical Practice. London: Springer-Verlag.

Pariser, E. (2011). The Filter Bubble: What the Internet Is Hiding from You. New York: Penguin Press.

Redman, B.K. (2007). Responsibility for Control; Ethics of Patient Preparation for Self-Management of Chronic Disease. Bioethics, 21 (5), 243-250.

Rinnenburger, D. (2019). La cronicità. Come prendersene cura, come viverla, Roma: Il Pensiero Scientifico Editore.

Schulz, P.J. and Nakamoto, K. (2013a). Patient Behavior and the Benefits of Artificial Intelligence: The Perils of "Dangerous" Literacy and Illusory Patient Empowerment. Patient Education and Counseling, 92, 223-228.

Schulz, P.J. and Nakamoto, K. (2013b). Health Literacy and Patient Empowerment in Health Communication: The Importance of Separating Conjoined Twins. Patient Education and Counseling, 90 (1), 4-11.

Spinsanti, S. (2018), La salute: al plurale. E tu, di che salute sei?. Quinto di Treviso: Fondazione Altre Parole.

Su P. (2013). Direct-To-Consumer Genetic Testing: A Comprehensive View. Yale Journal of Biology and Medicine, 86, 359-365.

Thielst, C.B. (2011). Social Media: Ubiquitous Community and Patient Engagement. Frontiers of Health Services Management, 28 (2), 3-14.

van Uden-Kraan, C.F., Drossaert, C.H.C., Taal E. et al (2009). Participation in Online Patient Support Groups Endorses Patients' Empowerment, Patient Education and Counseling, 74, 61-69.

Varnelis, K. (Eds.) (2008). Networked Publics, Cambridge (MA): MIT Press.

Yamout, S.Z., Glick, Z.A., Lind, D.S. et al (2011). Using Social Media to Enhance Surgeon and Patient Education and Communication. Bulletin of the American College of Surgeons, 96 (7), 7-15.

Capítulo VIII

LA ONTOLOGIA E VISIBILITÀ: SU ALCUNI OGGETTI SOCIALI

Dr. Roberto Gronda
Università di Pisa, Italia

RESUMEN

Lo scopo di questo saggio è indagare il rapporto fra il concetto di visibilità e un tipo particolare di oggetti sociali che chiamerò *entangled objects*. Gli *entangled objects* si caratterizzano per una singolare compenetrazione di elementi naturali e sociali. Cercherò innanzitutto di fornire argomenti a favore dell'esistenza di questo tipo di oggetti e della loro irriducibilità ai fatti sociali istituzionali. In secondo luogo, mi propongo di mostrare come la nozione di visibilità consenta di impostare in modo efficace alcuni problemi rilevanti per la contemporanea teoria della competenza.

PALABRAS CLAVE

Searle, Oggetti sociali, Visibilità, *Entanglement*, Pragmatismo, Legittimità.

1. LA NATURA DEL PROBLEMA

Il mondo sociale è popolato da una miriade di oggetti. Alcuni di questi – gruppi, istituzioni, norme – sono stati fatti di recente oggetto di attente analisi filosofiche, incentrate attorno al concetto di intenzionalità collettiva. Altri, invece, sono rimasti finora in una penombra che non giunge, forse, a metterne in dubbio l'esistenza, ma che certamente impedisce di coglierne la natura internamente articolata e, di riflesso, lo specifico statuto ontologico. Penso, in modo particolare, a oggetti quali le varie materie su cui si esercitano le attività di *technical decision-making*, entità quali il riscaldamento globale o l'epidemia di xylella che ha colpito gli ulivi del Salento, e così via.

A prima vista si tratta di oggetti talmente differenti gli uni dagli altri da far dubitare che abbia senso la suggestione di considerarli elementi di un'unica specie. E tuttavia ritengo che questa impressione iniziale sia errata e possa, dunque, essere rigettata. Ecco la mia tesi: l'aspetto distintivo e comune a questi oggetti – ciò che li rende tutti oggetti di un certo tipo – è la compenetrazione (*entanglement*) di una componente scientifica con un elemento culturale o valoriale. O, posta in altri termini, la compresenza di un fattore materiale che ha una distinta efficacia causale e di un fattore "culturale" – di autoconsapevolezza – che permette a quel fattore materiale di acquisire rilevanza sociale per un determinato pubblico.

Scopo di questo saggio è, pertanto, di illustrare ed articolare la natura complessa di questo particolare tipo di oggetti sociali – a cui d'ora in poi mi riferirò con l'abbreviazione EO (*Entangled Objects*). In generale, mi propongo di individuare una via media fra opzioni riduzioniste – secondo cui gli EO possono essere descritti in modo completamente soddisfacente nel linguaggio scientifico – e strategie culturaliste o costruttiviste – che ritengono che negli EO non vi sia altro che relazioni di potere e scelte sociali. In particolare, il mio obiettivo è quello di mettere in luce il legame intrinseco che lega gli EO al pubblico che li costituisce.

Facendo riferimento alle analisi semantiche avanzate da Barrotta (2018), cercherò di mostrare come la natura degli EO possa essere compresa soltanto alla luce del concetto di visibilità. Secondo questa interpretazione, un EO si forma nel momento in cui un gruppo di persone riconoscono una qualche forma di interesse per un qualche tipo di fenomeno naturale, descrivibile in quanto tale in termini puramente fattuali, e lo costituiscono in quanto oggetto di maggiore complessità ontologica precisamente in virtù di quell'interesse riconosciuto e divenuto pienamente visibile collettivamente.

Il saggio si struttura come segue. Nei prossimi due paragrafi affronto alcuni problemi di collocazione filosofica. Nel secondo paragrafo cercherò di mettere in luce le ragioni per cui gli EO, pur essendo a tutti gli effetti oggetti sociali, non possono essere ricondotti al modello di spiegazione avanzato da Searle a partire da *La costruzione della realtà sociale* e divenuto standard nel dibattito contemporaneo di ontologia sociale. Nel terzo paragrafo, invece, cercherò di mostrare come la distinzione fra *type* e *token* non si applichi al caso degli EO e come questo sia una spia di una più profonda differenza di struttura. Infine, nel quarto e ultimo paragrafo analizzerò la relazione essenziale fra visibilità e pubblicità e sosterrò che quella relazione è centrale per la soluzione di una questione rilevante per la teoria della competenza, ovvero il cosiddetto problema della legittimità.

2. FATTI SOCIALI E FATTI ISTITUZIONALI

Nella nostra vita quotidiana abbiamo a che fare con oggetti ordinari o di senso comune – tavoli, sedie, alberi, persone. Grazie all'indagine scientifica e al progresso tecnologico abbiamo esteso il nostro impegno ontologico fino a includere gli oggetti microscopici di cui parlano le scienze naturali: abbiamo infatti una certa tendenza non soltanto a *parlare* di cellule, microbi e così via, ma anche a riconoscere ad essi uno statuto ontologico che contribuisce a rendere il nostro inventario ontologico più ricco e stratificato.

Ora, è evidente, un tale inventario sarebbe sorprendentemente povero se non includesse quelle cose che costituiscono il nostro vivere sociale. Almeno a prima vista, infatti, il nostro mondo è composto da norme, gruppi, decisioni vincolanti tanto quanto da cellule, tavoli, bosoni, onde gravitazionali. Non è dunque sorprendente l'attenzione che alcuni filosofi contemporanei hanno riservato a questo tipo di oggetti.

L'origine di tale attenzione può essere ricondotta alla pubblicazione, alla fine dello scorso secolo, de *La costruzione della realtà sociale*. Nelle pagine iniziali di quel testo Searle formula con chiarezza il problema filosofico implicito nell'idea stessa di ontologia sociale: com'è possibile che esistano fatti sociali in un mondo costituito da fatti bruti, interamente descrivibili nei termini forniteci dalle nostre migliori teorie scientifiche? È un punto, questo, che Searle sottolinea a più riprese: è certamente possibile che le nostre migliori teorie scientifiche risultino in futuro false; tuttavia, rimane per noi inaccettabile qualsiasi posizione filosofica che non sia in accordo con i presupposti teorici della teoria dell'evoluzione e della concezione atomistica della materia. In altri termini, per Searle – ed è un'osservazione difficile da non condividere – il naturalismo contemporaneo impone vincoli e condizioni minimali alla plausibilità di una proposta filosofica (Searle, 2006, p.12).

Non mi interessa entrare nei dettagli dell'ontologia sociale searleana, e nemmeno mi propongo di passare in rassegna le critiche ad essa rivolte e le numerose proposte di revisione. Vorrei soltanto sottolineare un punto particolarmente rilevante per il seguito della mia argomentazione. Com'è noto, Searle caratterizza i fatti sociali come una sottospecie di quei fatti che sono ontologicamente soggettivi ed epistemicamente oggettivi. Un fatto è epistemicamente oggettivo quando la verità e la falsità del giudizio corrispondente non dipendono da "atteggiamenti, sentimenti e punti di vista di chi esprime il giudizio e di chi lo ascolta" (Searle, 2006, p.14). In questo senso, il giudizio "il mare è più bello e rilassante della montagna" è epistemicamente soggettivo, dal momento che ogni sua valutazione dipende interamente dalle preferenze del soggetto che formula quell'enunciato. "Il mare ha una temperatura media di 17 gradi" è, invece, un giudizio oggettivo a cui corrisponde un fatto oggettivo che lo rende vero o falso.

Un oggetto è ontologicamente soggettivo nella misura in cui quello, per esistere, ha necessariamente bisogno di un insieme di pratiche in cui viene costituito e impiegato[101]. Ad esempio, un cacciavite non può

[101] Detto in modo incidentale, fatico a comprendere come si possa considerare la dipendenza dalle pratiche umane un segno di dipendenza dal mentale e, quindi, di rimando, di soggettività

esistere se non in riferimento all'intenzione di una comunità di agenti di utilizzare quell'oggetto materiale come cacciavite, per avvitare altri oggetti ontologicamente soggettivi quali le viti. Non è, quindi, difficile vedere come uno stesso fatto possa essere ontologicamente soggettivo ed epistemicamente oggettivo. Senza una comunità di utilizzatori il cacciavite non esisterebbe; il fatto "questo è un cacciavite a stella" è dunque soggettivo. Ma che questo sia un cacciavite a stella non dipende dai miei atteggiamenti, desideri, aspettative e punti di vista. In questo senso, è epistemicamente oggettivo.

Come detto, per Searle non tutti i fatti ontologicamente soggettivi ed epistemicamente oggettivi sono fatti sociali in senso proprio. Affinché un determinato fatto sia sociale – o, per meglio dire *sociale istituzionale,* perché è di questo tipo di fatti che Searle è alla ricerca di una spiegazione e di una teoria – devono esistere delle regole costitutive al cui interno soltanto il fatto sociale istituzionale si forma. L'idea di fondo a cui Searle fa riferimento è che esista una differenza netta fra regole regolative e regole costitutive. Una regola regolativa non fa altro che regolare qualcosa di già esistente. Ad esempio, le regole di guida in un determinato paese: è una regola in Europa tenere la destra, mentre in Gran Bretagna è regola tenere la sinistra. In entrambi i casi, le regole mirano a regolare qualcosa che c'è già, ovvero i comportamenti dei conducenti. Di certo, l'esistenza delle automobili e dei conducenti non dipende in alcun modo dall'esistenza o meno delle regole di guida.

Discorso diverso per le regole costitutive. Non esiste qualcosa come l'alfiere nel gioco degli scacchi prima che siano stabilite le regole del gioco, così come non esiste il denaro prima che siano fissate le regole che costituiscono, in primo luogo, l'aver valore di banconota e, in secondo luogo, le condizioni di validità delle banconote. Allo stesso modo, non esiste il Presidente della Repubblica prima che siano stabilite le sue funzioni, le condizioni di eleggibilità e le modalità di elezione. Ciò implica, fra le altre cose, che se si smettesse collettivamente di riconoscere che "X conta come Y nel contesto C" – secondo la celebre formula searleana –

---

ontologica. Mi limito, in questo senso, a riproporre l'argomento senza prendere una posizione sulla sua validità.

allora quell'oggetto X non varrebbe più come Y: se tutti smettessero di accettare i pagamenti nella valuta corrente, questo pezzo di carta emesso dalla banca centrale cesserebbe di essere una banconota da venti euro.

Se siano necessarie o meno delle regole costitutive per avere dei fatti sociali istituzionali rappresenta uno dei temi maggiormente discussi nel dibattito contemporaneo in ontologia sociale[102]. Ciò che, invece, viene quasi unanimemente accettato è l'idea su cui quel problema si fonda, ovvero che esistano delle *funzioni di status* grazie a cui gli esseri umani sono in grado di imporre proprietà e funzioni a oggetti, persone ed eventi che non possono essere spiegate e ridotte alla loro struttura fisica e materiale. Questo pezzo di carta conta come una banconota da venti euro non in virtù delle proprietà chimico-fisiche del suo supporto, ma in virtù del fatto che le "è stato riconosciuto collettivamente uno *status* che [la] abilita a svolgere funzioni che non avrebb[e] potuto svolgere senza il riconoscimento collettivo di quello status" (Searle, 2010, pp.6-7). Il problema dell'ontologia sociale diventa, dunque, quello di spiegare i meccanismi di costituzione e attribuzione di funzioni di status abbastanza articolate da rendere conto della complessità della nostra realtà istituzionale.

In questo senso, il problema sollevato dalla natura degli EO sposta il fuoco dell'attenzione. Prendiamo un caso paradigmatico di EO come il riscaldamento globale. Il riscaldamento globale conta come EO nel contesto delle nostre democrazie evolute perché la presa di consapevolezza degli effetti di quel fenomeno sulle nostre pratiche e forme di vita fa sì che quell'insieme complesso di eventi naturali divenga un problema politico e sociale e, come tale, acquisisca proprietà non riconducibili a quelle, fisiche, di partenza. E d'altronde, la stessa definizione dell'oggetto, in ultima analisi, dipende, *almeno in parte,* dalle opzioni e

---

102 In questo saggio ho assunto come punto riferimento l'approccio searleano ai problemi di ontologia sociale, ma quello non è ovviamente l'unico disponibile. Su questo punto in particolare – se siano o meno necessarie regole costitutive per avere oggetti sociali – il dibattito è aperto: una proposta alternativa – che ha inizio con *La convenzione: studio filosofico* di David Lewis – è quella di considerare le istituzioni non come regole, ma piuttosto come equilibri. Per un tentativo di coniugare le due prospettive in un modello unitario, si veda Guala e Hindriks (2015a), Guala e Hindriks (2015b) e Guala (2018).

preferenze valoriali delle comunità che sono toccate dagli effetti di quel fenomeno. Non solo nel senso che la rilevanza scientifica del riscaldamento globale – per intenderci, la soglia al di sopra della quale un insieme di eventi è ritenuto essere statisticamente significativo e, quindi, degno di essere spiegato – può variare a seconda della maggiore o minore sensibilità dei ricercatori per il rischio connesso a quel giudizio di rilevanza; ma anche nel senso, più forte, per cui, anche di fronte a un pieno accordo degli scienziati, la comunità politica potrebbe comunque rifiutarsi di riconoscere quel fenomeno naturale come un problema sociale. Se gli effetti del riscaldamento globale non fossero percepiti come pericolosi per le nostre forme di vita, non ci sarebbe nessun motivo di istituire quell'oggetto complesso che è al centro della discussione e deliberazione pubblica contemporanea.

Ciò detto, non è quella presa di consapevolezza – e nemmeno la definizione che su di essa si fonda – a *costituire*, in senso proprio, il riscaldamento globale. Certamente, esistono effetti di *loop* che ci consentono di retroagire causalmente sulle condizioni oggettive che determinano il fenomeno del riscaldamento globale. E tuttavia, a meno di non voler adottare una prospettiva radicalmente costruttivista, non sono i nostri atteggiamenti e le nostre credenze a portare all'esistenza il riscaldamento globale; le nostre credenze e i nostri atteggiamenti che hanno per oggetto quel fenomeno fanno sì che questo entri nella dimensione pubblica, acquisendo così nuove proprietà che hanno, in certi casi, natura istituzionale. Il fatto stesso che ciò a cui mira la deliberazione pubblica sia l'implementazione di politiche che riescano a modificare le condizioni oggettive attualmente esistenti dimostra che quel fenomeno non è, per usare i termini di Searle, ontologicamente soggettivo. O perlomeno – ed è questa la tesi su cui vorrei richiamare l'attenzione – non ha lo stesso statuto ontologico di un oggetto sociale istituzionale come il denaro.

Vediamo di approfondire questo punto. Come detto, una banconota smette di valere come denaro nel momento in cui non venga più riconosciuta collettivamente come tale. Quando l'Italia aderì alla moneta unica, venne stabilito un termine di prescrizione di 10 anni per il cambio delle lire in euro. Oltre quella data non sarebbe più stato possibile effettuare alcun cambio: da quel momento in poi quelle banconote avrebbero perso la loro funzione di status, diventando dei semplici pezzi di carta privi di valore. Diversa la situazione con un EO. Immaginiamo che le nostre comunità politiche, dopo il recente picco di attenzione per il fenomeno, smettano completamente di preoccuparsi degli effetti del cambiamento climatico. Come conseguenza di quella decisione, il cambiamento climatico cesserebbe di essere un *entangled* object: non si discuterebbe più della sua rilevanza sociale; non ci sarebbero più atti legislativi volti a limitare le emissioni o provvedimenti mirati a finanziare la ricerca scientifica e a promuovere lo sviluppo di tecnologie in grado di eliminarne o tenerne sotto controllo gli effetti. Il nostro mondo sociale sarebbe certamente diverso. Nonostante questo, però, il cambiamento climatico rimarrebbe comunque un oggetto naturale che continuerebbe ad esercitare la propria azione su un piano fisico e, per via indiretta, sulle nostre forme di vita. In questo senso, pur perdendo alcune proprietà sociali che al momento possiede, il cambiamento climatico non si dissolverebbe in quanto oggetto per il solo fatto di non essere più riconosciuto collettivamente come un oggetto sociale. E questo perché la sua capacità di dispiegare la propria azione – e, pertanto, di influenzare le nostre pratiche – non dipende esclusivamente dalla funzione di status che gli viene collettivamente riconosciuta e attribuita.

Detto in altri termini: credo sia possibile affermare che abbiamo due intuizioni diverse nel caso degli oggetti sociali istituzionali e degli EO. Nel primo caso, mi sembra che tendiamo ad avere un'intuizione leggermente più antirealista *per quanto riguarda la natura sociale dell'oggetto*. Siamo noi, collettivamente, ad attribuire una funzione di status a un sostrato materiale e la presenza del sostrato materiale non ha alcun effetto sulla presenza o meno del fatto sociale istituzionale che vi è istanziato. Nel secondo caso, mi pare, al contrario, che siamo più propensi ad adottare una prospettiva realista. Così come possiamo non prestare caso a un oggetto senza che per questo cessi di esistere per il fatto di non essere più percepito, allo stesso modo possiamo non prestare più attenzione a un EO – possiamo, in altre parole, smettere di preoccuparcene

– senza che per questo quello cessi di esercitare la propria influenza sulla nostra vita sociale[103].

Se questo è vero – se è vero che abbiamo effettivamente due intuizioni diverse nei due casi – allora non dovremmo correre il rischio di confondere i due tipi di oggetti sociali. Piuttosto, dobbiamo evitare di incorrere nel rischio opposto, ovvero di essere portati dalla forza di questa intuizione realista a negare il carattere sociale degli EO.

3. TIPI SOCIALI E OGGETTI INDIVIDUALI

Prima di passare, nella prossima sezione, ad analizzare più nel dettaglio la natura degli EO, vorrei discutere brevemente un ulteriore tratto di specificità di quegli oggetti – e, di rimando, dei termini corrispondenti – che li pone in una posizione ortogonale rispetto al dibattito contemporaneo nel campo dell'ontologia sociale.

A partire da Searle, uno degli strumenti concettuali più efficaci per rendere conto delle caratteristiche distintive degli oggetti sociali istituzionali è la distinzione fra *type* e *token*. Basti pensare che la stessa definizione searleana di tali oggetti si struttura precisamente a partire da quella distinzione: X (un concreto oggetto) conta come Y (un genere) nel contesto C – ovvero, X è un *token* di un determinato *type* in un certo contesto. Il punto filosoficamente rilevante è che un singolo oggetto o evento, in virtù del suo essere costituito come un *token* di un certo *type*, acquisisce le proprietà corrispondenti al genere di cui è un esemplare. È perché questo pezzo di carta è stato emesso da una banca centrale che conta come una banconota e, in virtù di questo, viene a possedere tutte le proprietà connesse al genere. Senza la costituzione di un *type* a cui il *token* appartiene, non ci sarebbe realtà sociale.

---

103 In questa misura, possiamo dire che gli EO esercitano una pressione normativa sul pubblico che sembra mancare nel caso degli oggetti sociali istituzionali. Nel momento in cui smettiamo, come pubblico, di prestare attenzione agli effetti di un EO sulle nostre forme di vita, quell'EO si dissolve in quanto oggetto sociale e retrocede alla natura di fatto bruto. Nonostante ciò, rimane comunque attiva l'istanza normativa che prescrive di prestare attenzione e rispondere socialmente a quell'insieme di fenomeni. Niente di tutto ciò si dà, mi pare, nel caso di un oggetto sociale istituzionale.

La distinzione fra *type* e *token* consente altresì a Searle di impostare e risolvere un problema rilevante per la sua concezione degli oggetti sociali istituzionali. Come detto, qualcosa conta come qualcos'altro in un determinato contesto C se e solo se è collettivamente riconosciuto come tale; se smettessimo di riconoscere questo pezzo di carta come una banconota – come ha fatto lo Stato italiano con la lira – allora quel pezzo di carta tornerebbe ad essere un fatto bruto, senza alcuna proprietà sociale ad inerirvi. Il problema che segue da questo approccio è, dunque, il seguente: supponiamo, osserva Searle, che una singola banconota da un dollaro sfugga dalla macchina di stampa della Banca Centrale e finisca in una fenditura nel pavimento, senza che alcuna persona sia consapevole della sua esistenza; quella banconota non verrà, quindi, mai usata né concepita come denaro semplicemente perché nessuno la riconoscerà come tale (Searle, 2006, p.41). Eppure, in un caso come questo, siamo pronti ad ammettere che, anche in assenza di un riconoscimento collettivo, quel pezzo di carta è a tutti gli effetti una banconota da un dollaro. Allo stesso modo, ma specularmente, una banconota contraffatta non conta come denaro anche se dovesse essere collettivamente riconosciuta come tale e accettata nelle correnti transazioni economiche. Ma se questo è vero, che ne è del legame essenziale che si era stabilito fra riconoscimento collettivo e costitutività dei fatti sociali istituzionali?

La soluzione a questa difficoltà consiste, appunto, nell'assumere quella distinzione e insistere con forza che il riconoscimento collettivo deve essere ritenuto costitutivo dei *types* e non dei *tokens*. Si tratta, cioè, di ammettere che possiamo certo compiere degli errori di individuazione dei singoli *tokens*, ma che quella stessa forma di errore non è disponibile nel caso dei *types*. La stabilità ontologica della realtà sociale è assicurata al livello dei generi, non delle loro singole istanziazioni.

Questa tesi – nota come la tesi dell'infallibilità dei generi sociali – è tanto controversa quanto discussa[104]; non intendo pertanto sostenerne qui la validità. Ciò che mi preme sottolineare, piuttosto, è come questa linea di argomentazione, incentrata sulla distinzione fra *type* e *token*, sia diventata centrale nel dibattito contemporaneo in ontologia sociale. Si

---

104 Si vedano, fra gli altri, Haslanger e Saul (2006) e, soprattutto, Guala (2010).

consideri, per fare solo un altro esempio, la proposta di classificazione dei generi sociali avanzata da Khalidi: lo scopo di Khalidi è di integrare e correggere l'idea searleana del riconoscimento collettivo come condizione, se non sufficiente, perlomeno necessaria, dell'esistenza di un oggetto sociale. Esistono infatti dei controesempi a quella proposta teorica, che sembrano spingere nella direzione opposta: ad esempio, il genere sociale *recessione economica* sembra poter esistere senza che sia necessario un riconoscimento collettivo della sua esistenza.

Non sono convinto che questo sia un buon controesempio: al di là della risposta di Searle, secondo cui si tratterebbe di conseguenze strutturali della posizione di altri generi sociali più fondamentali, si potrebbe argomentare che recessione economica vada considerato come un concetto teorico posto dalla scienza economica – e, come tale, non riducibile ai generi sociali. Oppure, ed è una soluzione che accenno senza approfondire qui, recessione economica potrebbe essere trattato come un EO, la cui base descrittiva è offerta dalla scienza economica e la base valoriale dall'insieme degli interessi, valori, preoccupazioni delle comunità pubbliche che sono colpite dagli effetti di quel fenomeno.

Ad ogni modo, Khalidi utilizza questo ed altri esempi per proporre una tassonomia di generi sociali che evidenzi il loro diverso statuto ontologico. In aggiunta agli oggetti sociali istituzionali indagati da Searle – quei casi paradigmatici in cui sia i singoli *tokens* sia il *type* corrispondente dipendono dagli atteggiamenti umani – Khalidi individua altri due tipi distinti di generi sociali. Da un lato, quei generi sociali la cui esistenza è dipendente dalla mente umana in quanto *type* – ed è questo il caso del denaro sopra analizzato. Dall'altro, quei generi sociali che sono indipendenti dalla mente sia per quanto concerne il *type* sia per i vari *tokens* – e come casi di questo tipo, Khalidi nomina, appunto, il genere *recessione economica* o *razzismo*. Chiaramente, affinché ci possa essere razzismo o una recessione economica devono esistere degli uomini, e le loro attività devono aver raggiunto un certo grado di complessità. Ma la loro esistenza non dipende dal fatto di essere riconosciuti come tali: esistono e basta. In questo senso, non sono in alcun modo dipendenti dalla mente umana (Khalidi, 2013, p.104).

Ora, alla luce di tutto questo, qual è la situazione nel caso degli EO? Qual è il loro statuto ontologico e che cosa ne assicura la stabilità ontologica? O, posta la questione in altri termini, in quale delle categorie individuate da Khalidi potrebbero essere fatti rientrare?

Come accennato in precedenza, per certi aspetti gli EO sembrano assimilabili ai generi sociali indipendenti dalla mente. Così come la recessione economica, si potrebbe sostenere, anche il cambiamento climatico esiste indipendentemente da ciò che le comunità politiche e sociali interessate dai suoi effetti possano pensare di esso. Tuttavia – ed è questo il punto che marca la differenza fra i due casi – la dimensione degli EO che è indipendente dal riconoscimento collettivo è quella "naturale", ovvero quella che può essere descritta in un linguaggio scientifico, e non quella propriamente sociale. È certamente lecito osservare che questa idea di naturalità non preclude che gli oggetti di cui tratta siano generi sociali – e che quindi il concetto stesso di naturalità così formulato debba essere ulteriormente qualificato per evitare i rischi di una naturalizzazione indebita di proprietà sociali. Ma rimane il fatto che, se questa considerazione è valida, gli EO presentano una complessità strutturale non riconducibile a quella della terza tipologia di generi sociali individuata da Khalidi.

In aggiunta – e più radicalmente – nel caso degli EO mi sembra molto poco promettente impostare la questione della loro stabilità ontologica nei termini della distinzione fra *type* e *token*. Per mostrare questo punto ricorrerò, senza discuterli apertamente, ad alcuni concetti pragmatisti. L'aspetto che mi preme sottolineare maggiormente è che gli EO hanno la natura di problemi sociali che richiedono di essere risolti. In quanto oggetti di un'attività di indagine, gli EO possiedono una certa stabilità ontologica – ed è questa che permette di attribuire loro la metacategoria dell'oggettività – ma il loro modo di essere oggetti è peculiare.

Da una prospettiva pragmatista, un problema è individuato e definito *interamente* dalle caratteristiche proprie della situazione; in questo senso tecnico, ogni problema è unico ed irriducibile. Il che non vuole ovviamente escludere che sia possibile applicare delle categorie che già possediamo al problema in questione. Il punto è, piuttosto, riconoscere che se il problema che abbiamo di fronte fosse riconducibile in modo pienamente soddisfacente a un *type* che già possediamo, allora non si tratterebbe di un problema in senso genuino, ma ricadrebbe sotto il concetto di applicazione abituale di un *pattern* efficace di azione.

Nel caso degli EO, la distinzione fra *type* e *token* gira pertanto a vuoto. Le proprietà caratteristiche di questo singolo problema non sono assicurate dall'esistenza di un genere sociale a cui quell'oggetto singolare apparterrebbe come caso specifico. Se un tale modello di spiegazione fosse applicabile, verrebbe meno l'EO in quanto tale. L'esistenza di tali oggetti è, invece, assicurata dalla loro visibilità per un determinato pubblico che si costituisce proprio nella consapevolezza della loro natura problematica.

4. VISIBILITÀ E OGGETTIVITÀ

Tutte le osservazioni accumulate fino ad ora avevano come scopo quello di gettare luce su alcuni tratti caratteristici e distintivi degli EO. Passiamo ora a una trattazione più analitica. Come detto più volte, gli EO sono oggetti pubblici. Più precisamente: un EO si forma nel momento in cui un gruppo di persone riconosce una qualche forma di interesse per un qualche tipo di fenomeno naturale, descrivibile in quanto tale in termini puramente fattuali, e lo costituisce come oggetto caratterizzato da una maggiore complessità ontologica precisamente in virtù di quell'interesse riconosciuto e divenuto pienamente visibile collettivamente.

Dire che un EO è un oggetto pubblico significa dire che la sua natura consiste nell'essere riconosciuto come tale dalla comunità a cui appartiene. Certamente la base naturale dell'oggetto – sia esso il riscaldamento globale, la preservazione della biodiversità di un certo ecosistema, o un problema tecnico e sociale complesso come la costruzione di un inceneritore – è lì, indipendente dal riconoscimento del suo valore sociale; ma l'EO non coincide mai, come detto, con la sua base naturale; l'EO sorge perché e nella misura in cui esiste un gruppo – chiamiamolo pubblico – che attribuisce un valore (sia esso positivo o negativo) a un certo insieme di tratti naturali. Così facendo, quell'elemento naturale acquisisce nuovi significati e sollecita nuovi modi di risposta[105].

Formulato in termini può rigorosi, quest'argomento può essere tratteggiato come segue. Per fissare il riferimento di un EO (piano semantico) oppure per trovare i criteri di identità dell'oggetto (piano ontologico) o, ancora, per fornirne i criteri di individuazione (piano epistemico) è necessario tenere in conto del piano dei valori, interessi e preoccupazioni del pubblico a cui quell'oggetto importa. In questa misura – e mi rifaccio qui a un'idea di Barrotta – si tratta di concetti (e oggetti) *spessi*: vale a dire, concetti il cui riferimento non può essere fissato indipendentemente dalla dimensione morale propria del pubblico che riconosce quell'oggetto come un proprio problema (Barrotta, 2018, pp.36 e seguenti).

Ovviamente, pubblicità vuol dire visibilità: qualcosa è pubblico se e solo se è nella sua natura di essere visibile. Nel caso degli EO abbiamo, però, un elemento ulteriore: qualcosa è pubblico se e solo se rimane visibile, vale a dire se rimane nella disponibilità della visione del pubblico. E questo avviene se e solo se la loro struttura e articolazione interna non è fraintesa. In questo senso gli EO manifestano una fragilità ontologica tutta peculiare. È infatti un'opzione filosofica legittima sostenere che tali EO non esistano, ma che possano essere ridotti a una delle loro componenti[106]; e questo è spia, tra le altre cose, del loro essere oggetti

---

105 Si pensi, per fare un esempio, alla calvizie considerata come malattia, che acquisisce, per il solo fatto di essere costituita come EO, uno statuto teorico differente che prepara il terreno per la medicalizzazione di un fenomeno naturale che, presso molte altre culture e in altre epoche, non era neppure considerato alla stregua di un disturbo.

106 Va osservato che le due tentazioni eliminativiste – quella naturalista e quella costruttivista – non possiedono lo stesso potere di attrazione. La tentazione costruttivista esercita il proprio fascino principalmente all'interno della sfera delle humanities (e in modo particolare fra i filosofi continentali e fra alcuni sociologi della scienza) e – spiace dirlo, da umanista – fra quei gruppi di persone che non disdegnano di indulgere in concezioni complottiste (no-vax, etc.). La tentazione naturalista, al contrario, è solidale a un'ideologia della ricerca scientifica che, per quanto unilaterale e, in ultima analisi, insoddisfacente, rende conto di alcuni aspetti rilevanti dell'attuale pratica della ricerca scientifica. Non c'è dubbio, infatti, che la nostra capacità di intervenire sui fenomeni – sia da un punto di vista epistemico, nei termini di previsione o spiegazione, sia da un punto di vista tecnico – dipenda innanzitutto dalla nostra capacità di individuarne i componenti. In questo senso, l'insistenza su ciò che è più fondamentale – i costituenti ultimi di un certo

strutturalmente contestati. Il fatto di non essere né puramente naturali – formulabili e descrivibili nel linguaggio delle migliori scienze naturali disponibili – né semplicemente sociali – formulabili e descrivibili nel linguaggio degli interessi pratici, valori morali del pubblico – ne determina l'intrinseca problematicità. Non essendo puramente naturale, ma richiedendo l'adozione di un punto di vista "morale" per costituirsi in quanto oggetto, un EO rimanda ai valori e interessi delle persone coinvolte. Ma non essendo puramente sociale, l'accordo fra i componenti di una certa comunità non può essere ottenuto per mera convenzione: accettare, per via di accordo fra i membri di una comunità, che i vaccini sono sostanzialmente inutili a livello preventivo e che causano l'autismo; sostenere che tutta la normativa legislativa che promuove la vaccinazione è frutto di un lavoro di pressione da parte di Big Pharma sui governi nazionali; ebbene, tutto questo non implica che una bambina non vaccinata che si sia sbucciata il ginocchio non contrarrà il tetano.

Rendersi conto del carattere pubblico degli EO e dei legami di tale pubblicità con la visibilità delle loro componenti stabilisce, dunque, le condizioni per affrontare in modo corretto il problema ontologico posto da questa tipologia di oggetti. Più precisamente, il concetto di visibilità svolge un duplice ruolo per la comprensione della natura degli EO: da un lato, ha valore costitutivo, dal momento che è la percezione di un interesse che determina la creazione del concetto dell'EO; dall'altro ha un valore normativo perché è soltanto attraverso il pieno riconoscimento del ruolo della visibilità nella costituzione dell'EO che un'azione che si rivolga a quell'oggetto come propria materia può risultare pienamente razionale ed efficace.

È importante osservare, in conclusione, che questa teoria (*in nuce*) degli EO non ha un valore esclusivamente analitico, ma ha una certa portata euristica. Quelle ultime considerazioni consentono, infatti, di impostare

---

fenomeno - si associa bene all'idea che ciò che è più fondamentale sia ciò che è naturale: una malattia può dunque avere dei tratti che sono intrinsecamente culturali – ad esempio, nel mondo antico l'epilessia era considerata come un segno di possessione divina - ma rimane vero, in fondo, che ciò che la malattia è realmente è determinato dalle sue basi organiche. E proprio per questa ragione, perché in qualche modo coglie un'intuizione che siamo propensi a ritenere valida, questa seconda tentazione è più pericolosa per il riconoscimento degli EO.

e risolvere in modo originale una questione centrale della contemporanea teoria della competenza. A partire dagli scritti di Collins ed Evans sulla terza ondata nel campo degli studi sociali sulla scienza, è diventato comune distinguere due ordini di questioni a cui ogni teoria della competenza deve dare risposta: il problema dell'estensione e il problema della legittimità (Collins and Evans, 2017, pp.12-13). Il problema della legittimità ha a che fare con l'individuazione di un criterio che consenta di attribuire autorità epistemica a un gruppo di persone, in modo tale che a queste persone sia consentito di mettere *legittimamente* a tacere le istanze e le osservazioni di chi è ritenuto meno competente. A partire dalla seconda ondata negli studi sociali sulla scienza, a questo problema se ne è aggiunto un altro, che consiste nell'individuare dei criteri per stabilire – una volta che sia stata mostrata l'illegittimità teorica dell'idea stessa di un problema della legittimità – l'estensione del pubblico che è opportuno coinvolgere in un processo di deliberazione.

Non è mia intenzione entrare nei dettagli né dei presupposti teorici di questa distinzione né, tantomeno, del dibattito che è seguito alla proposta di Collins ed Evans. Mi limito a sottolineare un solo punto. La nozione di visibilità costitutiva degli EO consente di offrire una soluzione, seppure squisitamente formale, al problema della legittimità. Si tratta di una soluzione che rielabora ed estende la concezione funzionale del pubblico formulata in *The Public and Its Problems* – tradotto in italiano con il titolo (piuttosto sorprendente) *Comunità e potere*. La nozione di visibilità implica che l'estensione del pubblico è determinata dalla capacità degli agenti di riconoscersi come parti in causa dello specifico problema che istituisce quel particolare EO. Il che vuol dire che ogni EO determina il proprio pubblico – ed entrambi si costituiscono in risposta alla presa di consapevolezza, da parte degli agenti, delle conseguenze sul piano morale, valoriale e d'interesse prodotte da fenomeni naturali o descrivibili nei linguaggi delle scienze naturali o sociali. E con il mutare dell'estensione del pubblico muta anche l'articolazione interna dell'EO, che, in questo modo, acquisisce una maggiore definizione e un più preciso significato.

REFERENCIAS BIBLIOGRÁFICAS

Barrotta, P. (2018). Scientists, Democracy and Society. A Community of Inquirers. Cham: Springer.

Collins, H., and Evans, R. (2017). Why Democracies Need Science. Cambridge: Polity Press.

Dewey J. (1971). Comunità e potere. Firenze: La Nuova Italia.

Guala, F. (2010). Infallibilism and Human Kinds, Philosophy of the Social Sciences, 40(2) 244–264.

Guala, F. (2018). Pensare le istituzioni. Scienza e filosofia del vivere insieme. Roma: Luiss University Press.

Guala, F., and Hindriks, F. (2015a). Institutions, Rules, and Equilibria: A Unified Theory, Journal of Institutional Economics, 11, 3, 459-480.

Guala, F., and Hindriks, F. (2015b). A Unified Social Ontology, The Philosophical Quarterly, 65, 259, 177-201.

Haslanger, S., and Saul, J. (2006). Philosophical Analysis and Social Kinds, Proceedings of the Aristotelian Society, 80, 89-143.

Khalidi, M. A. (2015). Three Kinds of Social Kinds, Philosophy and Phenomenological Research, 90, 96-112.

Lewis, D. (1974). La convenzione: studio filosofico. Milano: Bompiani.

Searle, J. (2006). La costruzione della realtà sociale. Torino: Einaudi.

Searle, J. (2010). Creare il mondo sociale. La struttura della civiltà umana. Milano: Raffaello Cortina Editore.

Capítulo IX

L'INCLUSIVE DESIGN COME STRUMENTO DI INCLUSIONE PARTECIPATA

Dr. Roberta Pizzi
Università del Salento

RESUMEN

L'uso della tecnologia è strumento privilegiato di approccio alla realtà, tuttavia grazie alla sua pervasività spesso genera incerta interpretazione dei suoi linguaggi e parziale comprensione dei contenuti. Il design è lo strumento fondamentale della progettazione di prodotti o servizi. Esso è creazione di artefatti che generano relazioni, sia immateriali che fisiche, che aiutano e favoriscono la partecipazione attiva degli utenti. Il design è il processo che mira a cogliere la natura profonda delle cose, di ogni oggetto, e di tradurla in una forma-struttura.
In risposta alla trasversalità dell'impiego delle ICT, l'*inclusive design* offre un approccio alla progettazione di tipo universale e inclusivo, che permette la fruizione dei contenuti da parte di tutti gli utenti, nonostante le differenze individuali. Il design inclusivo è un modo per affrontare le sfide della diversità e della unicità di ciascun individuo, e può essere definito come il modo per realizzare un prodotto/servizio che sia accessibile ed utilizzabile da quante più persone sia ragionevolmente possibile prevedere, senza il bisogno di impiegare un design espressamente destinato ad una ristretta utenza, e che proprio per questo può andare a vantaggio di tutti. Mi propongo di illustrare alcune soluzioni tramite le quali l'*inclusive design* può implementare il livello di partecipazione di soggetti in condizioni di svantaggio.

PALABRAS CLAVE

Inclusive design, Partecipazione, Disabilità, Nuove tecnologie.

1. INTRODUZIONE

L'uso della tecnologia è strumento privilegiato di approccio alla realtà. Grazie alla sua pervasività prefigura la possibilità di semplificare la vita, e di renderla più piacevole, ogni volta che introduce un nuovo servizio a beneficio dell'utente. Ciononostante spesso aggiunge complessità alle azioni da compiere nel quotidiano, e ciò incrementa la difficoltà del suo utilizzo e la frustrazione da parte dell'utente (Norman, 2013), sia per persone comuni sia per individui con bisogni speciali (Santos and Boticario, 2008).

Questo scollamento è da attribuirsi prevalentemente alla differente velocità che si registra tra progresso tecnologico e sviluppo delle competenze individuali per farlo proprio e governarlo, e di conseguenza farne buon uso. Nel mondo tecnologicamente avanzato di oggi non è raro odiare le cose con cui interagiamo, e ciò è ancora più evidente per ciò che riguarda gli strumenti tecnologici (Norman, 2004). Un aiuto in questa direzione può essere offerto da un adeguato modo di comunicare gli stessi progressi in modo da renderli fruibili per tutti gli utenti, tenendo conto di ogni categoria di utente possibile, e quindi comprendendo non solo l'utente medio (astrazione che declinata nella realtà spesso incontra una complessità non prevista) ma ogni eventuale utente nella sua specificità.

2. IL DESIGN COME STRUMENTO PROGETTUALE MULTIDISCIPLINARE

Con il termine design si intende comunemente la progettazione di oggetti o strumenti, in cui gli aspetti tecnici, strutturali e funzionali coesistono con quelli estetico-formali. Il design presuppone una fase di progettazione in cui si devono prevedere diversi fattori che contribuiscono alla realizzazione e all'uso dell'oggetto/strumento, e che sono di carattere funzionale, tecnico-economico, tecnico-costruttivo, ma anche e soprattutto simbolico e culturale.

Ma che cos'è il design? L'Istituto dell'Enciclopedia Italiana Treccani offre la seguente definizione: "nella produzione industriale, progettazione che mira a conciliare i requisiti tecnici, funzionali ed economici degli oggetti prodotti in serie, così che la forma che ne risulta è la sintesi di tale attività progettuale"[107].

Il design riguarda il modo in cui le cose funzionano, come sono governate, e la natura delle interazioni tra persone e tecnologia.

Il termine *design* in inglese può essere sia un sostantivo sia un verbo. Nel primo caso si riferisce ad un oggetto o ad un soggetto, nel secondo si riferisce ad un processo. Nel nostro caso consideriamo la parola design come espressione di un processo. In poche parole, il design cerca la connessione tra problemi e possibilità.

In un certo senso il design è qualcosa di universale, è un modo comune a tutti di fare le cose, come ad esempio decorare la propria stanza o disporre le piante nel proprio giardino. Queste azioni sono atti creativi istintivi che hanno un valore utilitaristico ed estetico ma sono circoscritti alla dimensione personale. La professione del designer, dal cucchiaio alla città di rogersiana memoria[108], mira a realizzare un valore estetico e utilitario su grande scala. A distinguere un designer professionista è l'applicazione di un metodo, oltre che di un percorso formativo specifico e di un'attitudine creativa.

Il design è il mestiere di visualizzare soluzioni concrete al servizio delle esigenze e degli obiettivi degli esseri umani, entro certi vincoli. Il dovere degli oggetti così creati è di adeguarsi alle esigenze delle persone, e non il contrario. Chi usa la tecnologia non deve (o non dovrebbe) impegnarsi e sforzarsi cognitivamente di comprendere le ragioni e i processi che sono dietro il funzionamento di un oggetto.

Accade spesso, tuttavia, che l'attività progettuale sia svolta da esperti in tecnologia che però hanno limitata conoscenza e comprensione delle persone. Si tratta di un *bias* inevitabile, poiché si progetta partendo da sé stessi, e assumendo come dato di fatto che ciò basti a comprendere il comportamento degli altri.

---

[107] www.treccani.it.

[108] *Dal Cucchiaio alla Città* è lo slogan creato nel 1952 da Ernesto Nathan Rogers (Trieste, 16 marzo 1909 – Gardone Riviera, 7 novembre 1969), architetto, teorico dell'architettura e accademico italiano.

> Ma in realtà, noi esseri umani siamo incredibilmente complessi. Chi non ha studiato il comportamento umano spesso pensa che sia piuttosto semplice [...]. "Se solo la gente leggesse le istruzioni", dicono, "tutto andrebbe bene". (Norman, 2013, p. 6)

Alla base del design vi deve essere una conoscenza sia tecnologica sia psicologica. Il processo progettuale non può che avere come scopo un design *human-centered*, un approccio che metta al centro del proprio interesse i bisogni delle persone, le loro abilità e comportamenti. Un buon design inizia con la comprensione della psicologia dell'individuo, con una buona comunicazione, con una chiarezza delle azioni che si possono compiere *con* e *intorno* all'oggetto.

La comunicazione è un aspetto fondamentale. Se le persone non riescono ad usare correttamente un oggetto, è compito del designer chiarire il modo in cui un oggetto deve essere compreso ed impiegato, evidenziandone il modello concettuale. I modelli concettuali sono una forma di narrazione essenziale che aiuta a comprendere le proprie esperienze, a prevedere gli esiti delle proprie azioni e ad affrontare eventi imprevisti. Noi basiamo i nostri modelli concettuali sulle conoscenze e sulle esperienze che possediamo. È evidente che, poiché gli oggetti sono progettati per essere usati dalle persone, senza una profonda comprensione del comportamento umano, essi sono destinati a fallire, a presentare difficoltà nell'uso o nella comprensione.

3. QUANTI DESIGN? ACCESSIBLE, USABLE, UNIVERSAL, E INCLUSIVE DESIGN

Il design non è un processo che avviene nel chiuso di uno studio ma è un processo sociale, che trae idee, ispirazioni, vincoli e condizioni dal contesto sociale, e di contro influisce su di esso. La tecnologia, le leggi, l'etica, i modelli concettuali della disabilità, interagiscono l'un l'altro ed influiscono sul processo di design (Erlandson, 2008).

Esistono numerose definizioni di design di tipo *human-centered* con sfumature di significato molto simili: *accessible design, usable design, universal design, inclusive design.*

L'*accessible design* è obbligatorio e normato, e riguarda la rimozione di ostacoli agli spostamenti delle persone a scala urbana e architettonica per consentirne l'accessibilità a strutture, prodotti e servizi.

L'*usable design* riguarda l'uso o lo svolgimento di un compito attorno ad un oggetto/servizio, in modo che l'utente possa eseguirlo in modo semplice e veloce e con il minimo sforzo, e ne ricavi un senso di soddisfazione al compimento.

Tuttavia, accessibilità ed usabilità, pur essendo correlate, non sono sinonimi: l'usabilità implica l'accessibilità: se un utente non può accedere fisicamente ad un oggetto/servizio esso non è usabile. D'altra parte l'accessibilità non implica l'usabilità, poiché se un utente può accedere fisicamente ad un oggetto/servizio, che tuttavia implica una conoscenza dello stesso che sia al di là delle capacità dell'utente, o il suo uso sia di difficile apprendimento, esso è di conseguenza inutilizzabile (Nielsen, 2010).

L'*universal design* si può definire come il design di prodotti, servizi, strutture, che possano essere usate da persone con qualsiasi grado di disabilità, nella misura più ampia possibile, senza la necessità di modifiche o adeguamenti specifici. L'*universal design* "è l'idea di progettare prodotti che siano facili da usare per il più ampio spettro di utenti"[109] ed include le nozioni di usabilità e di accessibilità. L'*universal design* è utile nell'individuare la natura fisica concreta degli oggetti.

L'*inclusive design* ha come centro d'interesse il modo in cui si giunge a quel particolare design, il processo tramite il quale si definisce un prodotto/servizio.

Mentre l'*universal design* si può riassumere in *one-size-fits-all*, l'*inclusive design* in *one-size-fits-one*. L'*inclusive design* riguarda non solo il progettare per la diversità, ma anche e soprattutto progettare con gruppi differenti, con gli utenti stessi del prodotto/servizio, garantendo che gli stessi utenti collaborino al processo creativo (Langdon, Lazar, Heylighen, and Dong, 2014).

---

109 https://www.oxo.com.

> Viviamo e diventiamo ciò che siamo solo attraverso le nostre relazioni con i molti aspetti dell'ambiente in cui viviamo. [...] La nostra capacità di sperimentare, fare e comunicare (condividere) il significato non è solo il risultato della composizione del nostro cervello e del nostro corpo, ma dipende anche dal modo in cui l'ambiente in cui viviamo è strutturato. (Johnson, 2018, p. 243).

Il significato di ogni oggetto è ciò cui esso mira in base alla esperienza di ognuno di noi. Il significato quindi si genera a partire dalla relazione con l'oggetto, in base alle esperienze possibili che questo ci offre.

È utile, per cogliere appieno la portata di un approccio inclusivo alla creazione di oggetti e servizi con cui ci si trova a relazionarsi, riportare la definizione di "bene" per Rawls, per il quale, accanto a libertà, opportunità e ricchezza, il rispetto di sé e la fiducia nel senso del proprio valore costituiscono forse il bene primario più importante (Rawls, 2005).

4. *SU UNA GAMBA SOLA*. LA CONDIZIONE UMANA E I MOLTEPLICI MODELLI DI DISABILITÀ

Dobbiamo ora fare un passo indietro e riconsiderare la nozione che abbiamo di normalità.

Per citare un esempio noto, il famoso neurologo Oliver Sacks in un suo libro racconta di uno strano viaggio del pensiero: dopo un incidente in montagna, si ritrova immobilizzato a letto con una gamba di cui ha perduto la percezione, è come se il suo arto non gli appartenga più. Questo evento lo spinge a riflettere sulla condizione di normalità, ad indagare cosa si celi dietro la superficie usuale della salute. "Perdere la percezione di un arto lede l'immagine di sé stessi, obbliga a chiedersi che cosa sia questo Sé che agisce in noi." (Sacks and Occhetti, 2002).

Non siamo forse temporaneamente disabili se per esempio stiamo guidando e abbiamo la necessità di fare una telefonata? È necessario ridefinire la disabilità in relazione alla funzionalità e non alle abilità intrinseche, possedute o mancanti, di un soggetto. È necessario assumere non la prospettiva medica, che sottolinea una carenza, ma quella funzionale che evidenzia l'abbassarsi di una funzione in relazione al contesto. Non si può prescindere dal contesto all'interno del quale un soggetto vive ed agisce, e di conseguenza non si possono non considerare le istanze che il contesto stesso esercita sul soggetto.

L'abilità è una delle poche categorie che supera i limiti delle differenze tra individui. Le nostre abilità cambiano nel tempo. Molte di esse vengono acquisite durante la crescita e molte altre vengono perdute con l'avanzare dell'età. Molte sono temporanee e transitorie, e molte contestuali, legate all'ambiente in cui ci muoviamo. A volte il cambio è repentino (si pensi alla necessità di un tempo di adattamento della visione quando si passa da un ambiente buio ad uno illuminato, e viceversa); a volte lo si subisce (si pensi alla capacità di udire una conversazione in ambienti più o meno affollati o rumorosi).

L'*inclusive design* ci offre l'opportunità di vedere le cose da una diversa prospettiva, cercando una risposta efficace alla domanda di cosa sia la disabilità. L'International Classification of Functioning, Disability and Health, comunemente noto come ICF redatto a cura dell'OMS, dà una definizione di disabilità ed una descrizione dello stato di salute. Essa è lo: "stato di benessere fisico, mentale e sociale"[110]. La salute non è dunque assenza di malattia, di disabilità o infermità, ma uno stato generale di benessere della persona, considerato a partire dall'interazione tra più fattori legati al "funzionamento" a scala personale, sociale e biologica. Il cambiamento di paradigma è sostanziale.

Non ci si riferisce più alla disabilità come menomazione, limitazione alla partecipazione e restrizione in determinate attività, ma a funzioni e ad attività in cui lo stato di salute dipende complessivamente da più elementi come l'integrità delle funzioni e delle strutture corporee, la capacità di svolgere delle attività e la possibilità di partecipare alla vita sociale. La disabilità è un fenomeno complesso, che interessa il corpo (sia parte di esso sia l'intera persona), e il sistema sociale e fisico in cui si vive, ed è sempre il risultato di un'interazione tra diverse componenti. Essa condiziona malfunzionamenti su uno o più livelli: invalidità e menomazioni, limitazioni nelle attività, e restrizioni alla partecipazione.

---

110 WHO, Constitution of the World Health Organization, 1948.

Il modello medico, invece, considera la disabilità come una condizione strettamente inerente alla persona, diretta conseguenza di malattia, o di condizioni di salute alterate, e con ciò implica la necessità di un intervento di cura, di correzione o di compensazione[111].

Un altro modello, il cosiddetto "modello sociale della disabilità" (*social model of disability*), concetto coniato dal sociologo inglese Mike Oliver nel 1990, è uno strumento che interpreta la disabilità come conseguenza di fattori sociali: la base concettuale è la distinzione tra "menomazione" (condizione fisica dell'individuo) e "disabilità" (imposta dalla collettività). In tal caso la disabilità è considerata come un problema generato da un contesto fisico poco o per niente accogliente, la cui soluzione è dunque una responsabilità sociale e chiede una risposta politica.

Ognuno di noi può sperimentare la condizione di disabilità anche in maniera temporanea o del tutto occasionale. Ciò non accade solo ad una minoranza di individui, è invece una condizione umana di carattere universale.

Se un'attività richiede un'operatività, cioè un'abilità funzionale eccessivamente complessa per le capacità di un individuo, allora egli è in condizione di disabilità nei confronti di tale richiesta (Erlandson, 2008)

Il modello proposto dall'IFC dell'OMS costituisce un'integrazione tra i due suddetti modelli di disabilità: il modello medico in cui la disabilità è considerata come un problema della persona causato da malattia, incidente o altre condizioni di salute, per cui di conseguenza la disabilità è curata correggendo il deficit e curando la persona; e il modello sociale che vede la disabilità come un problema generato dalla società, il cui focus è la piena integrazione dell'individuo nella società.

La disabilità è dunque un fenomeno estremamente complesso, risultante dall'interazione tra più fattori: esterni alla persona, intrinseci ad essa, transitori o permanenti, relativi ad una parte del proprio corpo o alla totalità. A questo punto la definizione comunemente accettata di normalità diviene realmente difficile.

[111] ICD-10, International Statistical Classification of Diseases and Related Health Problems, 10th Revision, 2011.

Holmes definisce l'idea di normalità come un'idea pericolosa, ed anzi afferma che la normalità non esiste. L'errore è nel presupposto che se si progetta una soluzione per la maggior parte delle persone, quella che è considerate la "media", allora la soluzione può funzionare per la maggioranza.

> Se stiamo progettando una soluzione che sarà usata da milioni di persone, e i nostri pregiudizi sulle capacità sono inevitabili, da dove cominciamo? Per sbloccare questo enigma, vi invito a considerare la diversità attraverso la lente delle *interazioni umane*. Cioè le interazioni tra di noi e con il mondo che ci circonda. (Holmes, 2018, p. 51).

Non è necessario considerare sotto una luce esclusivamente negativa i nostri pregiudizi, i *bias* sulle abilità, personali o altrui. Partire da essi può costituire un punto di forza del processo di progettazione. Sviluppare la capacità di riconoscere in noi stessi i nostri pregiudizi, può condurre a riconoscere quelli degli altri. Ciò porta a soluzioni che tengano conto di un più ampio spettro di capacità.

Holmes definisce dunque la disabilità come *un'interazione non equilibrata*. Ogni scelta progettuale aumenta o diminuisce gli squilibri tra le persone e il mondo che le circonda.

5. L' APPROCCIO INTER-RELAZIONALE

Abbiamo visto come Holmes definisca la disabilità il risultato di una interazione impari, difforme: *a mismatched interaction*. Questo genere di interazione si crea quando si ricerca una soluzione tramite un solo modo partecipativo. Il design inclusivo invece crea una moltitudine di modi in cui le persone possono partecipare e contribuire a un'esperienza.

Ogni oggetto o soluzione progettata determina chi può interagire con essa e chi ne è escluso. Un approccio al design inclusivo e quindi partecipato, include e apprende da persone con un insieme di prospettive differenti. Accogliere all'interno del processo progettuale il contributo di soggetti con disabilità non richiede uno specifico approccio alla progettazione.

Poiché le soluzioni tecnologiche, in particolare, entrano nelle nostre case e pervadono ogni aspetto delle nostre vite, il design di queste soluzioni diventa un atto intimo, strettamente correlato alla nostra dimensione più personale e privata.

Tutti noi condividiamo le nostre esistenze e spesso i nostri pensieri più intimi, con strumenti tecnologici. Ognuno di questi strumenti è il risultato di un design basato su previsioni di comportamento. In un modo o nell'altro ogni scelta operata in questa direzione determina chi avrà accesso, chi parteciperà a questa dimensione socio-digitale.

Se i "*big data*", le grandi quantità di dati raccolti statisticamente ci offrono solo una visione parziale dei bisogni delle persone, dobbiamo ricorrere ai cosiddetti "*thick data*", informazioni di tipo qualitativo che forniscono indicazioni sulle emozioni, sulle motivazioni intrinseche, sulle preferenze, sulle ragioni dei comportamenti e sui desideri delle persone.

Attenersi esclusivamente ai dati ricavati dall'espressione della maggioranza, preclude una vera visione complessiva. Sono le porzioni "marginali" che offrono invece una visione più ampia, poiché collocandosi ai margini riportano sia una visione della totalità, sia una visione della particolarità. È dunque di scarsa utilità, ai fini di una progettazione efficace, tralasciare le esigenze di una ristretta porzione di popolazione, solo perché essa è ritenuta irrilevante in quanto non rappresentativa.

Ma perché un'azienda dovrebbe progettare in modo inclusivo? Oltre ai tradizionali moventi, come acquisire nuovi segmenti di mercato, creare esperienze d'acquisto più soddisfacenti per il consumatore, ed operare in modo più efficiente, si aggiungano la possibilità di orientarsi verso obiettivi significativi, la creazione di nuovi modi in cui le persone possano interagire con i prodotti e immaginare nuove relazioni. Insieme a tutte queste ragioni c'è un ultimo fattore: l'incertezza.

Questo fattore permea la nostra società e le nostre esistenze. Ogni sforzo ed ogni strategia che mettiamo in atto, tendono a migliorare le nostre condizioni di vita, mirano ad evitare l'incertezza, a ricercare l'ordine per uscire dal caos che percepiamo intorno a noi. L'incertezza riguarda soprattutto la continua evoluzione delle tecnologie con cui interagiamo, che ci chiedono un costante sforzo di adattamento, e d'altra parte riguarda direttamente il modo in cui cambiano le nostre abilità nel tempo, le nostre capacità adattative in relazione ai mutamenti tecnologici, e il mutamento del modo con cui interagiamo con questi nuovi sistemi.

Un design inclusivo va a beneficio di tutti. Significa progettare per il futuro, cercare soluzioni che tentino di risolvere l'incertezza con cui inevitabilmente ci dobbiamo confrontare, rafforzare le connessioni e le interazioni umane per far fronte al caos.

L'inclusione obbliga a riconsiderare le ipotesi sui destinatari della progettazione. Quando si realizzano oggetti, si ha la responsabilità di assicurarsi che funzionino bene per le persone, sia dal punto di vista funzionale che emotivo. Questi indizi provengono dall'osservazione, dalla curiosità, dalla vita reale, e dalle conversazioni interpersonali.

Nessuno è interessato a una soluzione che tenti di "aggiustare" o "sostituire" un'abilità. Le persone piuttosto sono interessate alle emozioni che un oggetto suscita in esse, sono motivate da bisogni umani universali, come un maggiore senso di indipendenza o la creazione di una connessione emotiva, o la generazione di un senso di autoefficacia.

Il coinvolgimento aumenta quando un prodotto/servizio è più facile da usare, ancor di più quando si contribuisce direttamente allo sviluppo del prodotto stesso. Il funzionamento delle soluzioni tecnologiche è spesso un mistero per la maggior parte della popolazione, eppure la tecnologia gioca un ruolo primario nella nostra vita quotidiana. L'inclusione dei destinatari, l'assimilazione dei loro contributi all'interno del processo progettuale, l'incontro con le persone, aumenta il senso di appartenenza e di coinvolgimento emotivo e si riflette sulle soluzioni di design. Il tal modo si scoprono nuove soluzioni o nuovi modi di impiegare soluzioni esistenti.

Il miglior modo per conseguire questo risultato è di adottare il metodo della progettazione inclusiva lungo l'intero processo progettuale. Le relazioni tra esseri umani ed oggetti sono inestricabilmente intrecciate con le emozioni, perciò una soluzione inclusiva di successo è una soluzione sia funzionale, sia emozionale. Costruire l'inclusività, cambiando il modo in cui si cercano le soluzioni ai problemi, può essere una via privilegiata verso una società più inclusiva.

6. QUALE UTENTE?

L'utente/consumatore del nostro tempo è un individuo attento, partecipe e consapevole del processo di produzione, trasformazione e acquisto del prodotto. Chiede accesso a maggiori informazioni, e "pretende" una maggiore attenzione ad aspetti legati all'etica e alla sostenibilità. Un ulteriore tratto del consumatore, un aspetto meno ovvio e meno considerato di quanto sarebbe auspicabile è che un'ampia fetta di popolazione affronta sempre più un progressivo invecchiamento. Questa categoria di consumatori rappresenta un sistema economico in progressiva espansione. L'invecchiamento demografico ha inevitabili ripercussioni sul mercato del lavoro, la spesa pubblica, i servizi sociali e quindi sull'andamento economico e l'evoluzione sociale, sanitaria e culturale del Paese. Ad esempio, l'età media della popolazione italiana passerà dagli attuali 44,9 a oltre 50 anni nel 2065.

Il processo di invecchiamento della popolazione è da ritenersi certo e intenso. Si prevede un picco di invecchiamento che colpirà l'Italia nel 2045-50, quando si riscontrerà una quota di ultrasessantacinquenni vicina al 34%[112].

Questo andamento riflette anche la situazione complessiva in Europa. È ciò che uno studio della Commissione Europea definisce "*Silver Economy*" (l'economia mossa dalla popolazione europea over 50) che presto diventerà la terza più grande economia del mondo dopo gli Stati Uniti e la Cina, ed è ulteriormente destinata a crescere.

Appare evidente dunque come i futuri consumatori saranno per la maggioranza composti da una fascia di popolazione progressivamente sempre più anziana, con tutte le conseguenze che l'invecchiamento comporta sul declino delle abilità e capacità fisiche ed intellettive. È ancora più evidente come l'idea di un consumatore medio, e quindi di un utente tipo, che già abbiamo visto essere svuotata di senso, debba essere

---

112 Fonte dati ISTAT 2018.

abbandonata, per accogliere altri segmenti di popolazione generalmente non presi in considerazione (Smith and Preiser, 2011).

La diversità e l'unicità sono la regola, non l'eccezione e nemmeno la minoranza, perciò ha senso considerarle una risorsa e non un fattore limitante o una restrizione (Di Bucchianico, 2019).

7. "NON SI PUÒ NON COMUNICARE". ETICA ED ETICHETTE

"Il significato di un oggetto è conseguenza del percorso progettuale. Quindi, il fine non è il risultato, ma il percorso creativo. Ogni tassello è creazione" (Munari, 2017). Il senso del progetto sta quindi soprattutto nel suo percorso creativo, e in tutti i passaggi che intervengono nella definizione finale dell'oggetto.

Uno dei fattori fondamentali per garantire la partecipazione degli utenti è la motivazione. Le persone, e soprattutto quelle con qualsiasi tipo di disabilità, sono escluse dalle comunità basate sul web quando la tecnologia non dispone delle funzionalità necessarie per supportare la loro interazione.

Se i membri di una comunità, virtuale o reale, non possono utilizzare gli strumenti di comunicazione, non è possibile alcuna partecipazione (Santos and Boticario, 2008).

Un esempio pratico può essere offerto dalle confezioni dei prodotti. Esse sovrabbondano di informazioni di natura varia e diversificata, che includono sia ciò che vi è stampato sulla confezione, sia il materiale e la forma stessa di cui la confezione è costituita.

Tonkin sottolinea la funzione *sostitutiva* dell'etichetta. Essa svolge il ruolo di intermediazione tra gli operatori del settore (produttori, trasformatori, distributori, ecc.) e il consumatore finale, e più che quello di semplice veicolo informativo, assume un ruolo molto più complesso e variegato, cruciale nel processo di comunicazione tra operatori di settore e consumatori (Tonkin et al., 2016; Tonkin et al., 2015).

In questo fondamentale ruolo di cerniera comunicativa l'etichetta agisce come regola e funzione del mercato (Kolodinsky, 2012), ma soprattutto come surrogato della relazione diretta tra due individui, in assenza di una comunicazione *face-to-face* (Tonkin *et al.*, 2015). Costituisce dunque un canale privilegiato attraverso cui passano messaggi complessi il cui scopo non è solo l'opportunità d'informare unidirezionalmente il consumatore sul contenuto e le proprietà del prodotto che acquista, ma muove anche in senso inverso, nel costruire implicitamente un rapporto di fiducia e familiarità col prodotto e con la marca ad esso legata. Essa è potenzialmente un simbolo di valori condivisi, di norme ed aspettative tra consumatore e sistema, tramite cui si formano i giudizi di fiducia in relazione al singolo prodotto, o al singolo operatore (BildtgÅrd, 2008).

La conoscenza acquisita preliminarmente è essenziale per definire il modo in cui il consumatore decritta elementi rilevanti nell'insieme di segni e simboli presenti sulle etichette, che lottano tra di loro per richiamarne l'attenzione. Tuttavia, per il consumatore medio la pluralità delle forme e delle tipologie di informazioni non necessariamente consegue l'obiettivo prefissato di chiarezza delle informazioni relative al contenuto e al suo uso.

Le difficoltà si basano prevalentemente sulla percezione e sulla intelligibilità dell'etichetta e sulla sua interpretazione. Queste difficoltà sono legate a diversi fattori: il dover interpretare nello stesso momento, molti differenti messaggi (testi, immagini, colori, sensazioni tattili e odori, consistenza e peso, ecc.) veicolati simultaneamente; le associazioni semantiche involontarie che può generare il nome stesso del prodotto; la leggibilità propria dell'etichetta; la percezione soggettiva della combinazione di colori, o anche la diversa percezione e interpretazione del colore attraverso culture differenti; le condizioni al contorno al momento dell'acquisto; il gusto personale; il ruolo che le emozioni giocano in risposta al prodotto o ad una circostanza; la difficoltà di comparare tra loro più prodotti ad esempio a causa della presenza di più formati differenti; il livello di istruzione; la familiarità col prodotto o la marca.

8. DOVE L'ETICA?

La parola 'comunicare' etimologicamente deriva dal latino *communicare*, che a sua volta deriva da *communis*, cioè rendere comune, far conoscere. 'Communico' significa infatti "mettere in comune", "creare uno spazio comune" e in generale "mettere a parte", "far partecipi" altri di ciò che si possiede, dischiudere uno spazio comune di relazione.

Habermas (1984) afferma che perché un'autentica comunicazione esente da distorsioni abbia luogo, è necessario che si verifichino delle condizioni: la condizione di simmetria, e le quattro norme universali della pragmatica: veridicità, sincerità, comprensibilità, e legittimità (Habermas and McCarthy, 1984). Quando tutti i partecipanti ad un atto comunicativo hanno uguale possibilità di dialogare liberamente, privi di costrizioni esercitate da autorità o tradizioni, allora si verifica la condizione di simmetria (Huang, 2004; Underwood and Ozanne, 1998a). Questa condizione di simmetria si ottiene anche grazie ad una diffusa ed estesa comunicazione di natura oggettiva e razionale, rispetto ad una di natura emozionale. Il ruolo centrale è giocato dall'etichetta del prodotto, sia essa materiale o virtuale, capace di salvaguardare motivazioni che non siano puramente economiche. Un'etichetta che sia incomprensibile al consumatore può essere considerata *unethical*, non etica.

Underwood a tal proposito propone di costruire, sulla base della teoria delle competenze comunicative di Habermas, un *normative framework* che faccia da guida nel difficile compito di elaborare un buono ed efficace confezionamento del prodotto (Underwood and Ozanne, 1998b).

Ne consegue che una progettazione dell'etichettatura può favorire una maggiore consapevolezza del consumatore in relazione al contenuto, e contribuire a rimuovere o compensare le disparità e i problemi cui vanno incontro le fasce più deboli della popolazione, coloro che sono in condizioni di svantaggio linguistico o culturale, i soggetti anziani o portatori di disabilità di vario tipo.

Per far fronte a questi problemi è opportuno coinvolgere e rendere partecipi gli utenti/consumatori nella definizione del modo in cui i contenuti possono essere strutturati, dell'uso della terminologia, della possibilità di fornire ulteriori informazioni da gestire con le tecnologie assistive (Santos and Boticario, 2008).

9. LA PROSPETTIVA ESPERIENZIALE

Un approccio non meno importante, nella considerazione della modalità di scelta di un prodotto, è la prospettiva antropologica, per la quale l'acquisto di un prodotto è fondamentalmente un'*esperienza*. L'acquistare un prodotto è una forma di intrattenimento. Così come quando si va al cinema, si compra sulla spinta dell'esperienza dell'acquisto, del desiderio di vissuto che l'azione porta con sé, al di là della necessità reale e dell'utilità di ottenere il prodotto. Un'ampia letteratura riporta come l'acquistare un prodotto non sia esclusivamente un fatto legato all'utilità funzionale che esso procura, ma anche al significato simbolico che esso assume. La funzione simbolica è associata al prodotto ed opera in due direzioni: verso la costruzione dell'identità individuale e verso la costruzione del mondo sociale (Solomon 1983; McCracken 1986; Belk 1988; Dittmar 1992).

Inoltre essa è guidata e condizionata dalla natura umana, dai comportamenti, dalle abitudini, e dalla stessa fisiologia del corpo umano (che comprende le sue misure, proporzioni, ma anche altri fattori quali l'età, l'agilità più o meno limitata nel movimento, la capacità di leggere e interpretare messaggi ed immagini), elementi questi che si possono considerare delle *costanti fisiologiche*, dalle quali non si può prescindere nel momento in cui ci si propone di progettare un oggetto (concreto o virtuale che sia) che deve essere usato, manipolato, fruito dalle persone.

Partendo dalla considerazione che la maggior parte delle decisioni d'acquisto viene effettuata nel momento stesso dell'acquisto, nel cosiddetto *point-of-purchase*, si deve tenere presente che ogni consumatore, pur condizionato dalla eventuale fedeltà al marchio o da diverse forme di pubblicità, è maggiormente influenzato dalle impressioni e dalle informazioni che riceve all'interno del punto vendita (Underhill, 2009).

Nel momento in cui si progetta un prodotto, o anche il modo in cui vengono presentate le informazioni relative al prodotto e dunque un'etichetta, si deve tenere in conto un'altra serie di fattori strettamente soggettivi. Tra questi si annoverano l'età, il sesso, il reddito, il livello di istruzione, il gusto, le abilità fisiche (tendenze, limitazioni e bisogni comuni a tutte le persone). A questi si sommano infine altre caratteristiche di natura ergonomica, quali la velocità o l'ampiezza del passo, e la visione (che determina il modo in cui ognuno di noi vede gli oggetti e ne percepisce le caratteristiche, sia con la visione frontale, che con quella periferica), la forza e la destrezza. Infine, si aggiunga che le persone non sono mai ferme, si muovono da un luogo ad un altro. Ciò impone dunque di tenere in conto l'anatomia umana.

Una questione che appare semplice ed ovvia come il considerare il modo in cui ci muoviamo nello spazio e camminiamo è il punto di partenza per una corretta progettazione (Underhill, 2009).

10. IL DESIGN INCLUSIVO

Il *design inclusivo* è un modo per affrontare le sfide della diversità e della unicità di ciascun individuo. Spesso ciò che viene pensato e progettato per risolvere i problemi di una minoranza della popolazione, diviene poi di uso comune per la maggioranza. Si pensi alle rampe che tagliano i marciapiedi, inizialmente inserite nella progettazione degli spazi urbani per venire incontro alle esigenze dei cittadini in sedia a rotelle, in modo da garantire loro l'accesso alle aree urbane e ai marciapiedi, sono comunque di aiuto e sono spesso usati da cittadini che utilizzano altri ausili per la mobilità (pattini, carrelli per la spesa, passeggini, biciclette).

Questo approccio comunica implicitamente all'utente un messaggio ben chiaro di cura e attenzione, favorendo la costruzione di un rapporto di *faithfulness*, poiché come afferma Underhill "*people will buy from people who care*" (Underhill, 2009).

Il modello per il *design inclusivo* è riassunto nei seguenti quattro passaggi principali:

1. Esplorare: determinare i bisogni reali
2. Creare: generare idee in risposta a questi bisogni
3. Valutare: giudicare e testare le idee di progetto per determinare il livello di adeguatezza della risposta
4. Gestire: rivedere i dati raccolti in fase di test e programmare lo step successivo (Goodman-Deane *et al.*, 2016).

Un design inclusivo efficace richiede un approccio più ampio per esplorare e considerare anche soluzioni inconsuete, il cui fine sia rendere un prodotto/servizio fruibile da tutti, accessibile ed utilizzabile dalla maggior parte possibile delle persone per quanto esse possano essere differenti (Preiser and Smith, 2011).

Il ciclo di esclusione si sposta verso l'inclusione quando più persone possono partecipare apertamente al processo progettuale. Per far ciò è necessario identificare con chiarezza le interazioni difformi; creare spazi di partecipazione diversificati; progettare per favorire le relazioni mettendo insieme competenze complementari (Holmes, 2018).

Molte soluzioni proposte tendono a creare strumenti di simulazione per i progettisti, nel tentativo di ricreare le difficoltà cui vanno incontro nella vita quotidiana le persone con disabilità di vario tipo. Ciò perché la domanda di partenza è come far sì che il designer possa comprendere le difficoltà e i bisogni di persone con disabilità. Ad esempio, esistono ausili indossabili che simulano le difficoltà cui vanno incontro le persone con disabilità, nello svolgere le attività della vita quotidiana.

Un concreto aiuto alla progettazione viene dunque dall'inclusione nel processo di design dell'oggetto/servizio, di coloro cui tali oggetti/servizi sono destinati, coinvolgendo quindi direttamente il destinatario dell'intervento nella fase progettuale e rendendolo partecipe di essa. Partecipazione dunque intesa sia come fine dell'iter progettuale, sia come mezzo per conseguirlo (Di Bucchianico, 2019; IDEO, 2015; Langdon *et al.*, 2014).

Le azioni umane devono essere governate dal dialogo con le differenze. Ciò si consegue affrontando l'esclusione di qualsiasi gruppo sociale e lottando contro le restrizioni dei diritti e dei doveri. I nuovi strumenti di accesso ed uso del web permettono a parti invisibili dell'umanità di conquistare spazi di formazione, di lavoro e di socializzazione. Poiché ogni soluzione tecnologica è sempre provvisoria, l'essere umano e le sue esigenze sono al di sopra di ogni tipo di dispositivo tecnologico.

Il nuovo orizzonte che si va profilando è nel cosiddetto web "simbiotico" o "emozionale", che riguarderà una modalità di comunicare con noi allo stesso modo in cui noi comunichiamo tra noi stessi. Il web emozionale riguarderà l'interazione emotiva tra esseri umani e computer, basata sulla neurotecnologia, e supererà il confine "emotivamente" neutro attuale, in cui il web non percepisce i sentimenti e le emozioni degli utenti.

Servendosi dell'Intelligenza Artificiale, i computer ed i dispositivi tecnologici interagiscono con noi, e in futuro lo faranno con sempre crescente pervasività, mimando lo stesso tipo di interazione che si verifica tra gli esseri umani, operando una serie di calcoli complessi analoghi a quelli del ragionamento umano, imparando dai loro stessi errori, per svolgere funzioni complesse che all'uomo richiederebbero molto tempo.

Ci si può domandare se l'impiego di soluzioni così orientate possa costituire una *diminutio* delle abilità per le persone cosiddette normodotate. Le stesse soluzioni adottate per le persone con disabilità, sono ormai sempre più spesso impiegate come *commodities* nel design di oggetti. Si veda l'uso ormai pervasivo di assistenti virtuali ai quali si accede tramite comandi vocali. L'opportunità di trovare soluzioni ai problemi quotidiani, necessaria e anzi fondamentale nel caso di persone con disabilità, può in alcuni casi avvilire la volontà di affrontare gli stessi problemi con un atteggiamento orientato al *problem solving*.

L'*inclusive design* costituisce dunque una soluzione realmente etica alla progettazione di oggetti/strumenti, ancor più grazie al coinvolgimento attivo all'interno del processo progettuale, dei destinatari stessi (utenti/consumatori), portatori veri dell'istanza dalla quale scaturisce qualsiasi forma di design. Tale partecipazione garantisce l'approssimarsi del progetto alla soluzione migliore possibile per ogni singolo utente, e d'altra parte attiva il coinvolgimento emotivo, crea il senso di autoefficacia, conferma la sensazione di essere parte attiva del processo e dunque della costruzione di un *futuro* comune e condiviso.

11. CONCLUSIONI

Il design è il processo che mira a cogliere la natura profonda delle cose, di ogni oggetto, e di tradurla in una forma-struttura. Chiunque abbia mai risolto un problema è, in un certo senso, un designer.

L'uso della tecnologia è strumento privilegiato di approccio alla realtà. Grazie alla sua pervasività prefigura la possibilità di semplificare la vita, e di renderla più piacevole, ciononostante spesso aggiunge complessità alle azioni da compiere nel quotidiano, e ciò incrementa la difficoltà del suo utilizzo e la frustrazione da parte dell'utente, sia per persone comuni, sia per individui con disabilità. Un aiuto in questa direzione può essere offerto da un adeguato modo di comunicare gli stessi progressi in modo da renderli fruibili per tutti gli utenti, tenendo conto di ogni categoria di utente possibile. Alla base del design vi deve essere una conoscenza sia tecnologica sia psicologica. Esso deve mettere al centro del proprio interesse i bisogni delle persone, le loro abilità e comportamenti.

Esistono numerose definizioni di design di tipo *human-centered* con sfumature di significato molto simili. L'*inclusive design*, in particolare, riguarda non solo il progettare per la diversità, ma anche e soprattutto progettare con gruppi differenti, con gli utenti stessi del prodotto/servizio, garantendo che gli stessi utenti collaborino al processo creativo.

L'abilità è una delle poche categorie che supera i limiti delle differenze tra individui. Le nostre abilità cambiano nel tempo. In quest'ottica la "normalità", l'utente "medio", non esistono. È la disabilità la vera condizione universale. La disabilità è un fenomeno estremamente complesso, risultante dall'interazione tra più fattori: esterni alla persona, intrinseci ad essa, transitori o permanenti, relativi ad una parte del proprio corpo o alla totalità.

Ogni oggetto o soluzione progettata determina chi può interagire con essa e chi ne è escluso. Un approccio al design inclusivo e quindi partecipato, include e apprende da persone con un insieme di prospettive differenti.

Un design inclusivo va a beneficio di tutti. Significa progettare per il futuro, cercare soluzioni che tentino di risolvere l'incertezza con cui inevitabilmente ci dobbiamo confrontare, rafforzare le connessioni e le interazioni umane per far fronte al caos.

L'*inclusive design* è un modo per affrontare le sfide della diversità e della unicità di ciascun individuo. Esso costituisce dunque una soluzione realmente etica alla progettazione di oggetti/strumenti, ancor più grazie al coinvolgimento attivo all'interno del processo progettuale, dei destinatari stessi (utenti/consumatori), portatori veri dell'istanza dalla quale scaturisce qualsiasi forma di design. Tale partecipazione garantisce l'approssimarsi del progetto alla soluzione migliore possibile per ogni singolo utente, e d'altra parte attiva il coinvolgimento emotivo, crea il senso di autoefficacia, conferma la sensazione di essere parte attiva del processo e dunque della costruzione di un *futuro* comune e condiviso.

REFERENCIAS BIBLIOGRÁFICAS

BildtgÅrd, T. (2008). Trust in food in modern and late-modern societies. *Social Science Information*, *47*(1), 99–128.

Di Bucchianico, G. (a c. di). (2019). *Advances in Design for Inclusion.*

Elliott, R. (1997). Existential consumption and irrational desire. *European Journal of Marketing*, *31*(3/4), 285–296.

Elliott, R., and Wattanasuwan, K. (1998). Brands as symbolic resources for the construction of identity. *International Journal of Advertising*, *17*(2), 131–144.

Erlandson, R. F. (2008). *Universal and accessible design for products, services, and processes.* Boca Raton, Fla.: CRC Press.

Goodman-Deane, J., Waller, S., Bradley, M., Yoxall, A., Wiggins, D., and Clarkson, P. J. (2016). Designing Inclusive Packaging. In *Integrating the Packaging and Product Experience in Food and Beverages* (pp. 37–57).

Habermas, J., and McCarthy, T. (1984). *The Theory of Communicative Action.* Recuperato da https://books.google.it/books?id=kuFhjNZuHTAC

Holmes, K. (2018). *Mismatch: How inclusion shapes design.* Cambridge, MA London: The MIT Press.

Huang, Y.-H. (2004). Is Symmetrical Communication Ethical and Effective? *Journal of Business Ethics*, *53*(4), 333–352.

IDEO (A c. Di). (2015). *The field guide to human-centered design: Design kit* (1st. ed). San Francisco, Calif: IDEO.

Johnson, M. (2018). *The Aesthetics of Meaning and Thought the Bodily Roots of Philosophy, Science, Morality, and Art.* Recuperato da http://public.ebookcentral.proquest.com/choice/publicfullrecord.aspx?p=5058949

Kolodinsky, J. (2012). Persistence of Health Labeling Information Asymmetry in the United States: Historical Perspectives and Twenty-First Century Realities. *Journal of Macromarketing*, *32*(2), 193–207.

Langdon, P.M., Lazar, J., Heylighen, A., and Dong, H. (a c. di). (2014). *Inclusive Designing.*

Munari, B. (2017). *Design e comunicazione visiva: Contributo a una metodologia didattica.* Bari; Roma: Laterza.

Nielsen, J. (2010). *Usability engineering* (Nachdr.). Amsterdam: Kaufmann.

Norman, D.A. (2004). *Emotional design: Why we love (or hate) everyday things.* New York: Basic Books.

Norman, D.A. (2013). *The design of everyday things* (Revised and expanded edition). New York, NY: Basic Books.

Preiser, W.F.E., and Smith, K.H. (2011). *Universal design handbook.* Recuperato da http://www.dawsonera.com/depp/reader/protected/external/AbstractView/S9780071629225

Rawls, J. (2005). *A theory of justice* (Orig. ed., reprint). Cambridge, Mass.: Belknap Press.

Sacks, O., and Occhetti, R. (2002). *Su una gamba sola.* Milano: Adelphi.

Santos, O. C., and Boticario, J.G. (2008). Requirements for building accessible web-based communities for people with functional diversity. *International Journal of Web Based Communities*, *4*(1), 52.

Smith, K. H., and Preiser, W.F.E. (2011). *Universal design handbook.* Recuperato da http://www.dawsonera.com/depp/reader/protected/external/AbstractView/S9780071629225

Tonkin, E., Coveney, J., Meyer, S.B., Wilson, A.M., and Webb, T. (2016). Managing uncertainty about food risks – Consumer use of food labelling. *Appetite*, *107*, 242–252.

Tonkin, E., Wilson, A.M., Coveney, J., Webb, T., and Meyer, S.B. (2015). Trust in and through labelling – a systematic review and critique. *British Food Journal, 117*(1), 318–338.

Underhill, P. (2009). *Why we buy: The science of shopping* (Updated and rev. for the internet, the global consumer and beyond). New York: Simon & Schuster.

Underwood, R. L., and Ozanne, J.L. (1998a). Is your package an effective communicator? A normative framework for increasing the communicative competence of packaging. *Journal of Marketing Communications, 4* (4), 207–220.

COMUNICAZIONE E MANIPOLAZIONE: STRATEGIE DI DISINFORMAZIONE DI MASSA ED EPISTEMOLOGIA DELL'EMOTIVITÀ

Prof. Angelo Corallo
Università del Salento, Italia

Dr. Roberto Greco
Università del Salento, Italia

Dr.ssa Clara Renna
Università del Salento, Italia

Dr.ssa Cristina De Blasi
ZeroDD S.c.a.r.l., Italia

RESUMEN

Il fenomeno della disinformazione di massa, perpetrata attraverso mezzi di comunicazione estensivi, è più attuale che mai. È possibile constatare la nascita di una nuova forma espressiva di massa, in piena opposizione all'etica della comunicazione, basata sulla diffusione di disinformazione. Le piattaforme di social networking offrono il giusto habitat a tale forma espressiva, giacché promuovono i bisogni di immediatezza cognitiva ed emozionale propri dell'essere umano. Se le relazioni *de visu* richiedono un dispendio emotivo e cognitivo notevole, ciò non accade nei social media, strumento solo superficialmente acritico, in grado di soddisfare (replicandoli) i bisogni di riconoscimento, affiliazione e comunità. Le *fake news* sembrano inoltre attingere a piene mani a un vocabolario emozionale, il quale presidia la lettura sommaria di qualsiasi informazione acquisita, impedendo al contempo una necessaria vigilanza epistemica, ossia la capacità di filtrare le informazioni false o *sbagliate* dai contenuti comunicati e di essere vigili rispetto all'inganno e alla menzogna. Questo capitolo vuole esaminare, infine, attraverso un'analisi interdisciplinare, quale relazione intercorra tra *civic agency* e realtà mediata dai social network, un non-luogo non che, sempre più spesso, non permette la sospensione del giudizio.

PALABRAS CLAVE

Fake-news, Epistemologia, Emozioni, Comunità, Social Network.

1. INTRODUZIONE: DEFINIRE L'INFORMAZIONE E IL SUO OPPOSTO

In che modo la comunicazione diventa informazione, intesa come missione sociale? È possibile asserire, anzitutto, che la società in cui l'uomo vive è una società dell'Informazione. L'informazione – oggi più che mai – condiziona in maniera decisiva ogni attività dell'uomo: essa, come qualsiasi atto di introiezione proveniente da contesti sociali in cui ogni uomo è immerso e attraverso i quali quest'ultimo si definisce parte di un gruppo, è la risultate di un processo di mediazione o, meglio, sedimentazione tra percezione e significazione. La stessa teoria psicologica comportamentista (Schlinger, 2009) afferma che le caratteristiche sociali degli individui siano il risultato di un processo di sedimentazione. L'individuo, infatti, *funziona* in base alle associazioni che stabilisce (*hic et nunc*, qui ed ora) e ha stabilito (lì e allora) nella propria mente, nei nessi tra contesti e relazioni di ciò che egli percepisce come la "propria vita".

Si intende, inoltre, per associazione mentale, il significato simbolico dato alle varie circostanze risultanti dalle interazioni oggettuali e sociali. Tali associazioni, in ambito sociale, determinano e giustificano tutte le complesse caratteristiche proprie dei gruppi sociali. Ne consegue che ogni analisi di realtà non può essere svolta solo alla luce di norme e teorie meccanicistiche. Al contrario, si considera tale realtà il risultato di innumerevoli (e parzialmente catalogabili) giudizi, derivati da associazioni mentali. Per questa ragione, non è possibile parlare di esistenza della realtà ma di *significazione* della realtà, di significati parziali concessi al giudizio del concreto.

Il processo di significazione, pur essendo tendenzialmente frammentato, vive di regole dettate dal contesto in cui ciascun individuo vive. Esso può, quindi, diventare materia d'indagine solo se ordinato alla luce di classificazioni contestuali, orientate all'azione sociale (Ewart, 1991). L'atto di significazione dell'informazione a fini divulgativi (ad esempio, il giornalismo) si rivela estremamente delicato e bisognoso di capisaldi entro i quali ciascuno possa non solo contare su un accesso facilitato ma, soprattutto, sulla garanzia di veridicità oggettuale. I criteri di veridicità fanno di un'informazione, un'informazione eticamente corretta, basata su quei precetti deontologici che devono necessariamente essere propri di qualsiasi divulgatore di informazione. Laddove l'articolo Due della legge professionale 69/1963 dell'Ordine italiano dei Giornalisti recita

> È diritto insopprimibile dei giornalisti la libertà d'informazione e di critica, limitata dall'osservanza delle norme di legge dettate a tutela della personalità altrui ed è loro obbligo inderogabile il rispetto della verità sostanziale dei fatti osservati sempre i doveri imposti dalla lealtà e dalla buona fede. Devono essere rettificate le notizie che risultino inesatte, e riparati gli eventuali errori [...]

il giornalista è tenuto a garantire, attraverso il proprio operato, il rispetto dei criteri di correttezza e di verità sostanziale dei fatti. Laddove il giornalista divulghi notizie inesatte, deve rettificare gli errori commessi.

Il diritto all'informazione è parte integrante della società, contribuendo a creare e costruire un'opinione diffusa ed una discussione pubblica aperta, libera e democratica. L'invenzione della stampa, il conseguente lancio del primo periodico e la crescente importanza dell'opinione pubblica nella vita politica hanno rapidamente sottratto al potere monarchico il monopolio sulle decisioni e al potere ecclesiastico il monopolio sulla conoscenza. Il giornalismo, unitamente al mondo di internet e dei media generatosi negli ultimi anni, fa parte di questo meccanismo, trovandosi ad essere una nuova fonte di informazioni in mutamento costante. Nello stesso mutamento si trovano gli strumenti divulgativi, in un rinnovamento ciclico.

Nello specifico, la rete è uno strumento nato per la condivisione del sapere, al fine di agevolare la comunicazione tra popoli e organizzazioni che, fino a pochi anni fa, si trovavano in condizioni di isolamento informativo. L'informazione, dapprima statica, diventa dinamica, un flusso continuo di notizie in tempo reale capace di raggiungere un elevato numero di persone. È tuttavia sbagliato pensare che sia Internet la causa del declino del giornalismo e della dilagante disinformazione. La seconda fase relativa alla storia dell'informazione (la prima è associata all'introduzione della stampa a caratteri mobili di Gutenberg) si sofferma sulla *Galassia McLuhan* (McLuhan et al., 2011) in termini, talvolta, non proprio positivi. Se tale galassia elimina i confini spaziali, i mezzi di comunicazione diventano di *massa*, un termine riferibile ad un gruppo indistinto, incapace di autodeterminarsi e, quindi, di agire. La terza fase è associata all'avvento della Rete, un non luogo in cui si decentralizzano i confini spazio-temporali: chiunque può creare e/o ricevere comunicazione. Le potenzialità date da questa decentralizzazione non sono, tuttavia, sfruttate appieno. L'informazione reclamata dall'opinione pubblica sembra progressivamente viziata da una parte di disinformazione. Il mito della velocità convulsa che accerchia la società odierna, assieme alla disintermediazione convulsa, il fenomeno di condivisione delle news dal "basso", è il fattore che sembra agevolare la diffusione della disinformazione. Ciò ha cambiato profondamente e continua a mutare lo scenario nel quale ognuno può essere contemporaneamente produttore e consumatore di notizie, senza alcun filtro.

2. OBIETTIVO: REGOLAZIONE DEI PROCESSI DI SIGNIFICAZIONE

È necessario chiedersi, allora, perché sia così facile creare disinformazione, distinguendone gli assiomi entro i quali essa agisce, con particolare riferimento al contesto virtuale:

- mancanza di fiducia crescente nei confronti dei media e, in generale, dell'informazione ufficiale;
- libertà assoluta nella creazione dei contenuti, non ostacolati da obblighi dettati dall'editoria, organizzazioni giornalistiche e, non meno importante, dall'obbligo di verifica della veridicità dei fatti;
- livelli di attenzione progressivamente inferiori, dovuti ad un ambiente social creato per essere in continuo mutamento;
- attrazione emotiva nei confronti delle notizie, il cui sensazionalismo tocca corde emotive specifiche;
- utilizzo di strategie comunicative (soprattutto visive) solo apparentemente casuali.

Sebbene quanto analizzato potrebbe giustificare una certa tendenza alla manipolazione dell'informazione come derivazione della decentralizzazione dei mass-media, è necessario specificare come siano altri (e ben più profondi) i meccanismi alla base della significazione positiva nei confronti delle *fake news*. A tal proposito, per comprendere i meccanismi di processamento dell'informazione occorre analizzare ciò che sottende al processamento stesso, partendo dalle dinamiche psichiche che governano il decision-making.

Secondo lo psicologo sociale Kurt Lewin (Burnes, 2004) la *motivazione* opera come principio in grado di spiegare la relazione che si instaura tra individuo e ambiente. Ogni individuo non sarebbe, quindi, monade ma attore ed osservatore sociale. Allo stesso modo, il gruppo, sempre secondo la definizione di Lewin, non sarebbe l'unione dei singoli ma qualcosa di nuovo e diverso dalla somma dei suoi membri, una totalità *dinamica* di componenti in stretta interdipendenza, in cui il cambiamento di un elemento interessa tutti gli altri. Sempre Lewin (1951), in merito allo spazio *occupato* dal gruppo sociale, formula la «teoria del campo», presupponendo che ogni individuo sia immerso, sin dalla nascita, in un campo di forze endogene ed esogene che agiscono simultaneamente, spingendolo in direzioni diverse, ora concordi ora opposte. Tali forze agendo sulla percezione della realtà, ne ampliano la comprensione oltre al dato fisico.

Tutti gli input esperiti, provenienti da dati di realtà (tendenzialmente sovrastimati in quanto tangibili) e/o da elaborazioni interne (tendenzialmente sottostimati in quanto astratti), sono elaborati secondo schemi *top-down*, nel riutilizzo di concetti già depositati, o *bottom-up*, nella ricezione di nuove nozioni, in attesa della catalogazione più conveniente (e veloce). Lo schema bottom-up risulta, quindi, molto più dispendioso in termini di tempo e fatica. Se il fine ultimo della classificazione è l'ottimizzazione del dato acquisito, risulta utile comprendere quali siano le strategie, definite *euristiche*, utilizzate come criteri in grado di influenzare la codifica di nuove informazioni. Nello specifico, tali euristiche fungono da scorciatoie cognitive utili ad evitare un eccessivo dispendio temporale ed energetico, giungendo ad una conclusione in modo rapido ed efficiente, benché non ottimale. Un'ottimizzazione cognitiva di questo tipo, definita anche di *riduzione della variabilità percepita* (Jetten et al., 2000), attraverso la ricerca di controllo situazionale, produce criteri decisionali di risposta che, sebbene presentino differenti gradi di efficacia, forzano un principio di stabilità e di prevedibilità in un mondo, tuttavia, instabile in ogni sua componente. Le stesse euristiche rispondono al medesimo meccanismo. Kahneman e Tversky (1979) rilevano, infatti, come l'individuo, nella vita quotidiana, tenda ad ignorare, sottovalutare o sopravvalutare alcuni dati, ad essere influenzato dalle emozioni, dal modo in cui è strutturato un problema, e ad attivare ragionamenti a partire dai pregiudizi, cercando poi conferme.

Poiché l'uomo esperisce il mondo attraverso il risultato di euristiche e categorizzazioni, allo stesso modo manifesta *intolleranza* per l'ambiguità, fisicamente prima che psichicamente: l'ambiguità genera ansia ed è avversa alla categorizzazione che, infatti, ha la funzione primaria di dissiparla. L'*urgenza classificatoria* (Sclavi, 2011) che ne deriva, se ad un livello prettamente biologico placa le manifestazioni fisiche derivate dall'approccio verso l'ignoto, ad un livello psicologico risponde al bisogno di orientarsi nel caos assoluto, tentando di rintracciare leggi che possano rivelare un'armonia apparentemente logica oltre l'in-intellegibile. Tuttavia, vivere in termini di urgenza classificatoria equivale a non tenere conto del particolare e a ricercare, per ogni cosa, il suo significato più convenzionale. Secondo l'effetto *framing* (Kahneman and Tversky, 1979) si giustifica la realtà esperita in quanto osservata limitatamente ad un frame, un focus, una cornice.

Più recentemente, McKenzie e Nelson (2003) ipotizzano che, da un punto di vista comunicativo, la scelta di una determinata cornice è in grado di veicolare delle informazioni che non hanno contenuto esclusivamente letterale, al contrario influenzano il messaggio ricevuto dall'ascoltatore, denotandolo *emotivamente*. A seconda del frame si crea, quindi, un contesto comunicativo alla luce del quale le informazioni trasmesse non sono equivalenti nel passaggio: non è possibile parlare, allora, di un piano letterale o oggettivo. Campi, euristiche e riduzionismi agiscono costantemente nell'elaborazione di qualsiasi tipo di informazione recepita, da una conversazione fino alla lettura di un articolo giornalistico. Ciò confuta l'ipotesi secondo cui le meccaniche di manipolazione dell'informazione nascerebbero assieme al Word Wide Web.

Ciò che oggi viene definito *società dell'informazione* si rivela un insieme di relazioni sociali all'interno delle quali l'informazione costituisce la più importante forma di valore. L'accesso aperto all'informazione è, probabilmente, una delle rivoluzioni concettuali più dirompenti di sempre, considerando soprattutto quanto, un tempo, le più importanti fonti di valore fossero il lavoro e il capitale. C'è oggi la possibilità di accesso ad un numero di informazioni smisuratamente superiore al passato, un'enciclopedia senza confini visibili e, dunque, difficilmente sondabile. Paradossalmente, il libero accesso ad un pressocché infinito archivio informativo può creare, in chi ne fa uno, effetti ora attrattivi ora respingenti. Secondo gli studi sull'autodeterminazione (*self determination theory*, Deci and Ryan, 1985) gli uomini agiscono per creare autonomamente il proprio destino. Essi sono quindi intrinsecamente motivati nei confronti di quelle situazioni che

- permettono loro di essere messi di fronte ad una scelta,
- permettono di esercitare un controllo sull'ambiente esterno.

Tuttavia, non sempre avere la possibilità di scegliere può rivelarsi un vantaggio. Secondo la *choice overload hypothesis* (Iyengar and Lepper, 2000), scegliere tra un numero esteso di alternative, sebbene inizialmente possa sembrare desiderabile, può determinare allo stesso tempo un marcato effetto demotivante. Il soggetto, superato un certo numero di scelte a disposizione, avverte una sgradevole sensazione di conflitto e confusione tale da ridurre il coinvolgimento nel processo decisionale, fino ad azzerarlo del tutto. Un paradosso di questo tipo è analizzato anche da Schwartz (2004), secondo il quale un grado di libertà di scelta eccessivo è percepito non più come un'opportunità ma come una vera e propria tirannia, portando l'individuo a biasimare sé stesso, attribuendosi la colpa del fallimento legato alla non-scelta.

3. METODO: INTERPRETAZIONI DELLA SOCIETÀ DELL'INFORMAZIONE

A questo punto è necessario comprendere quali siano le correnti di pensiero (e i relativi strumenti interpretativi) che guidano il pensiero collettivo all'analisi della società dell'informazione, secondo Karl Marx, Émile Durkheim, Max Weber e Theodore Adorno.

Karl Marx considera leva del mutamento sociale il conflitto di classe (Campbel, 1981). Se, secondo Marx, la società è in continuo conflitto, in che modo l'informazione si inserisce in questa lotta? Conoscenza e cultura sarebbero esclusivamente sovrastrutture, giustificanti la struttura economica creata dal capitale, gestita da una classe dominante il cui unico scopo è l'appiattimento ideologico. Conoscenza e cultura sarebbero, quindi, prodotte dalla sfera economica stessa, figlie di un pensiero direzionale e direzionato. La teoria marxista, pur dando vita a quella che la Scuola di Francoforte definiva *Industria Culturale* (Adorno, 2005), pone alcuni limiti, dovuti anzitutto alle tempistiche in cui si è inserita. I mezzi di produzione legati alla conoscenza, ad oggi, sono profondamente cambiati, soprattutto in termini di fruizione, pur confermandosi come un'enorme fonte di potere. Ciò che si perde, della teoria marxista, è l'elitarismo che escludeva la classe proletaria dall'accesso alla conoscenza.

Secondo Émile Durkheim, il cui pensiero è fortemente critico rispetto a quello marxista, ciò che genera l'appartenenza alla comunità non è la lotta ma la *necessità* (Thijssen, 2012). Il sociologo afferma, infatti, che la società abbia vissuto tre fasi di costituzione ontologica: primitiva, meccanica (la cui coesione sociale è dettata primariamente dal lavoro) e moderna. La società moderna sarebbe guidata da una *solidarietà* (Durkheim 1972) di tipo organico, in risposta ad un'iper-specializzazione (caratterizzante, in ambito lavorativo, una forte divisione) che non permette che ciascuno sia in grado di badare a sé stesso. Tale solidarietà sarebbe quindi legata alla necessità: si ha bisogno dell'altro per *risolvere problemi*, con l'ovvia distorsione secondo cui, col passare del tempo, ciascuno potrebbe diventare totalmente dipendente dall'altro, interconnesso e, per questo motivo, si istupidirebbe.

Max Weber declina l'incisività del potere nell'attuale società dell'informazione (Gane, 2005): sarebbe il gruppo a decretare le regole di *accettabilità* dei propri membri, quest'ultima strettamente legata al concetto (non aprioristico) di *legittimità*, a cui valori e idee si aggrappano per guidare qualsiasi fenomeno sociale, informazione compresa. In altre parole, ciò che è ritenuto valido, legittimo dalla società, guida i relativi contesti culturali in essa inseriti. Weber analizza, per la prima volta, i concetti di status, prestigio percepito e, soprattutto, di reputazione all'interno della rete sociale. La società dell'informazione, secondo gli studi di Weber, si basa su criteri di reputazione che decreterebbero il potere di ciascuno nella produzione dell'informazione e, non meno importante, nella relativa fruizione.

Infine, secondo la scuola di Francoforte e, nello specifico, secondo il filosofo Theodore Adorno, esisterebbe un'*Industria Culturale* (2005), la cui matrice, parzialmente marxista, non è un semplice prodotto della classe dominante ma uno strumento di manipolazione e controllo, in grado di influenzare la massa. Secondo Adorno, attraverso la costruzione e la diffusione dei propri prodotti, l'industria culturale ha potere sulla massa che, in quanto tale, è passiva. Oggi, per quanto sia ormai difficile parlare di massa, occorre comunque considerare in che misura ciascuno possegga un capitale culturale. L'industria culturale non sarebbe, quindi, un prodotto della tecnologia o dei mezzi di comunicazione di massa, bensì degli interessi economici legati al potere degli economicamente più forti, ponendo l'informazione come un *feticcio*, un prodotto di consumo o, meglio, una specifica valuta di scambio generata dalla cultura capitalistica.

Secondo Eco (2011), queste correnti di pensiero possono generalizzarsi in due filoni di ricerca: *apocalittico*, secondo cui vi è la credenza che i media siano in grado di influenzare e manipolare a proprio piacimento la massa, e *integrato*, secondo cui i media possono offrire una sorta di nuovo Eden della conoscenza, con la possibilità di emancipare i soggetti.

4. LA DISINFORMAZIONE NELLA PERCEZIONE DI COMUNITÀ VIRTUALE

Il problema della disinformazione, perpetrata attraverso mezzi di comunicazione estensivi (social media), si rivela oggi più attuale che mai. L'estrema duttilità del mezzo social, così come della rete internet in generale, lo rende un formidabile canale mediatico in grado di stravolgere la logica dei mezzi di comunicazione di massa tradizionali. Con specifico riferimento all'informazione disponibile on-line, internet funge ormai contemporaneamente sia da mezzo di pubblicazione/diffusione sia da mezzo di comunicazione individuale e interpersonale. Con l'ingresso prorompente del web, in poco tempo, si è passati da un sistema di informazione tradizionale ormai collaudato, in cui le fonti – prevalentemente stampa, Tv, radio – gestite da esperti, selezionavano contenuti e riferimenti di contesto, all'attuale sistema nel quale, chiunque lo voglia, può creare informazione direttamente online, attraverso l'utilizzo di medium dalla natura variegata (messaggi testuali, foto, video, audio, ecc.). L'avvento dei social media, partendo dai blog fino a Facebook e Twitter, ha permesso la produzione di notizie senza vincoli di creazione, distribuzione e fruizione.

Il fenomeno di disintermediazione, ossia di condivisione delle news *dal basso*, ha cambiato profondamente lo scenario (Fabiano and Gorgoni, 2017). Se nei media tradizionali, giornalisti, direttori e editori sono, in base alla legislazione vigente, obbligati a rendersi noti e responsabili di quanto pubblicato, nella Rete le informazioni sono diffuse spesso in pieno anonimato, senza citazione delle fonti né assunzione di alcuna responsabilità in merito alla veridicità di quanto comunicato. Ciò ha mutato lo spazio informativo, divenuto, nel giro di pochi anni, molto più complesso, più fragile e senza regole; in esso notizie vere e affidabili si mescolano a notizie false o distorte.

Il Rapporto Global Digital 2019[113] mostra come gli utenti connessi a Internet superino i quattro miliardi (pari al 57% della popolazione mondiale). Il Reuters Institute Digital News Report 2019[114], una delle agenzie più importanti a livello mondiale in ambito d'analisi dell'informazione digitale analizza quanto segue:

> Concern about misinformation and disinformation remains high despite efforts by platforms and publishers to build public confidence. In Brazil 85% agree with a statement that they are worried about what is real and fake on the internet. Concern is also high in the UK (70%) and US (67%), but much lower in Germany (38%) and the Netherlands (31%). […] More than half (55%) of our sample across 38 countries remains concerned about their ability to separate what is real and fake on the internet. Concern is highest in Brazil (85%), South Africa (70%), Mexico (68%), and France (67%), and lowest in the Netherlands (31%), and Germany (38%), which tend to be less polarised politically. The biggest jump in concern (+12pp) came in the UK (70%) where the news media have taken a lead in breaking stories about misinformation on

113 https://wearesocial.com/global-digital-report-2019

114 http://www.digitalnewsreport.org/

> Facebook and YouTube and there has been a high-profile House of Commons inquiry into the issue.

Ciò denota come la percezione del fenomeno sia sempre più avvertita su scala mondiale. Le reti sociali che agiscono sui social non devono, per questo motivo, essere considerate avulse dalla realtà. Tutto ciò che accade sui social media è parte della realtà quotidiana, sulla quale ha, infatti, conseguenze e ripercussioni concrete. D'altro canto, ciò che differenzia i mezzi di comunicazione tradizionali dai social è il differente metodo di *dissemination* delle informazioni (Barasch and Berger, 2014): nei primi è di tipo *broadcasting*, rivolto unidirezionalmente ad un vasto numero di utenti, nei secondi è di tipo *narrowcasting*, bidirezionale (produttori e spettatori interagiscono, scambiandosi vicendevolmente i ruoli). I nuovi media giustificano meccanismi inconsci legati al senso di comunità percepito (Javarone and Armano, 2013), quel collante sociale in grado di favorire gruppi di utenti legati dai medesimi interessi, entro i quali chi si distanzia dall'opinione condivisa è escluso (Kowalski and Giumetti, 2017).

Secondo Manuel Castells (2007) le comunità sono reti di legami in grado di fornire socialità, supporto, informazione, senso di appartenenza e identità sociale, in base alla condivisione di valori e all'organizzazione sociale stabilite all'interno della rete stessa. La vicinanza spaziale, rispetto a pochi anni fa, non è più un criterio ontologico della comunità, giacché ormai è possibile creare reti di legami personali solo sulla base di relazioni di affinità (politica, ambientale, ecc.) indipendenti dalla compresenza spaziale. Ne deriva che la principale trasformazione, all'interno delle società complesse, si è verificata nella sostituzione delle comunità spaziali con le *social communities.* Nella confusione e disorientamento generati dalla rete, gli utenti utilizzano i social come aggregante comunitario, creando e gestendo gruppi intorno a interessi e opinioni comuni, visioni simili calamitate attraverso un processo di polarizzazione. I social diventano, in definitiva, mezzi espressivi e valvola di sfogo di sentimenti inespressi all'interno di comunità *fisiche* che, in quanto tali, non permettono l'elevazione del pensiero di ciascuno.

È altresì possibile affermare come la conversione della dimensione emotiva da moto inespresso ad espressione mediata dai social network sia diventato un paradigma in grado di coinvolgere anche un intero elettorato (Diehl et al., 2016). La creazione di community basate su un *engagement* (Brady et al., 2017) che fa leva esclusivamente sulle emozioni primarie– paura, gioia, tristezza, rabbia, disgusto e sorpresa – (Ekman, 1971, 1972, 1984) può mettere a repentaglio la spinta alla ricerca della verità (così come alla *detection* delle *fake news*).

4. STIMOLAZIONI EMOTIVE

Non è facile dare una definizione univoca di ciò che è un'emozione. Secondo la definizione più aggiornata, le emozioni sono esperienze soggettive complesse (Oatley et al., 2006), accompagnate da modificazioni a livello cognitivo, comportamentale, espressivo e fisiologico. Esse sono intense ma generalmente di breve durata e svolgono, anzitutto, una funzione *adattiva*, poiché predispongono l'individuo ad una risposta immediata ad una sollecitazione proveniente dall'ambiente. Le emozioni, dunque, presuppongono una *multiplazione* di vari processi tra cui: una valutazione cognitiva dell'input esperienziale, un monitoraggio del proprio agìto e una regolazione della relazione tra individuo ed ambiente, configurandosi così come un processo integrato ed in parte controllato. Concettualmente, ogni emozione può essere suddivisa in componenti funzionali ad obiettivi specifici:

- la componente *cognitiva* permette all'organismo di valutare gli stimoli ambientali;
- la componente *fisiologica* corrisponde all'attivazione del sistema nervoso centrale, periferico ed endocrino;
- la componente *motivazionale* predispone l'individuo ad agire per il conseguimento dei propri fini scaturiti dall'emozione esperita;
- la componente *espressivo-motoria* permette all'organismo di esprimere le proprie emozioni mediante i movimenti del viso e del corpo;
- la componente *soggettiva* è, infine, relativa alla lettura che l'individuo fa del proprio vissuto emotivo. Come già affermato, infatti, non è possibile parlare di letture della realtà oggettive e oggettivanti (intese coercitivamente come tali) ma di letture verosimilmente vicine all'oggettività.

È impossibile pensare ad un'umanità deprivata del proprio bagaglio emotivo, la cui presenza controlla qualsiasi processo decisionale. Le emozioni sono, inoltre, pervasive sin dai primi momenti dell'esistenza di ciascuno, caratterizzandone dapprima la percezione e, solo in un secondo tempo, una possibile classificazione. Il neurologo Antonio Damasio ha definito *errore di Cartesio* (2012) il superamento del dualismo tra *res cogitans* e *res extensa*, tra mente e corpo, nell'ammissione di un mondo emotivo come fattore incarnato e, per questo, inscindibile. Non è casuale la sua critica alla politica di controllo delle emozioni come disturbatrici della coscienza, ostacoli che si frappongono tra l'uomo e la sua osservazione del mondo che lo circonda. Secondo Ekman (1969, 1986, 1987), emozioni più complesse e miste, derivanti dalla miscela delle emozioni di base, avrebbero invece una comparsa più lenta, dovuta all'apprendimento e, quindi, al contesto culturale in cui si inserisce l'individuo. Sempre Ekman sostiene che, anche di fronte alla presenza di emozioni *universali*, il modo di regolare le stesse assume condizionamenti culturali.

Laddove connotazioni culturali date alle emozioni permettono un'esperienza di realtà, talvolta, distorta, è possibile pensare che anche l'esperienza legata alla disinformazione possa, in qualche modo, essere facilmente malleabile, soprattutto ribadendo la tendenza umana intrinseca alla ricerca di circuiti di risparmio energetico – cognitivo, emotivo – (Oppenheimer, 2006). Più precisamente, le stesse relazioni virtuali si rivelano solo strumento remunerativo nei termini di soddisfacimento di bisogni di *riconoscimento*, *affiliazione* e *comunità* (Palmonari et al., 2012). Anche l'interazione con la tecnologia si adatta perfettamente a questo assunto: una relazione semplificata che giustifica la naturale tendenza umana alla "pigrizia" cognitiva e alla creazione di un nuovo modello (semplificato) di relazione con l'altro. Inoltre, se tale investimento emotivo si rivela facilitato, nel caso delle *fake news*, è altresì riscontrabile una dipendenza da appagamenti emotivi semplificati. Una semplificazione di questo tipo ha permesso la creazione e la propagazione di una nuova forma espressiva, un nuovo linguaggio, che giustifica le citate tendenze, mirando a disseminare disinformazione secondo regole di comunicazione stabilite.

5. IL VALORE DELL'IMMAGINE

Se il principale incubatore della disinformazione di massa sono i social network, è necessario analizzarne le modalità di diffusione di contenuti, strategie di comunicazione che permettono la *viralità* delle *fake news.*

Il ruolo dell'immagine all'interno della comunicazione ha occupato e continua a occupare una cospicua parte di approfondimenti in discipline come la filosofia e la psicologia. Quest'interesse è dettato anche dal bisogno (espresso) di chiarire il potere (inespresso) dell'immagine sullo spettatore e sulle dinamiche comportamentali che quest'ultimo mette in atto nei confronti di ciò che vede. Occorre partire da un presupposto: l'immagine, pur essendo parzialmente traducibile, non è totalmente trasponibile da una forma espressiva ad un'altra. Essa si limita ad essere descrivibile *in differita* e tale ritardo è il manifesto di quanto la parola riduca il potere dell'immagine. È pur vero, tuttavia, che il linguaggio resta l'unica strada percorribile, se si vuole tentare la narrazione di un'immagine. In una realtà etica, entrambe le forme di significazione, immagine e parola, esigono un accordo che ne permetta una mutua autonomia. Se il linguaggio ha una «convergenza intensionale verso la cosa» (Scarafile, 2016), l'immagine si riferisce alla cosa «estensionalmente». Ciò che il linguaggio riesce ad esprimere in maniera potenzialmente immediata, senza generare eccessivi meccanismi meditativi, non è espresso allo stesso modo dall'immagine che, al contrario, spinge ad una riflessione per *estensione*, verso molteplici significati (automatici o meno, consapevoli o inconsci, immediati o ponderati, ecc.). L'immagine si trova, tuttavia, a dover rivendicare la propria autonomia nella dinamica di significazione, al pari della parola, pur senza imporsi egemonicamente, a differenza del linguaggio. In contesti non etici, infatti, l'accostamento di entrambe le forme di significazione porta a deterioramenti comunicativi notevoli.

Il potere estensivo dell'immagine è confermato anche biologicamente: il cervello, infatti, è in grado di processare un'immagine in soli tredici millisecondi (Potter, 2014), a differenza di tempistiche ben più "ampie" chiamate nell'elaborazione testuale e, in generale, linguistica. Tale scoperta, oltre a confermare la continua attivazione delle aree cerebrali adibite alla visione in risposta a stimoli visivi altrettanto continui, dimostra che l'informazione visiva, per essere processata, ha bisogno di un solo canale di elaborazione, in questo caso il canale che parte dalla retina e arriva al lobo temporale, sede cerebrale adibita al riconoscimento visivo. Sarà poi sfruttato ulteriore tempo, dallo sguardo, nel processo di decisione del focus da mantenere, rispetto al flusso continuo di stimoli. E, nonostante la brevissima durata dello stimolo visivo, il cervello continua il processo di elaborazione e l'informazione continua ad essere trattenuta in memoria. In altre parole, tutto ciò che l'occhio umano percepisce visivamente, anche solo per pochissimi millesimi di secondo, potrebbe lasciare una traccia mnemonica. Il focus decreta solo ciò che necessita di una comprensione, perlomeno, sommaria; lo scarto dello stimolo visivo percepito può conservarsi nel bagaglio della memoria implicita (quindi, non verbalizzabile) o perdersi.

Sull'immagine numerose sono le evidenze che ne riconoscono il potere evocativo, persuasivo e funzionalmente positivo. Sul finire degli anni Settanta, numerose società di marketing hanno affiancato la vendita di prodotti e servizi a specifici programmi di comunicazione strategica atti a promuovere i vari brand (Mohr and Nevin, 1990). I risultati acquisiti evidenziano, in definitiva, quanto alcuni stimoli visivi facilitino meccaniche psichiche legate al decision-making e, di conseguenza, all'acquisto. L'*engagement* dimostrato sottolinea come, ormai, tutto può essere acquistato, se posto sotto la focale giusta, opinioni e consenso politico compresi (Nelson, 2004).

6. MARKETING DELL'EMOZIONE

La neuroeconomia, una branca dell'economia, integrando idee e scoperte scientifiche provenienti da psicologia, neuroscienze ed economia, cerca di approfondire quali possono essere i modelli di scelta e di decision-making umano. Dalla neuroeconomia si sviluppa così il *neuromarketing*, un campo d'indagine nato dalla fusione dei risultati ottenuti da studi di neuroeconomia e marketing, il cui obiettivo di studio è la valutazione delle risposte sensomotorie, cognitive ed emotive umane legate a specifici stimoli di marketing. Zaltman (2008), tra i più grandi teorici del neuromarketing, scorge la necessità di una riscrittura delle tecniche di marketing per le imprese, fino a pochi anni fa basate sull'assunto secondo cui il comportamento del consumatore sia facilmente catalogabile e basato su meccanismi di decisione consci e razionali. Ciò che Zaltman individua è la necessità, per il consumatore, di investire *emotivamente* la decisione nei confronti dell'oggetto o del servizio di cui fa uso o vuole far uso. Al consumatore, infatti, interesserebbero i benefici emotivi legati al prodotto o al servizio ottenibili, benefici raggiunti come risposta neurobiologica legata ad aspetti caratteristici della sua vita.

Il nesso tra neuromarketing e disinformazione risulta piuttosto chiaro, soprattutto considerando quanto già affermato sul potere dell'immagine. Laddove un concetto può essere espresso anche attraverso forme espressive non comuni, la disinformazione trova l'habitat migliore per potersi insediare e, proprio come un virus (il concetto di *viralità* non è casuale), estendere il proprio potere. Parimenti, non è casuale l'utilizzo di un determinato tipo di comunicazione visuale per veicolare in modo più incisivo il messaggio, soprattutto promuovendo un tipo di esperienza quanto più emotiva possibile (Holbrook & Batra, 1987). Se obiettivo delle aziende è, attraverso la pubblicità, trasmettere emozioni e valori in grado di scalfire il basso *range attentivo* che l'utente attiva nei confronti del bombardamento di stimoli di cui è "vittima", allora è possibile traslare tale paradigma nella creazione contenutistica, basata sui medesimi dettami, da parte delle aziende di disinformazione. I contenuti visuali delle *fake news* sono in grado di veicolare emotivamente il giudizio dell'utente in modo talmente forte dal non permetterne un'analisi verificata a posteriori. Se, tuttavia, il neuromarketing asseconda i bisogni (in)espressi dal consumatore (Zurawicki, 2010), la disinformazione gioca esclusivamente sulla citata tendenza alla semplificazione cognitivo-emotiva, istupidendo deliberatamente l'utente (Nisbet and Kamenchuk, 2019).

7. RISULTATI: LA VIGILANZA EPISTEMICA COME PARADIGMA

Le *fake news* sembrano attingere a piene mani ad un «emotional vocabulary» (Dewaele and Pavlenko, 2002). L'utilizzo di un vocabolario emozionale, nel caso di una disinformazione mediata anche attraverso l'uso delle immagini, è avallato dall'immediatezza percettiva delle immagini stesse (Vorberg et al., 2003). Tale vocabolario non permette una *vigilanza epistemica* (Sperber et al., 2010), ossia la capacità di distinguere una notizia verificata dalle *fake news*. Laddove la *civic agency* è, da un punto di vista prettamente culturale, l'insieme di pratiche, abitudini, norme e stili di vita che possono aumentare le capacità di azione collettiva, da parte di un mediamente ampio gruppo sociale (Dahlgren, 2006), allora emerge la necessità di un modello in grado di fornire, a tale gruppo, il *modus operandi* che permetta una rigenerazione civica. Occorre allora intuire quanto importante sia la relazione che intercorre tra civic agency e realtà mediata dai social network, un non-luogo che spesso non permette una sospensione del giudizio e, in quanto tale, non etico.

L'analisi delle principali strategie di disinformazione non può esimersi dal partire, anzitutto, dal potere che esse hanno sui gruppi sociali e, prima che sui gruppi, sui singoli cittadini. La stessa etica della comunicazione (traslando, dell'informazione) non parte da un'idea astratta di "bene" che va comunicato, secondo un approccio prettamente deontologico, ma da una *praxis*, dal contesto entro cui si trova ad agire ed in cui è presente l'interlocutore. Secondo Dominici (2014[115]), infatti:

> La riflessione etica trova nella prassi del comunicare (e dell'informare) un universo di discorso quanto mai vasto ed è perciò chiamata ad un compito estremamente difficile: abbracciare la "nuova" complessità, costituita da modalità dell'agire del tutto originali ed innovative che si intrecciano con una fitta rete di diritti e di doveri. Il punto da cui si deve ripartire è il prendere atto che comunicazione e informazione rappresentano attualmente gli unici elementi in grado di unire una realtà problematicamente complessa. E nel far questo, è di fondamentale importanza non cadere nell'ambiguità della mancata distinzione tra regole tecniche e norme morali: cioè, il problema etico va affrontato evitando che le regole in senso tecnico possano essere confuse con le "regole" dell'etica della comunicazione.

---

[115] Dominici (2014). L'etica dell'informazione e della comunicazione: vecchie questioni per un nuovo ecosistema. [online] Fuori dal Prisma. Available at: http://tiny.cc/1mz6gz/ [Accessed 27 Nov. 2019].

Preso atto delle tante caratteristiche umane che potrebbero inficiare nell'elaborazione della realtà, così come nella percezione di ciò che è realtà verificata (e verificabile) e ciò che, al contrario, è mendace e creato per mettere in difficoltà, risulta necessario focalizzarsi sugli strumenti in grado di palesare tali caratteristiche, rendendole risorsa e non limite. Il lavoro interdisciplinare svolto all'interno del contesto organizzativo, finalizzato alla creazione di un nuovo lessico funzionale al benessere nella relazione lavorativa (si pensi, ad esempio, ai piani di prevenzione della sindrome da burnout o ai piani di comunicazione rivolti al *debunking* delle *fake news* in ambito medico), ha aperto la strada alla realizzazione di numerosi modelli comunicativi, basati sul medesimo paradigma: in essi, a fronte di una necessaria revisione della suddetta relazione, è riconsiderata la valenza dell'ascolto e del susseguente dialogo. Il contesto organizzativo, infatti, si rivela talvolta fautore di disagi nella relazione (gerarchie logistiche tradotte in gerarchie morali, regole non palesi, suddivisioni informali ecc.). Da qui, l'ipotesi che lavorare interdisciplinarmente nell'ambito organizzativo possa portare alla creazione di piani comunicativi funzionali, primariamente, al benessere delle persone coinvolte, al fine di *palesare* le asimmetrie organizzative, scardinando possibili gerarchie informali e mettendo a fattor comune la missione e gli obiettivi da raggiungere. Le prerogative dell'organizzazione diventano così prerogative del singolo lavoratore, comuni nella condivisione dell'expertise di ciascuno. La dimensione organizzativa si basa così su un *umano sentire* conveniente all'organizzazione stessa.

A tal proposito, risulta utile citare un progetto internazionale che ha posto, tra i propri obiettivi, l'utilizzo di strategie comunicative etiche ed interdisciplinari valide non solo ad una *dissemination* pervasiva dei risultati ottenuti (quindi, rivolta ad un ampio target) ma, soprattutto, a garantire l'impiego di evidenze certificate tentando, ove possibile, di scardinare luoghi comuni basati sulla disinformazione, laddove analisi preliminari hanno evidenziato come le aree di progetto spesso debbano fronteggiare numerose *fake news*. Il progetto wISHfUl (Ict for Smart Healthcare toUrism), facente parte dell'Interreg IPA CBC Italy-Albania-Montenegro Programme 2018-2020, è stato cofinanziato dall'Unione Europea attraverso lo Strumento di Preadesione (IPA II).

wISHfUl ha l'obiettivo di creare sinergia fra attrattività turistica ed eccellenza sanitaria sul territorio, allo scopo di formulare una nuova tipologia di offerta accessibile a pazienti con patologie croniche e/o invalidanti, in grado di valorizzare e promuovere le Regioni coinvolte attraverso un approccio sistemico, creando reti di collaborazione. Per raggiungere tale obiettivo, il progetto propone, tra i suoi output, la preparazione e lo sviluppo di una piattaforma ICT che diventi un modello nell'ambito del "turismo accessibile". Ciò è possibile attraverso un costante monitoraggio dei modelli di comunicazione adottati non solo nella dissemination dei risultati raggiunti ma, soprattutto, in quei modelli propri della diffusione dei contenuti inerenti la sanità e il turismo: trattandosi di un progetto interdisciplinare e interculturale, si è rivelata utile, infatti, l'adozione di un *communication plan* in grado di promuovere i percorsi turistici "a misura" di paziente, a monte di una *sentiment analysis,* effettuata sui social network, in merito alla percezione (e, in taluni casi, dis-percezione) delle suddette macroaree. I partner coinvolti provengono da Italia, Albania e Montenegro e sono, rispettivamente, Comune di Maglie (IT), Università del Salento (IT), Fondacioni Shqiptar per Zhvillimin e Kapaciteteve Lokale (AL), Keshilli i Qarkut Elbasan (AL), Regionalna razvojna agencija za Bjelasicu, Komove i Prokletije (ME), Lokalna turisticka organizacija opstine Zabljak (ME).

Con richiamo alla vigilanza epistemica, non sarebbe stato possibile attivare tale progetto se non garantendo una *dissemination* etica degli output raggiunti: la mappatura delle località, infatti, ha tenuto conto primariamente delle prerogative degli utenti finali di progetto, mettendo a fattor comune gli expertise dei partner coinvolti e, considerando la tematica medica estremamente delicata, garantendo l'utilizzo di metodologie ed evidenze scientifiche certificate. Può l'adozione di un paradigma di comunicazione etica riuscire a scardinare i meccanismi di disinformazione diffusa?

8. CONCLUSIONI

Nel contesto attuale spetta alle testate giornalistiche, online o in carta stampata, il ruolo di maggiore responsabilità, per assicurare la qualità di un sistema informativo *qualificato* in termini di trasparenza e di affidabilità. A ciò si aggiunga un necessario recupero della fiducia, da parte dei cittadini, nei confronti dei mezzi di informazione tradizionali, spesso considerati difensore acritico, prezzolato e manovrato dall'attuale sistema istituzionale ed economico. Di contro, nelle redazioni il lavoro sta diventando più complesso: il dover informare in tempo reale, talvolta senza aver il tempo necessario ad una verifica accurata, si rivela molto rischioso.

Ad oggi l'uomo si trova in una posizione totalmente nuova nei confronti della comunicazione, non più considerabile come una semplice trasmissione di dati ma un grimaldello in grado di schiudere, per certi versi, l'ambiente. Di conseguenza, ciò comporta una riqualificazione delle professioni che si occupano di comunicazione e, nello specifico, di comunicazione della realtà. La professione giornalistica, così come qualsiasi professione che comporti una divulgazione di informazioni, deve far fronte all'emergenza divulgativa legata non solo alla disinformazione, pur sempre da arginare quanto più possibile ma, soprattutto, alla più giusta modalità di informazione, tenendo sempre conto che non è con sé stessi che si comunica ma con un altro le cui risorse non sempre sono le stesse. Adriano Fabris (2018) analizza come nei contesti sociali, il cui controllo divulgativo si fa sempre più difficile (dato anche il parziale ma sostanziale potere della tecnologia), diventa altrettanto arduo mediare gli eventi di realtà attraverso le conoscenze e le relative competenze più giuste nel farlo.

Laddove non c'è etica dell'informazione si può scorgere la necessità di una cura alla viralità legata al suo opposto. È possibile agire, in questo senso, palesando l'utilizzo di specifiche tecniche dis-informative e polarizzando, allo stesso tempo, l'attenzione su quella necessaria epistemologia dell'emotività che ne potrà permettere la rilettura corretta, rendendo quell'umano sentire di ciascuno non più un limite da silenziare (pur rendendolo unica chiave di lettura, nel caso delle *fake news*) ma risorsa da sfruttare nella significazione della realtà.

REFERENCIAS BIBLIOGRÁFICAS

Adorno, T. W. (2005). *The culture industry: Selected essays on mass culture.* London and New York: Routledge.

Barasch, A., and Berger, J. (2014). Broadcasting and narrowcasting: How audience size affects what people share. *Journal of Marketing Research*, 51(3), 286-299.

Brady, W. J., Wills, J. A., Jost, J. T., Tucker, J. A., and Van Bavel, J. J. (2017). Emotion shapes the diffusion of moralized content in social networks. *Proceedings of the National Academy of Sciences*, 114(28), 7313-7318.

Burnes, B. (2004). Kurt Lewin and the planned approach to change: a re-appraisal. *Journal of Management studies*, 41(6), 977-1002.

Campbell, T. (1981). *Seven theories of human society* (pp. 9-11). Oxford: Clarendon Press.

Castells, M. (2007). Communication, power and counter-power in the network society. *International journal of communication*, 1(1), 29.

Dahlgren, P. (2006). Doing citizenship: The cultural origins of civic agency in the public sphere. *European journal of cultural studies*, *9*(3), 267-286.

Damasio, A. (2012). *L'errore di Cartesio.* Milano: Adelphi.

Deci E.L. and Ryan R.M. (1985). *Intrinsic motivation and self–determination in human behavior.* New York: Plenum Press.

Dewaele, J. M., and Pavlenko, A. (2002). Emotion vocabulary in interlanguage. *Language learning*, 52(2), 263-322.

Diehl, T., Weeks, B. E., and Gil de Zuniga, H. (2016). Political persuasion on social media: Tracing direct and indirect effects of news use and social interaction. *new media & society*, 18(9), 1875-1895.

Dominici, P. (2014). *L'etica dell'informazione e della comunicazione: vecchie questioni per un nuovo ecosistema.* [online] Fuori dal Prisma. Available at: http://tiny.cc/1mz6gz/ [Accessed 27 Nov. 2019].

Durkheim, E. (1972). *Emile Durkheim: selected writings.* (ed. A. Giddens). Cambridge University Press.

Eco, U. (2011). *Apocalittici e integrati: comunicazioni di massa e teorie della cultura di massa.* Firenze: Giunti.

Ekman, P., Sorenson, E. R., and Friesen, W. V. (1969). Pan-cultural elements in facial displays of emotion. *Science,* 164, 86-94.

Ekman, P., and Friesen, W. V. (1971). Constants across cultures in the face and emotion. *Journal of Personality and Social Psychology,* 17, 124-129.

Ekman, P., Friesen, W. V. and Ellworth, P. (1972). *Emotion in the Human Face.* New York: Cambridge University Press.

Ekman P., Levenson R.W. and Friesen W.V. (1984). Autonomic nervous system activity distinguishes among emotions. *Science,* 22, 1208-1210

Ekman, P., and Friesen, W. V. (1986). A new pan-cultural expression of emotion. *Motivation and Emotion,* 10, 159- 168.

Ekman, P., Friesen, W. V., O'Sullivan, M., Chan, A., *et al.* (1987). Universals and cultural differences in the judgments of facial expressions of emotion. *Journal of Personality and Social Psychology,* 53, 712-717.

Fabiano, P., and Gorgoni, S. (2017). *Disintermediazione e nuovi media: Come cambia la comunicazione.* Milano: Armando Editore.

Fabris, A. (2018). *Etica per le tecnologie dell'informazione e della comunicazione.* Carocci.

Gane, N. (2005). Max Weber as Social Theorist: 'Class, Status, Party'. *European Journal of Social Theory,* 8(2), 211-226.

Holbrook, M. B., and Batra, R. (1987). Assessing the role of emotions as mediators of consumer responses to advertising. *Journal of consumer research,* 14(3), 404-420.

Iyengar, S. and Lepper, M. (2000). When choice is demotivating: Can one desire too much of a good thing?. *Journal of Personality and Social Psychology,* 79(6), pp.995-1006.

Javarone, M. A., and Armano, G. (2013). Perception of similarity: a model for social network dynamics. *Journal of Physics A: Mathematical and Theoretical,* 46(45), 455102.

Jetten, J., Hogg, M. A., and Mullin, B. A. (2000). In-group variability and motivation to reduce subjective uncertainty. *Group Dynamics: Theory, Research, and Practice*, 4(2), 184.

Kahneman D., and Tversky A. (1979). Prospect theory: an analysis of decision under risk. *Econometrica*, 47, pp. 263-291.

Kowalski, R. M., and Giumetti, G. W. (2017). *Bullying in the digital age. In Cybercrime and its victims* (pp. 167-186). London and New York: Routledge.

Lewin, K. (1951). *Field theory in social science: selected theoretical papers* (D. Cartwright ed.). New York: Harper.

McKenzie C.R.M., and Nelson J.D. (2003). What a speaker's choice of frame reveals: reference points, frame selection and framing effects. *Psychonomic Bulletin and Review*, 10, 596-602.

McLuhan, M., Gordon, W. T., Lamberti, E., and Scheffel-Dunand, D. (2011). *The Gutenberg galaxy: The making of typographic man.* University of Toronto Press.

Mohr, J., and Nevin, J. R. (1990). Communication strategies in marketing channels: A theoretical perspective. *Journal of marketing, 54*(4), 36-51.

Nelson, K. A. (2004). Consumer decision making and image theory: Understanding value-laden decisions. *Journal of Consumer Psychology, 14*(1-2), 28-40.

Nisbet, E. C., and Kamenchuk, O. (2019). The Psychology of State-Sponsored Disinformation Campaigns and Implications for Public Diplomacy. *The Hague Journal of Diplomacy*, 14(1-2), 65-82.

Oatley, K., Keltner, D., and Jenkins, J. M. (2006). Understanding emotions. Blackwell publishing.

Oppenheimer, D. M. (2006), Consequences of erudite vernacular utilized irrespective of necessity: problems with using long words needlessly. *Appl. Cognit. Psychol.*, 20: 139-156. doi:10.1002/acp.1178.

Palmonari, A., Cavazza, N. e Rubini, M. (2012) *Psicologia Sociale*. Bologna: Il Mulino.

Potter, M.C., B. Wyble, C.E. Hagmann, and E.S. McCourt. (2014). Detecting meaning in RSVP at 13 ms per picture. *Attention, Perception & Psychophysics*, 76(2), 270-279.

Scarafile, G. (2016). *Etica delle immagini.* Brescia: Morcelliana.

Schlinger, H. D. (2009). Theory of mind: An overview and behavioral perspective. *The Psychological Record,* 59(3), 435-448.

Schwartz B. (2004). *The paradox of choice: why more is less.* New York: Ecco.

Sclavi, M. (2011). *Arte di ascoltare e mondi possibili.* Milano: Mondadori.

Sperber, D., Clément, F., Heintz, C., Mascaro, O., *et al.* (2010). Epistemic vigilance. *Mind & Language,* 25(4), 359-393.

Thijssen, P. (2012). From mechanical to organic solidarity, and back: With Honneth beyond Durkheim. *European Journal of Social Theory,* 15(4), 454-470.

Vorberg, D., Mattler, U., Heinecke, A., Schmidt, T., *et al.* (2003). Different time courses for visual perception and action priming. *Proceedings of the National Academy of Sciences,* 100(10), 6275-6280.

Zaltman, G. (2008). *How customers think.* Boston, Mass.: Harvard Business School Press.

Zurawicki, L. (2010). *Neuromarketing.* Berlin: Springer.

*Este libro se terminó de elaborar en mayo de 2020
en la ciudad de Sevilla, bajo los cuidados de
Francisco Anaya, director de Ediciones Egregius.*

www.ingramcontent.com/pod-product-compliance
Lightning Source LLC
LaVergne TN
LVHW010353160826
845677LV00005BA/1265

* 9 7 8 8 4 1 8 1 6 7 2 3 2 *